Charles M. Sheldon

Wer meine Worte hört und sie tut

Eine Erzählung des Autors von »In seinen Fußstapfen«

überarbeitet und aktualisiert
von Jim Reimann

ONCKEN VERLAG WUPPERTAL UND KASSEL

Die amerikanische Originalausgabe erschien
unter dem Titel: »His Brother's Keeper«
bei Thomas Nelson, Inc., Nashville, Tennessee/USA
© 1999 by Jim Reimann

Deutsch von Damaris Müller

© 2000 der deutschen Ausgabe:
Oncken Verlag Wuppertal und Kassel
Umschlaggestaltung: Dietmar Reichert, Dormagen
Umschlagfoto: Michael Maslon Historic Photographs/Corbis,
Picture Press, Hamburg
Gesamtherstellung: Breklumer Druckerei Manfred Siegel KG
ISBN 3-7893-7570-5
Bestell-Nr. 627 570

INHALT

VORWORT

Charles M. Sheldon schrieb *Wer meine Worte hört und sie tut* im Jahre 1895. Ein Jahr später sollte er die Erzählung *In seinen Fuß-stapfen* veröffentlichen, das Buch, das den entscheidenden Anstoß gab für die heutige WWJD-Bewegung. Zahlreiche junge Christen stellen sich seitdem in ihrem Alltag immer wieder die Frage: »What would Jesus do? – Was würde Jesus an meiner Stelle tun?«

Wer meine Worte hört und sie tut ist stilistisch mit Sheldons zweitem Werk durchaus zu vergleichen, aber anders als jenes spielt es vor dem Hintergrund dramatischer historischer Ereignisse. Wenn wir mit dem Autor zurückblicken, stellen wir fasziniert fest, dass die wesentlichen Fragen der Menschen, bei allen einschneidenden Veränderungen im Laufe der Jahrzehnte, heute immer noch dieselben sind.

Dieses Buch ist eine Abenteuererzählung, ein Drama, eine Liebesgeschichte, eine packende Auseinandersetzung mit Reichtum und Armut – und nicht zuletzt eine geistliche Inspiration. Der Pastor Charles Sheldon benutzte seine Geschichte, um seiner Gemeinde das nahe zu bringen, was ihm am Herzen lag: die konsequente Nachfolge Jesu. Die Form der Erzählung war für jedes Alter verständlich und schien ihm so besonders geeignet, göttliche Lehre und Wahrheiten weiterzugeben. Und hat nicht Jesus selbst Geschichten erzählt, um seine Botschaft in die Welt seiner Zuhörer zu »übersetzen«?

Die sprachliche Bearbeitung der mehr als fünfzig Jahre verschollenen Erzählung Sheldons hat genau dies zum Ziel: eine neue Generation von Lesern mit hineinzunehmen in die Schicksale der handelnden Personen und die zeitlosen Wahrheiten des Glaubens in unsere Zeit hineinzutragen. Es bleibt zu hoffen, dass dieses Buch nicht nur eine anregende Lektüre ist, sondern dass Gott es benutzt, um seinen Weg mit uns Menschen ein Stück weiterzugehen.

Der große Streik

»Wissen Sie schon das Neueste? Heute Morgen sollen fünftausend Bergarbeiter von Champion und DeMott in Streik getreten sein!«, erzählte ein älterer Mann aufgeregt, als der Zug langsam in den Bahnhof einfuhr.

»Sind Sie sicher, dass das stimmt? Das wäre ja eine Sensation!«, erwiderte sein Gesprächspartner erstaunt.

»Nun, auf jeden Fall geht hier irgendetwas Merkwürdiges vor sich, und wir werden bald erfahren, was dahinter steckt. Jetzt muss ich mich beeilen – ich muss hier aussteigen.« Mit einem Kopfnicken zum Abschied griff der mitteilsame Reisende nach seiner Tasche und verließ den Zug. Ein junger Mann, der schräg gegenüber gesessen und die Unterhaltung mit angehört hatte, erhob sich zögernd und stieg ebenfalls aus.

Der ganze Bahnhof schien wie leer gefegt, und außer einigen Bahnangestellten war niemand zu sehen. Einen Augenblick lang sah sich der junge Mann unschlüssig um, als ob er jemanden erwartete, doch dann überquerte er mit schnellen Schritten den Bahnsteig und gelangte schließlich auf die andere Seite des Bahnhofsgebäudes. Von dort aus konnte man die Stadt und alle öffentlichen Plätze gut überblicken, und voller Erstaunen betrachtete der junge Mann das ungewohnte Bild, das sich ihm bot.

Im Zentrum der Stadt, wo sieben Straßen sternförmig aufeinander zu liefen, befand sich ein kleiner Marktplatz mit einer Bühne in der Mitte. Die sieben Straßen führten von den verschiedenen Bergwerken auf den umliegenden Hügeln herab. Zu Beginn handelte es sich nur um schmale Fußwege für die Bergarbeiter, doch allmählich verbreiterten sie sich zu richtigen Landstraßen, die sogar hier und da von hölzernen Bürgersteigen gesäumt wurden. Sobald man die Stadt erreicht hatte, ging man auf ordentlich gepflasterten Straßen mit breiten Gehwegen, während sich links und rechts altmodische Geschäfte und eindrucksvolle Bürogebäude erhoben. Direkt hinter der Bühne stand eine große Kirche, deren Gelände sich nach hinten hinaus bis zum Stadtpark erstreckte. Der Bahnhof bildete eine Seite des Siebenecks, das durch die aufeinander treffenden Straßen entstand, wobei eine zweite Kirche, zwei Straßen weiter, wiederum eine Seite abdeckte. Die übrigen Gebäude, die den Platz einrahmten, beherbergten Geschäfte, ein großes Hotel und die Büros verschiedener Bergbaufirmen.

Und an jenem Morgen des Jahres 1895 erblickte Stuart Duncan nun die größte Menschenmenge, die sich jemals auf diesem Platz im Herzen der kleinen Bergarbeiterstadt versammelt hatte. Stuart war der Sohn von Ross Duncan, dem Besitzer der größten Bergwerke in Champion. Er war dreißig Jahre alt und gerade von einem einjährigen Europaaufenthalt zurückgekehrt, den er im Anschluss an sein Studium begonnen hatte. Nun verließ er mit entschlossener Miene den Bahnhof und begann, sich zwischen den Leuten hindurchzudrängen. Während er sich zielstrebig nach vorne schob, schoss es ihm durch den Kopf, dass er auf allen seinen Reisen nie etwas so Merkwürdiges gesehen hatte wie diese ungewöhnliche Versammlung in seiner Heimatstadt.

Kaum hatte er sich unter die Leute gemischt, als von mehreren Seiten laute Rufe an sein Ohr drangen: »Stuart, hilf uns!« Die Worte hatten schottische, englische, irische oder finnische Klangfärbung und zeugten von unterdrückter Erregung. Stuart stellte fest, dass die Männer um ihn herum sehr aufgeregt waren, aber sich trotzdem völlig unter Kontrolle hatten. Auf der Bühne konnte er lauter vertraute Gesichter erkennen, doch eine einzige Person stach aus der Menge heraus und fesselte seine Aufmerksamkeit. Es war ein stämmiger und muskulöser junger Mann, der seinen Hut abgenommen hatte und auf einer Bank am Rande der Bühne stand. Trotz seiner kantigen Gesichtszüge mit den tief liegenden dunklen Augen und den dichten schwarzen Augenbrauen wirkte sein

Gesicht ungewöhnlich sanft. Gerade beugte er sich ein wenig nach vorne, wobei er sich mit der linken Hand an einem der Pfosten festhielt, die das Dach der Bühne abstützten. Mit der rechten Hand schwenkte er seinen alten Hut auf und ab, als Zeichen, dass er um Gehör bat.

Stuart hatte sich so weit nach vorne gekämpft, dass er sich in Hörweite der Bühne befand, aber jetzt war er förmlich eingekeilt. Manche Leute begrüßten ihn flüchtig, ohne ihm viel Beachtung zu schenken, da alle Aufmerksamkeit auf den jungen Mann vor ihnen gerichtet war.

»Was ist hier eigentlich los? Worum geht es überhaupt?«, erkundigte sich Stuart bei den Umstehenden. »Was tut Eric auf dieser Bank?«

Bevor ihm jemand antworten konnte, ergriff der junge Mann das Wort. Er sprach langsam und bedächtig, als würde er jedes einzelne Wort genau abwägen, und stand ganz still, ohne seine Sätze durch Gesten zu unterstreichen. Überall war es plötzlich so ruhig, dass es Stuart vorkam wie in dem Gottesdienst in einer englischen Kathedrale, an dem er einmal teilgenommen hatte. Damals hatten viertausend Menschen in völligem Stillschweigen auf ihren Knien verharrt, bevor der Gottesdienst begonnen hatte.

»Brüder«, sagte Eric, »dies ist kein gewöhnlicher Tag in der Geschichte der Bergarbeiter. Was wir getan haben und tun werden, wird weit reichende Folgen nach sich ziehen. Wir haben angemessene Löhne gefordert, um uns und unsere Familien durch den kommenden Winter zu bringen. Das wurde uns abgeschlagen, und daher haben wir die Bergwerke verlassen, um unsere Rechte zu verteidigen. Wir sind entschlossen, zum Äußersten zu gehen, ohne Gewalt anzuwenden.« Eric hielt einen Moment inne, und Stuart bemerkte, dass die Hand des anderen den Pfosten noch ein wenig fester umklammerte. Als er fortfuhr, schienen seine Zuhörer den Atem anzuhalten, so still war es überall.

»Brüder, wir sind auf Gottes Hilfe angewiesen, damit er uns

Weisheit schenkt. Wir sollten unsere Häupter neigen und zu ihm rufen.«

Augenblicklich nahmen alle ihre Hüte ab und senkten die Köpfe. Dann ertönte die Stimme des Sprechers klar und eindringlich.

»Herr, wir stehen heute hier und bitten dich um deine Hilfe. Wir brauchen deine Weisheit, damit wir das Richtige tun. Herr, bewahre uns davor, in unserem Protest das Gesetz zu übertreten. Hilf uns, damit keiner von uns sich betrinkt und in irgendeiner Weise einem anderen Schaden zufügt oder ihn verletzt. Wir wollen nichts anderes tun, als für angemessene Löhne zu kämpfen, damit wir unsere Familien ernähren können. Bitte führe uns den richtigen Weg und bewahre uns vor Unrecht. Segne die Männer, die mit ihren Händen arbeiten, und segne unsere Familien. Das bitten wir in Jesu Namen. Amen.«

Nachdem Eric geendet hatte, setzten die Bergleute ihre Hüte wieder auf. Stuart spähte über die vielen Köpfe hinweg zu Eric hinüber und ließ dann seinen Blick zu den mit Kiefern bewachsenen Hügeln außerhalb der Stadt schweifen. Überall sah er Fördermaschinenhäuser und Erzlager, und er bemerkte, dass von den Schornsteinen immer noch Rauch aufstieg. »Die Pumpen scheinen immer noch in Betrieb zu sein«, dachte er. Diese ganze Szene vor seinen Augen war ungeheuer lebendig und faszinierend. Die Menschenmenge, die Kirchen, der Park, die Bühne, die Hügel, die Bergwerke und das vertraute Gesicht seines Freundes – jede Einzelheit dieses Schauspiels beeindruckte ihn tief und prägte sich unauslöschlich in sein Gedächtnis ein. Am meisten hatte ihn jedoch das kurze Gebet berührt, das gar nicht zum normalen Alltag zu passen schien, sondern nach seinem Empfinden eher in irgendein Buch gehörte.

Nun begann Eric wieder zu sprechen. Er schärfte den Bergarbeitern ein, sich untadelig zu verhalten, um niemandem Anlass zu Kritik zu geben. Seine Worte waren genauso sorgfältig gewählt wie vorher, als er gebetet hatte, und er sprach langsam und eindringlich.

Nachdem er seine Rede beendet hatte, fiel sein Blick plötzlich auf Stuart.

Die beiden Männer sahen sich in die Augen, und für einen Moment schoss Eric das Blut ins Gesicht, während beide sich zu fragen schienen: »Ob er wohl immer noch derselbe ist wie früher?«

In diesem Moment schlug die Uhr im Glockenturm der größeren Kirche achtmal. Mit einem Satz sprang Eric von seiner Bank herunter, und ein anderer Bergarbeiter nahm seinen Platz ein und begann in leidenschaftlichem Ton auf die Menge einzureden. Die Männer jubelten und schwenkten begeistert ihre Hüte durch die Luft. Schritt für Schritt kämpfte sich Stuart durch das Gedränge, wobei er immer wieder von Bekannten aufgehalten wurde. Als er schließlich vor dem Glockenturm der Kirche stand, hielt er ungeduldig nach einem Mitglied seiner Familie Ausschau. Da ertönte über ihm die dröhnende Stimme eines Mannes, der auf den Eingangsstufen der Kirche stand. »Stuart! Wann hast du dich denn zu den Streikenden gesellt?«

»Doktor!«, rief Stuart, und ein Lächeln der Wiedersehensfreude erhellte seine nachdenklichen Züge. »Sie sind genau die Person, nach der ich gesucht habe – neben meinem Vater und Louise natürlich. Wo sind die beiden eigentlich? Sie wollten mich doch heute Morgen am Bahnhof abholen. Dieser Streik ist ja wirklich erstaunlich. Bitte erzählen Sie mir alles darüber!«

Gelassen zuckte der Doktor die Achseln. »Ich weiß über diese Sache auch nicht mehr als du. Heute Morgen sind die Männer ohne Vorankündigung aus den Bergwerken von Freeport, Vasplaine und DeMott marschiert und haben sich hier mit den Bergarbeitern aus Champion getroffen.«

»Was verlangen sie denn?«, wollte Stuart wissen. Das war nur eine von vielen Fragen, die er hatte, doch es war die erste, die ihm in den Sinn kam.

Wieder zuckte der Doktor die Achseln. »Die Männer, die unter Tage arbeiten, verlangen zwei Dollar pro Tag, die Grubenbahnführer einen Dollar fünfundsiebzig und die übrigen Bergleute einen Dollar fünfzig.«

»Wer ist ihr Anführer?«

»Du hast ihn eben selbst gesehen: Eric Vasall. Dabei kommt es mir so vor, als wäre es erst gestern gewesen, dass ihr beide in kurzen Hosen durch die Bergwerke gerannt seid und die Bergleute mit euren albernen Streichen zu Tode erschreckt habt. Und jetzt hat Eric einen der größten Streiks in der Geschichte angezettelt und spielt die Rolle des Propheten, Priesters und was weiß ich noch alles. Du dagegen ...«

»Ich dagegen«, unterbrach Stuart den Doktor lachend, während er ihn am Arm mit sich zog, »habe zu dieser ganzen Sache so lange nichts zu sagen, bis ich ein anständiges Frühstück vertilgt habe. Ich verstehe nicht, wo mein Vater und Louise bleiben. Haben Sie sie heute Morgen schon gesehen?«

»Nein, aber ich bringe dich nach Hause – wir nehmen meinen Buggy.«

Die Praxis des Doktors lag gleich neben dem Marktplatz, und sein Pferd war bereits angespannt. Während sie darauf zugingen, warf Stuart einen Blick über seine Schulter und bemerkte: »Diese Sache ist äußerst beeindruckend. Auf meinen Reisen durch Europa habe ich nirgends etwas Ähnliches gesehen, obwohl ich auch in Deutschland, England und Frankreich Streiks miterlebt habe. Aber ich habe noch nie gehört, dass ein Streik mit einem Gebet eröffnet wurde. Sie etwa, Doktor?«

»Kaum«, erwiderte der ältere Mann trocken.

Forschend betrachtete Stuart den Arzt, der seinen Buggy lässig kutschierte und dabei einen Fuß aus dem Wagen heraushängen ließ, wie er es immer tat. Die Zügel hielt er locker in einer Hand, während das Pferd wie von der Tarantel gestochen die sandige Straße entlangpreschte. Sie hatten die Stadt bereits hinter sich gelassen und fuhren nun einen steilen Hügel hinauf. Schon früher hatte der Doktor seinen Buggy auf diese halsbrecherische Weise gelenkt, und Stuart hatte immer behauptet, bei ihm mitzufahren sei beinahe so aufregend wie in einem schweren Gewitter in einer Dynamitfabrik zu arbeiten.

»Ich habe das Gefühl, Sie halten Erics Gebet nicht für aufrichtig«, sagte Stuart, nachdem er den Mann neben sich eine Weile gemustert hatte.

»Bestimmt war es aufrichtig, aber was wird das schon nützen? Wir wissen alle, wie dieser Streik enden wird – unabhängig davon, ob jemand betet oder nicht.«

»Was ist eigentlich mit Eric los, Doktor? Früher war er doch nicht so religiös.«

»Heilsarmee«, entgegnete der Doktor ohne weitere Erklärung.

»Oh!«, sagte Stuart erstaunt. Er würde sich ausführlich mit Eric unterhalten müssen, um die lange Zeitspanne zu überbrücken, in der sie sich nicht gesehen hatten. Offensichtlich waren viele einschneidende Dinge geschehen, die großen Einfluss auf sie beide gehabt hatten. Während das Pferd schnaubend die Steigung bewältigte, begann Stuart, sich allmählich um seinen Vater und seine Schwester Sorgen zu machen. Es war wirklich seltsam, dass sie ihn nicht am Bahnhof abgeholt hatten, doch womöglich hatte sich sein Vater um diesen Streik kümmern müssen. Bisher war seine Heimkehr jedenfalls ganz anders verlaufen, als er es sich vorgestellt hatte.

Das Haus der Familie Duncan lag ein wenig abseits der Straße am Abhang des Hügels. Es war ein stattliches Gebäude aus roten Ziegelsteinen, das von zwölf riesigen Kiefern überschattet wurde. Stuart liebte dieses Haus, so viele besondere Erinnerungen waren damit verknüpft. Obwohl er in einem der östlichen Staaten geboren war, konnte er sich an kein anderes Zuhause mehr erinnern. An diesem Ort hatte er als Zehnjähriger seine Mutter verloren – den Menschen, dem er seine nachdenkliche, sensible und wahrheitsliebende Natur verdankte. Von seinem Vater hatte er einen gewissen Eigensinn und die Neigung zu starken Gefühlsausbrüchen geerbt.

Stuart dachte an die glücklichen Zeiten in diesem Haus, wo er als Junge und später als Student die Annehmlichkeiten des Wohlstands und die Vorzüge der Freundschaft genossen hatte.

Plötzlich schoss ein Wagen aus der Einfahrt, in die der Doktor gerade einbiegen wollte, und beide Kutscher zerrten gerade noch rechtzeitig an den Zügeln, um einen Zusammenprall zu verhindern.

»Sind Sie das, Dr. Saxon?«, rief der Entgegenkommende. »Ich bin gerade auf dem Weg zu Ihnen. Mr Duncan ist schwer verletzt! Bei einer Fahrt heute Morgen sind die Pferde durchgegangen und ...«

Stuart wartete nicht, bis der Mann zu Ende gesprochen hatte. Mit einem Satz war er aus dem Buggy gesprungen und lief so schnell er konnte über das Gelände zum Haus hinüber. Der Doktor gab seinem Pferd ein scharfes Kommando und versetzte ihm einen Peitschenhieb, so dass der Buggy wie ein Pfeil die Einfahrt hinaufschoss. Am Ende der langen Veranda sprang der Doktor blitzschnell hinunter und ließ sein Pferd allein in den Stall laufen. Dieses Manöver hatte so wenig Zeit in Anspruch genommen, dass er vor der großen Eingangstür mit Stuart zusammentraf, der soeben keuchend die Verandastufen heraufgerannt kam.

»Hör mal, mein Junge«, sagte der Doktor ruhig, wobei er sich breitbeinig in den Türrahmen stellte und Stuart bewusst den Weg versperrte, »reg dich nicht auf, ich werde mich darum kümmern. Das ist meine Angelegenheit, nicht deine.«

»Lassen Sie mich vorbei!« Mit hochrotem Gesicht stand Stuart vor dem Arzt. »Es geht hier um meinen Vater, der vielleicht im Sterben liegt! Wie können Sie es wagen, sich mir in den Weg zu stellen?«

»Also gut«, antwortete der Doktor so sanft, als ob er zu einem Kind reden würde. Dann trat er beiseite und schickte sich an, die Stufen der Veranda gemächlich wieder hinunterzugehen. »Du hast das aufbrausende Temperament der Duncans geerbt, aber falls dein Vater stirbt, nur weil du unbedingt Recht behalten wolltest, brauchst du mir später nicht die Schuld dafür zu geben.«

»Kommen Sie zurück!« Mit einem Schritt war Stuart bei dem älteren Mann und packte ihn am Arm. Seine Erregung hatte sich augenblicklich gelegt, nachdem er begriffen hatte, dass er sich jetzt beherrschen musste. »Bitte kommen Sie mit. Ich werde mich zusammenreißen, und vielleicht brauchen Sie meine Hilfe.«

Der Arzt sah ihm eindringlich ins Gesicht, dann drehte er sich um und betrat mit Stuart das Haus. Für einen Außenstehenden wäre dieser kurze Vorfall ohne Bedeutung gewesen, doch der Doktor kannte die starken Gefühlsausbrüche des jungen Mannes, und er befürchtete, dass sie eines Tages zu einer ernsthaften Gefahr werden könnten. Hätte er versucht, sich in diesem Zustand um seinen Vater zu kümmern, wären die Folgen für Vater und Sohn nicht auszudenken gewesen.

Im Haus liefen die Bediensteten wie aufgescheuchte Hühner hin und her. Der Arzt hielt einen der Angestellten an und fragte in strengem Ton: »Sind hier eigentlich alle verrückt geworden? Wo ist Mr Duncan?«

»Sie haben ihn ins Nordzimmer gebracht«, war die Antwort.

»Ins Nordzimmer! Genauso gut hätten Sie ihn zum Nordpol tragen und dort liegen lassen können! Stuart, schick sofort jemanden zu meiner Praxis, damit er meine schwarze Tasche holt, und komm dann nach zu deinem Vater.«

Mit raschen Schritten ging der Doktor den langen Flur hinunter, bog in einen zweiten Gang ein und betrat an dessen Ende ein großes Zimmer. Mitten im Raum stand ein breites Bett, neben dem eine junge Frau in gebückter Haltung kauerte. Sie hatte beide Arme um den Hals des Mannes geschlungen, der auf dem Bett lag, und war in dieser Stellung ohnmächtig geworden. Dr. Saxon war gerade dabei sie hochzuheben, als Stuart hereinkam.

»O Gott! Louise!«

Der Doktor warf Stuart einen beruhigenden Blick zu und

erwiderte: »Nein, keine Sorge, sie hat nur einen Moment lang das Bewusstsein verloren. Nimm dich zusammen und hilf mir. Du kümmerst dich um deine Schwester, während ich nach deinem Vater sehe.«

Behutsam übergab der Arzt ihm das Mädchen, und mit Hilfe eines Dieners gelang es Stuart rasch, Louise wieder zu Bewusstsein zu bringen. Währenddessen hatte sich der Doktor seinem anderen Patienten zugewandt und untersuchte ihn mit der Geschicklichkeit eines Mannes, der medizinisches Wissen mit langjähriger Erfahrung vereint.

Ross Duncan lag auf dem Bett, ohne sich zu bewegen. Er war muskulös und kräftig gebaut, und obwohl er im Augenblick völlig hilflos war, wirkte er immer noch rau und energisch. Über einem Auge klaffte eine tiefe Wunde, seine Kleidung war voller Blut, und er schien am ganzen Körper Prellungen und Quetschungen zu haben. Trotzdem war er bei vollem Bewusstsein, und mit dem eisernen Willen, der so typisch für ihn war, schaffte er es, dem Arzt etwas zuzuflüstern.

»In Ordnung, Mr Duncan«, erwiderte dieser auf die Bitte seines Patienten hin, »ich werde Ihnen kein Betäubungsmittel geben, wenn Sie es so wollen. Aber ich muss diesen hübschen kleinen Schnitt über Ihrem Auge zusammennähen. Ist dieser Trödelfritze eigentlich schon mit meiner Tasche zurückgekommen?«, erkundigte er sich bei Stuart, der Louise einen Augenblick verlassen hatte und ans Bett seines Vaters getreten war.

»Nein, dazu hat die Zeit noch nicht gereicht, Doktor.«

»Warum hat er denn nicht mein Pferd genommen?«, sagte der Arzt ärgerlich. »Wie geht es Louise?«

»Schon viel besser. Vater muss böse gestürzt sein, wie es aussieht!«

Liebevoll berührte Stuart die Hand seines Vaters, der seinen Händedruck leicht erwiderte. Nun kniete Stuart sich neben das Bett und küsste seinen Vater auf die Wange, wie er es als kleiner Junge immer getan hatte. Offensichtlich war der ältere Mann tief bewegt von dieser Zärtlichkeit, denn in seinen Augen glänzten Tränen der Rührung.

»Na na«, unterbrach der Arzt die Szene in schroffem Ton. »Man könnte meinen, ihr beide hättet euch mindestens ein Jahr lang nicht mehr gesehen. Es ist höchste Zeit, deinen Vater für die Operation vorzubereiten, Stuart. Du hast versprochen, mir zu helfen, und ich brauche jetzt deine volle Aufmerksamkeit.«

Wenige Minuten später hatte der Doktor seinen Patienten so bequem gebettet, wie es unter diesen Umständen möglich war. Die Arzttasche wurde gebracht und die Wunde rasch zusammengenäht, so dass Ross Duncan sich endlich ausruhen konnte. Nachdem der Doktor ihm ein Schlafmittel gegeben hatte, ging er mit Stuart und Louise ins Nebenzimmer, um Näheres über den Unfall zu erfahren.

Louise Duncan war ein sehr hübsches, aber auch sehr stolzes und selbstsüchtiges Mädchen. Sie war sechs Jahre jünger als ihr Bruder und hatte zwei Jahre lang eine höhere Töchterschule in New York besucht. Während dieser Zeit hatte sie auf keinem Gebiet irgendein besonderes Talent entwickelt. Sie konnte ein wenig Klavier und Harfe spielen, hatte einige andere Dinge ausprobiert und machte um jede Tätigkeit im Haushalt einen großen Bogen. Nun lag sie auf dem Sofa und begann von dem schrecklichen Vorfall zu erzählen, während Stuart ihr mit sanften Bewegungen übers Haar strich.

»Heute Morgen sind Vater und ich ganz früh losgefahren, um dich am Bahnhof abzuholen, Stuart. Da wir so früh dran waren, beschloss Vater, noch kurz beim Forge-Bergwerk vorbeizufahren, um etwas Geschäftliches zu erledigen. Als wir am Fördermaschinenhaus ankamen, versammelten sich dort gerade alle Arbeiter, um hinunter nach Champion zu marschieren. Bis zu diesem Zeitpunkt hatten wir noch nichts von dem Streik gehört. Vater hat sich sehr aufgeregt und begann mit den Leuten zu sprechen. Er versuchte sie dazu zu überreden, ihre Arbeit wieder aufzunehmen, aber einige Männer gaben ihm unverschämte Antworten und beleidigten ihn. Sie behaupteten, sie seien freie Menschen und hätten es nicht nötig, sich von irgendjemandem ausbeuten zu lassen. Du kennst dieses Gerede ja, Stuart. Es gibt nichts, was Vater schneller auf die Palme bringt, und er hat völlig Recht damit! Ich finde es äußerst rücksichtslos von diesen Bergarbeitern, dass sie gerade jetzt so einen Aufstand anzetteln, wo ich doch in Kürze mit den Vasplaines auf eine Kreuzfahrt gehen will. Sicher müssen sie sich jetzt um diesen Streik kümmern und wir müssen die Reise aufschieben.«

Louises Wangen hatten vor lauter Entrüstung wieder etwas Farbe bekommen. »Nun, auf jeden Fall sprang Vater vom Wagen und wollte einem dieser unverschämten Kerle einen Denkzettel verpassen, doch die anderen Bergarbeiter hinderten ihn daran und zwangen ihn, wieder in die Kutsche zu steigen. Noch nie habe ich Vater so wütend gesehen, und ich selbst habe mich beinahe zu Tode gefürchtet, weil die Männer so grob waren. Schließlich fuhren wir zurück zur Hauptstraße, aber kurz vor der scharfen Kurve beim Schacht des Beury-Bergwerks trafen wir auf eine andere Gruppe von Arbeitern, die von der unteren Hügelkette in die Stadt marschierten. Sie schwenkten ein großes weißes Banner, auf das sie ein schreckliches Bild gemalt hatten. Sofort scheuten unsere Pferde, gingen durch und rasten direkt auf den alten Schacht zu.

Ich weiß nicht mehr, was dann passiert ist, außer, dass wir aus dem Wagen geschleudert wurden. Es ist wirklich ein Wunder, dass ich nicht getötet wurde! Jem, der Kutscher, stand gleich wieder auf, holte die anderen Pferde und brachte Vater und mich nach Hause. Unterwegs bin ich mehrmals in Ohnmacht gefallen, und als ich Vater mit dieser klaffenden Wunde auf dem Bett liegen sah, dachte ich, er wäre tot. Falls er tatsächlich sterben sollte, sind nur die schrecklichen Bergarbeiter daran schuld. Hätten sie diesen Streik nicht begonnen, wäre der furchtbare Unfall nie geschehen. Ach, es ist einfach entsetzlich!«

An diesem Punkt brach Louise in Tränen aus und begann hysterisch zu schluchzen.

»Mein Liebes, du bist bei dem Sturz doch sicher auch verletzt worden, oder?«, meinte Stuart besorgt, während er sie tröstend an sich drückte.

Seine Schwester schüttelte den Kopf. »Nein, nein! Ich habe keinen einzigen Kratzer abbekommen.« Als ihre Tränen schließlich versiegt waren, setzte sie sich auf und fing an, ihre Haare zu ordnen.

Dr. Saxon war während Louises Bericht ans andere Ende des Raumes geschlendert. Auf seinem Gesicht stand ein schwer zu deutender Ausdruck, und mit einem Mal drehte er sich auf dem Absatz herum und sagte mit der für ihn charakteristischen Direktheit: »Ich muss zurück in meine Praxis. Ich habe euch Anweisungen für die Pflege eures Vaters dagelassen. Glücklicherweise ist er nicht so schwer verletzt, wie es zunächst schien, aber ich komme sofort, falls ihr mich brauchen solltet. Louise, vergiss auf keinen Fall, dieses Pulver gegen Kopfschmerzen einzunehmen. Du solltest dich heute ausruhen.«

Nachdem der Arzt das Medikament auf einen Tisch gestellt hatte, verließ er das Zimmer, und kurz darauf konnte man hören, wie sein Pferd an der Veranda vorbeigaloppierte.

So spielte sich also Stuarts Rückkehr ab, als er nach seinem einjährigen Auslandsaufenthalt wieder nach Hause kam. Er hatte mit großem Interesse die berühmten Hauptstädte Europas besichtigt und war durch Museen und Kunstgalerien geschlendert. Aufmerksam hatte er die Menschen beobachtet, denen er begegnet war, und hatte sich mit vielen Sitten und Gebräuchen vertraut gemacht, die er vorher nicht kannte. Insgesamt hatte er seine Studien jedoch nicht allzu ernst genommen, da er dieses Jahr vor allen Dingen als einen ausgedehnten Urlaub ansah. Aus diesem Grund hatte er so viel Geld ausgegeben, wie er wollte – in dem Wissen, dass er jederzeit und überall Kredit besaß. Schließlich war sein Vater ein Multimillionär, der sich seinen Kindern gegenüber nie geizig gezeigt hatte. Ross Duncan wollte für seinen Sohn und seine Tochter nur das Beste – egal, ob es Kleidung, Essen, Ausbildung oder Reisen betraf. Daher war Stuart in derselben unbekümmerten Haltung durch Europa gezogen, wie er auch sein Studium am College absolviert hatte. Er war gesund und kräftig und hatte keine schlechten Gewohnheiten – nicht einmal das Rauchen reizte ihn. Obwohl er sich mit manchen Fragen sehr ausführlich beschäftigte, schien er keinen besonderen Ehrgeiz oder spezielle Interessen zu besitzen. Falls er während dieses Auslandsaufenthalts überhaupt an seine Zukunft gedacht hatte, hatte er sich irgendeine geschäftliche Tätigkeit in der Bergbaugesellschaft seines Vaters vorgestellt. Zweifellos würde dies den Wünschen seines Vaters entsprechen, und Stuart sah keinen Grund, sich diesem Anliegen zu widersetzen.

Nach seiner Reise, auf der Stuart eigentlich nur die schönen und angenehmen Seiten des Lebens betrachtet hatte, wurde er nun zu Hause mit der Schreckensbotschaft empfangen, dass sein Vater verletzt war. Der Streik der Bergarbeiter, der diesen Unfall verursacht hatte, berührte ihn außerdem sehr persönlich – zum einen betraf dieser Arbeitskampf die geschäftlichen Interessen seiner Familie, zum anderen wurde der Streik von einem Mann angeführt, mit dem Stuart seit seiner Kindheit befreundet war: Eric Vasall. Je länger er über Eric nachdachte, desto stärker wurde ihm bewusst, dass dieser Streik eine sehr ernste Angelegenheit war, die vermutlich große Auswirkungen auf sie beide haben würde.

Beinahe eine Woche verging, bis Ross Duncan sich im Bett aufsetzen und eine längere Unterhaltung führen konnte. Während dieser Zeit war Stuart zu Hause geblieben und hatte Eric nicht gesehen. So viel er wusste, war Eric auch nicht vorbeigekommen, um ihn zu begrüßen. Da sein Vater und Louise seine Fürsorge benötigten, hatte er sich gerne um sie gekümmert, gleichzeitig konnte er es jedoch kaum erwarten, seinen alten Freund wieder zu treffen.

Allerdings beschlich ihn ein leichtes Unbehagen, wenn er an die Szene auf dem Marktplatz und an dieses merkwürdige Gebet dachte.

Am Ende dieser Woche unterhielten sich Vater und Sohn über die gegenwärtige Situation. Die Bergarbeiter streikten immer noch, und es gab noch keine Aussicht auf eine Einigung.

»Ich sage dir, Stuart«, begann Ross Duncan, während sein Unterkiefer sich entschlossen nach vorne schob, »die Bergbaugesellschaften werden sich niemals den Forderungen der Arbeiter beugen! Ich selbst werde ihnen keinen Fingerbreit entgegenkommen, solange sie sich im Streik befinden.«

»Bist du der Ansicht, dass sie zu viel verlangen, Vater?«, wollte Stuart wissen.

»Zu viel? Bei dem, was uns im Moment für das Erz gezahlt wird?! Und gerade jetzt, wo wir allmählich wieder auf die Füße kommen, müssen diese Dummköpfe streiken. Während des ganzen letzten Winters liefen die Geschäfte schlecht, und erst seit kurzem sieht es wieder besser aus.«

»Aber ich dachte, der Preis für Erz sei wieder gestiegen. Ist das nicht auch der Grund, weshalb die Männer einen höheren Lohn fordern? Sie behaupten, ihr Lohn müsse sich dem steigenden Preis für das Erz anpassen.«

»Sie sind verrückt!«, rief Ross Duncan und schlug mit seiner Faust auf das Kissen. »Die Bergbaugesellschaften haben sich durch langfristige Verträge an den alten Preis gebunden, daher nützt uns dieser Anstieg überhaupt nichts, bis unsere jetzigen Verträge ausgelaufen sind.«

»Und warum sagt ihr das den Bergarbeitern nicht?«, fragte Stuart verwirrt.

»Also wirklich, Stuart! Man könnte meinen ...« Offensichtlich gab sich Ross Duncan allergrößte Mühe, nicht die Beherrschung zu verlieren. Stuart erhob sich besorgt und ging näher an das Bett seines Vaters heran.

»Vater, du darfst dich nicht aufregen! Denk doch daran, was Dr. Saxon gestern gesagt hat. Bitte sprich nicht mehr über den Streik.«

»Ich muss. Ich werde mich beherrschen.«

Die Veränderung, die mit dem energischen Geschäftsmann vorging, war wirklich erstaunlich. Zuerst spannte er alle seine Muskeln fest an und lockerte sie anschließend ganz allmählich. Sogar die Hand, die er zur Faust geballt hatte, lag jetzt offen und unverkrampft auf der Bettdecke. Danach sprach er in ruhigem und leidenschaftslosem Ton weiter.

»Die Bergbaufirmen setzen die Männer nicht von dieser Tatsache in Kenntnis, weil die Arbeiter uns kein Wort glauben würden. Und das, obwohl es keinen einzigen Mann in unseren Bergwerken gibt, der ohne rot zu werden behaupten könnte, dass Ross Duncan ihn jemals angelogen oder auch nur um einen einzigen Cent betrogen hat. Ich versichere dir, Stuart, dass diese Leute die undankbarsten, eigensinnigsten und dümmsten Kreaturen sind, die jemals auf dieser Erde gelebt haben. Im vergangenen Winter habe ich mehrere Familien mit Essen und Heizmaterial versorgt, weil die Familienväter krank waren und nicht zur Arbeit gehen konnten. Ich würde sofort mit dir wetten, dass genau diese Familien in der ersten Reihe der Streikenden stehen! Doch diese Männer schaufeln sich ihr eigenes Grab, denn die Bergbaugesellschaften werden niemals nachgeben.«

Stuart schwieg eine Weile, doch dann brachte er einen anderen Punkt zur Sprache. »Findest du nicht, Vater, dass die Männer sehr viel Selbstbeherrschung und Achtung vor dem Gesetz gezeigt haben? Bis jetzt hat es keine Krawalle gegeben.«

»Warte nur, bis wir die neuen Bergarbeiter aus Chicago geholt haben. Dann werden wir ja sehen, wie unsere Leute darauf reagieren«, entgegnete sein Vater spöttisch.

»Werden die Bergbaugesellschaften so weit gehen?« Stuart klang skeptisch.

»Ganz bestimmt, falls dieser Streik noch eine weitere Woche

anhält. Wir würden unsere Kunden verlieren, falls wir das Erz nicht wie versprochen liefern könnten«, antwortete Ross Duncan.

»Ist es nicht trotzdem bemerkenswert, Vater, dass die Männer ihre Versammlungen jeden Morgen mit einem Gebet eröffnen?«, sagte Stuart nach einer kurzen Pause.

Sein Vater gab ein Schnauben von sich, das tiefste Verachtung zum Ausdruck brachte. »Zu wem beten sie denn? Etwa zum Teufel?«

»Das Gebet, das ich an jenem Morgen hörte, als ich nach Hause kam, war so gut wie jedes andere Gebet, das ich in irgendeiner Kirche vernommen habe«, entgegnete Stuart.

»Wer hat denn gebetet?«, wollte Ross Duncan wissen.

»Eric«, antwortete Stuart, wobei er leicht errötete.

»Er ist der Anführer dieses Wahnsinns und der gefährlichste Mann in der ganzen Umgebung! Ich würde dir dringend raten, jeden Kontakt zu ihm abzubrechen.«

Nun beugte sich Stuart ein wenig nach vorne. »Du hast sicher nicht vergessen, dass Eric mir das Leben gerettet hat, als damals der Aufzug im Schacht kaputtging?«

»Und wenn schon. Er hat nichts getan, was jeder andere nicht auch getan hätte. Dafür schuldest du ihm gar nichts«, erwiderte der ältere Mann störrisch.

Stuart gab keine Antwort, denn er spürte, wie Ärger in ihm aufstieg. Nachdem er sich nochmals nach dem Wohlergehen seines Vaters erkundigt hatte, verließ er rasch das Zimmer.

An diesem Nachmittag wanderte er zum ersten Mal seit seiner Rückkehr den Hügel hinauf. In der Nähe eines Bergwerks setzte er sich auf den Boden und dachte noch einmal über das Gespräch mit seinem Vater nach. Schließlich wurde er unruhig und beschloss, zu Fuß in die Stadt zu gehen und in seinem Büro vorbeizuschauen. Im Briefkasten lag ein Brief, der an ihn adressiert war, und Stuart steckte ihn in seine Tasche, ohne ihn näher anzusehen. Er nahm seinen Spaziergang wieder auf, schlenderte über den Marktplatz, überquerte die Eisenbahnschienen und schlug die gegenüberliegende Straße ein. Wie alle Straßen wurde auch dieser Weg immer schmaler, bis er in einem holprigen Pfad für die Bergarbeiter endete. Zuletzt erreichte Stuart ein Gebäude, das zu einem der Bergwerke seines Vaters gehörte.

Die Pumpen waren immer noch in Betrieb, obwohl einige Männer gedroht hatten, sie herauszureißen. Im Fördermaschinenhaus waren nur noch sechs Bergleute beschäftigt. Nachdem Stuart sich kurz umgesehen hatte, ging er zu seinem Lieblingsplatz auf dem Hügel. Es war ein großer Felsbrocken, der ein ganzes Stück aus dem Abhang herausragte, und an dessen Seite eine der wenigen alten Kiefern wuchs, die man noch nicht gefällt hatte.

Hier ließ Stuart sich auf dem Boden nieder und zog den Brief aus seiner Tasche. Er kam von Eric, und während Stuart das Schreiben las, verdüsterte sich seine Miene immer mehr.

»Lieber Stuart!«, begann Eric in dem vertrauten Ton, der immer zwischen ihnen geherrscht hatte. »Ich schreibe dir heute, weil man mir verboten hat, euer Haus zu betreten. In dieser Woche bin ich zweimal bei euch vorbeigekommen und habe nach dir gefragt, doch die Dienstboten haben mich nicht hereingelassen. Dafür mache ich dir keinen Vorwurf. Es ist eine schwierige Zeit mit schwierigen Problemen, aber die Rechte der Bergarbeiter dürfen nicht mit Füßen getreten werden. Ich weiß nicht, ob dir noch etwas an unserer Freundschaft liegt, und genauso wenig weiß ich, in welcher Hinsicht du dich im vergangenen Jahr verändert hast. Vielleicht denkst du jetzt anders über mich als früher, doch ich versuche nur, das zu tun, was ich für richtig halte. Natürlich kann das aus deiner Sicht ganz anders aussehen. Falls du Interesse daran hast, mit mir zu reden, kannst du mich heute Nachmittag an unserem Felsen bei dem großen Baum treffen. Ich werde dort sein. – Dein alter Freund Eric.«

Stuart war tief berührt – und gleichzeitig sehr wütend, wenn er sich vorstellte, dass man Eric das Haus verboten hatte. Die einzige

Erklärung dafür war, dass sein Vater den Dienstboten diese Anweisung gegeben hatte. Allerdings hätte Stuart ihm so ein Verhalten niemals zugetraut.

Irgendwie schien der Ton dieses Briefes nicht zu dem Eric zu passen, den Stuart seit seiner Kindheit gekannt hatte, und er wollte unbedingt herausfinden, wie sehr sein Freund sich inzwischen verändert hatte. Schließlich bedeutete Eric ihm mehr als jeder andere Freund – und das nicht nur, weil der andere ihm einmal das Leben gerettet hatte, sondern weil er schon immer eine ganz besondere Person in Stuarts Leben gewesen war. Welche Veränderungen hatten die Jahre mit sich gebracht – vor allem das vergangene Jahr?

Stuart hatte den Brief mit gesenktem Kopf gelesen, und als er nun wieder aufblickte, sah er Eric den Hügel heraufkommen.

Ein wenig steif begrüßten die beiden Freunde sich und schüttelten einander förmlich die Hand. Dann setzten sie sich auf den Felsen, und eine unbehagliche Stille machte sich breit. Schließlich brach Stuart das Schweigen, denn er wusste aus Erfahrung, dass Eric nicht als Erster sprechen würde. »Gerade habe ich deinen Brief gelesen, Eric. Dass man dich bei uns zu Hause nicht hereingelassen hat, kann nur ein Missverständnis gewesen sein. Bestimmt würde mein Vater so etwas nicht tun.«

»Da wäre ich nicht so sicher. Aber ich hätte Verständnis dafür, falls er so empfinden würde. Geht es ihm inzwischen besser?«, erkundigte sich Eric.

»Ja.« Stuart machte eine Pause, da ihm plötzlich nichts mehr einfiel, was er sagen könnte. Es schien viel schwieriger zu sein, die einjährige Trennung zu überbrücken, als er sich vorgestellt hatte. Auf einmal fing er an zu lachen. »Eric, ist es nicht einfach lächerlich, dass wir hier auf diesem Felsen sitzen und so tun, als hätten wir Angst voreinander? Komm, umarme mich einmal richtig, wie in alten Zeiten.« Mit diesen Worten gab Stuart seinem Freund einen brüderlichen Schlag auf die Schulter. Anschließend fügte er jedoch seufzend hinzu: »Natürlich ist mir klar, dass die Zeiten sich geändert haben.«

Eric blickte ihn nachdenklich an. »Ja, aber ich hoffe, dass alles besser werden wird. In letzter Zeit bin ich viel nüchterner und ernster geworden.«

»Wie kommt das, Eric? Hat sich deine Einstellung zu mir denn auch verändert?« In Stuarts Stimme lag ein drängender Unterton.

»Nein«, erwiderte sein Freund, während er mit seinem Fuß ein paar Steine hin und her schob und die Aussicht vor ihnen betrachtete. Schließlich sah er Stuart direkt in die Augen und wiederholte: »Nein. Eigentlich bist du derjenige, der sich verändert hat.«

»Ich soll mich verändert haben? In welcher Hinsicht denn?« Stuart starrte Eric ungläubig an.

»Du hast die ganze Welt gesehen. Welchen Wert sollte unsere Freundschaft für dich noch haben? Und in Zukunft wird sich die Kluft zwischen uns noch vergrößern, denn du bist ein reicher Mann und ich nur ein einfacher Arbeiter«, erklärte Eric ernst.

»Aber das muss doch nicht so bleiben!«, rief Stuart leidenschaftlich. »Mit deinen Fähigkeiten und deiner Intelligenz stehen dir alle Türen offen, und du kannst alles erreichen, was du willst ...«

Während Stuart einen Augenblick lang nach den richtigen Worten suchte, unterbrach ihn Eric mit ruhiger Stimme: »Ich habe meinen Platz im Leben gefunden, Stuart. Ich bin ein Arbeiter und werde es auch so lange bleiben, bis diese Leute nicht mehr für ihre Rechte kämpfen müssen.«

»Aber was hat das alles mit unserer Freundschaft zu tun?« Stuart war verwirrt. »Über diese Dinge haben wir doch schon früher geredet. Legst du keinen Wert mehr auf meine Freundschaft?«

»Natürlich. Du bist der beste Freund, den ich je hatte«, versicherte Eric, wobei er seine dunklen Augen direkt auf Stuart richtete. In seinem Gesicht war aufrichtige Zuneigung zu lesen.

»Und du weißt doch auch, wie viel mir an dir liegt, oder nicht?«, beharrte Stuart.

Eric nickte. »Aber unsere Wege führen uns in zwei verschiedene Richtungen, und diese Tatsache können wir nicht einfach ignorieren. Ich fordere Tausende von Menschen dazu auf, einen Kurs einzuschlagen, der in direktem Gegensatz zu den Interessen deines Vaters steht. Du würdest genauso empfinden wie er, wenn du an seiner Stelle wärst. Irgendwann werden wir an den Punkt kommen, an dem wir diesen Konflikt nicht mehr ignorieren können ...«

Erregt sprang Stuart auf und unterbrach ihn: »Willst du damit sagen, dass es zwischen uns beiden keine echte Freundschaft geben kann, nur weil wir in eine andere Umgebung hineingeboren wurden und meine Familie wohlhabender ist als deine? Haben wir nicht bereits bewiesen, dass diese Dinge nicht zählen?«

»Ja, schon«, antwortete Eric langsam, »aber unsere Freundschaft steht trotzdem auf sehr wackligen Füßen. Du repräsentierst die reichen Bergbaugesellschaften, während ich die kleinen Bergarbeiter vertrete. Denk doch nur einen Augenblick über die gegenwärtige Lage nach. Ich glaube von ganzem Herzen, dass dieser Streik gut und richtig ist – du hingegen verurteilst unser Handeln, obwohl es dir vielleicht noch gar nicht bewusst ist. Wenn du an der Stelle deines Vaters stündest, würdest du dich genauso verhalten wie er. Wie können wir unter solchen Umständen erwarten, dass unsere Freundschaft Bestand hat?«

Nun verfiel Stuart in Schweigen und ließ seinen Blick über das Tal schweifen. Vor dem Hintergrund der bewaldeten Hügel gab die kleine Stadt ein hübsches Bild ab. Aus den vielen verschiedenen Gebäuden ragte das Haus seines Vaters heraus und wirkte aus dieser Perspektive wie ein kleiner Palast. Am anderen Ende der Stadt konnte Stuart zwischen unzähligen Bergarbeiterwohnungen Erics Zuhause erkennen. Es war ein unauffälliges kleines Häuschen ohne irgendwelche besonderen Merkmale. Einige Minuten lang dachte Stuart angestrengt nach und sagte dann: »Eric, du hast am Anfang unserer Unterhaltung die Unterschiede zwischen uns beiden betont. Was hast du eigentlich im Sinn? Willst du unsere Freundschaft aufkündigen?«

Zum ersten Mal überzog Erics sonnengebräuntes Gesicht eine tiefe Röte. »Nein«, erwiderte er. »Ich will nur den Tatsachen ins Auge sehen, weil wir sie nicht einfach ignorieren dürfen. Aber ich habe meine Einstellung zu dir nicht geändert und werde es auch in Zukunft nicht tun.«

»Mir geht es genauso, Eric. Ich kann allerdings nicht verstehen, warum du mir die ganze Verantwortung aufbürden willst. Du tust so, als würde alles von mir abhängen und als wäre ich der Einzige, der in dieser Sache eine Entscheidung treffen muss.«

»Aber so ist es doch!«, beharrte Eric. »Schließlich gehörst du zu der privilegierten Bevölkerungsschicht, für die Wohlstand, Einfluss, Ausbildung und Kultur völlig selbstverständlich sind. Menschen wie du und dein Vater sorgen dafür, dass unsere Gesellschaft funktioniert, und daher versteht es sich von selbst, dass du die größere Verantwortung trägst ...« Eric verstummte. Offensichtlich ging ihm dieses Gespräch sehr nahe.

Nach einer kurzen Pause meinte Stuart eigensinnig: »Es läuft alles auf dieselbe Frage hinaus: Wird unsere Freundschaft Bestand haben? Ich kann nicht aus meiner Haut herausschlüpfen, und ich kann auch meine Herkunft nicht ändern, selbst wenn ich es wollte. Du hingegen müsstest kein einfacher Arbeiter bleiben, sondern könntest dir wesentlich höhere Ziele stecken.«

»Es ist nutzlos, darüber zu diskutieren«, entgegnete Eric ruhig. »Aber um einmal direkt auf den Punkt zu kommen, Stuart: Hältst du diesen Streik für richtig?«

»Nein, das kann ich nicht behaupten«, antwortete Stuart offen.

»Na bitte! Genau darin liegt die Schwierigkeit!«, sagte Eric traurig. »Wir können gar nicht verhindern, dass die Umstände unsere Freundschaft zugrunde richten. Denn ich selbst glaube natürlich fest an diesen Streik, sonst würde ich ihn ja nicht anführen.«

»Es scheint mir irgendwie der falsche Weg zu sein, um etwas durchzusetzen«, meinte Stuart.

»Hast du dich überhaupt schon mit allen Einzelheiten befasst?«, wollte Eric wissen. »Kennst du alle Tatsachen, die zu dieser Entwicklung geführt haben?«

»Ich weiß das, was mein Vater mir berichtet hat. Er hat gesagt, dass die Arbeiter überhaupt nicht mit den Bergbaugesellschaften verhandelt hätten und ohne Vorankündigung in Streik getreten seien.«

Betroffen sprang Eric auf. »Das ist eine Lüge!«, rief er mit einer Leidenschaft, die man hinter seinem ruhigen Wesen überhaupt nicht vermutet hätte. Plötzlich schien er völlig verändert zu sein.

Jetzt erhob sich Stuart ebenfalls. »Willst du damit behaupten, dass mein Vater mich belogen hat?«

»Genau das!«, gab Eric zurück. »Er hat dich angelogen, und zwar mit Absicht!«

Voller Zorn ging Stuart einen Schritt auf Eric zu, so dass die beiden jungen Männer sich Auge in Auge gegenüberstanden. Da wirbelte Eric plötzlich auf dem Absatz herum und marschierte ohne ein weiteres Wort den Hügel hinunter. Einen Augenblick lang erwog Stuart, ihm nachzulaufen oder ihn zu bitten zurückzukommen, doch dann kehrte er zu dem Felsen zurück und setzte sich. Sobald Eric hinter einer Baumgruppe verschwunden war, stand Stuart auf und schlug die entgegengesetzte Richtung ein.

Als er zu Hause ankam, begegnete ihm Louise, die ihm ausrichtete, sein Vater wolle ihn sofort sprechen. Obwohl Stuart immer noch sehr aufgewühlt war und unaufhörlich über seine Auseinandersetzung mit Eric nachgrübelte, ging er sofort ins Zimmer seines Vaters und fragte nach dessen Wünschen. Ross Duncan erklärte ohne lange Vorrede, was er auf dem Herzen hatte.

»Stuart, ich möchte, dass du nach Cleveland fährst und einige geschäftliche Angelegenheiten für mich erledigst. Dieser Streik hat unter unseren Geschäftspartnern große Verwirrung gestiftet, und es ist unumgänglich, dass wir uns persönlich darum kümmern. Könntest du sofort aufbrechen und den Sechs-Uhr-Zug nehmen?«

»Ich stehe zu deiner Verfügung, Vater«, antwortete Stuart, während in seinem Inneren heftige Gefühle tobten.

»Hier sind die Papiere, die du brauchen wirst. Wenn du dich ein paar Minuten hinsetzt, erkläre ich dir rasch die notwendigen Einzelheiten.«

Stuart zog einen Stuhl ans Bett, woraufhin Ross Duncan seine Anweisungen gab. Als Stuart schließlich die Papiere in einer Mappe verstaute, entspannte sich das Gesicht seines Vaters, und die Maske des unerbittlichen Geschäftsmannes schien von ihm abzufallen. Er lehnte sich gegen sein Kissen und sagte mit ruhiger Stimme: »Stuart, falls mir irgendetwas zustoßen sollte, werdet ihr, du und Louise, alles erben, was ich besitze. Die Bergwerke mit dem dazugehörigen Gelände, das Kapital der Bergwerksgesellschaften, meine Häuser in New York und meine persönlichen Wertpapiere belaufen sich auf eine Gesamtsumme von über vier Millionen Dollar. Ich habe Louise Besitztümer im Wert von einer Million Dollar hinterlassen, und du wirst den ganzen Rest übernehmen müssen, wenn ich sterbe. Da ich Vorsitzender der Gesellschaft bin, ist dieser Streik gegen mich persönlich gerichtet, und falls ich sterben sollte, richtet er sich auch gegen dich. Ich bin jedoch davon überzeugt, dass ich mich völlig auf dich verlassen kann. Bewahre das Vermögen, das ich mir so hart erarbeitet habe.« Nach einer kurzen Pause fügte Ross Duncan in seinem üblichen schroffen Ton hinzu: »Du musst dich beeilen, damit du den Zug erreichst.«

In Stuarts Innerem kämpften unterschiedliche Gefühle miteinander. Einerseits ging ihm das, was sein Vater ihm soeben anvertraut hatte, sehr nahe, andererseits konnte er Erics Behauptungen nicht einfach zur Seite schieben. Dieser innere Zwiespalt veranlasste ihn, seinem Vater noch eine Frage zu stellen.

»Vater«, begann er zögernd, »hast du mir nicht erzählt, dass die Bergarbeiter in Streik getreten sind, ohne den Bergbaugesellschaften vorher irgendeinen Hinweis oder eine Warnung zu geben?«

»Ja.«

»Du meinst, dass sie ihre Absicht vorher in keiner Weise angedeutet haben?«, beharrte Stuart.

Nun setzte sich sein Vater wieder auf und sein Gesicht verzerrte sich ein wenig. »Etwa zwei Wochen vor diesem Streik haben die Bergarbeiter ihren so genannten Vertreter zu mir geschickt, um über die Löhne zu diskutieren. Aber ich werde mich hüten, irgendeinen dahergelaufenen Abgesandten als Verhandlungspartner anzuerkennen. Die Bergleute haben kein Recht, sich in meine Geschäfte zu mischen oder mir vorzuschreiben, welche Löhne ich zahlen muss.«

»Wer war denn dieser Vertreter?«, fragte Stuart, obwohl er die Antwort bereits kannte.

»Wer es war? Natürlich dein frommer Freund, Eric Vasall!«, erwiderte Ross Duncan, wobei sich die Wunde auf seiner Stirn gefährlich rötete. Stuart hätte gerne etwas gesagt, um seinen Vater zu beruhigen, doch er war wie vor den Kopf gestoßen. Schließlich ließ sich der ältere Mann erschöpft wieder auf sein Bett zurücksinken, und Stuart verließ das Zimmer ohne einen Abschiedsgruß. In seinem Herzen stieg eine Bitterkeit auf, die er noch nie gespürt hatte. Also hatte Eric doch Recht gehabt! Die Bergbaugesellschaften hatten eine Warnung erhalten, und die Arbeiter hatten versucht, über ihr Anliegen zu reden. Während er im Zug nach Cleveland saß, verwünschte Stuart im Stillen die komplizierten Probleme der heutigen Gesellschaft.

Nachdem er in der Stadt angekommen war, kümmerte er sich um die Angelegenheiten seines Vaters und machte sich am nächsten Tag auf den Rückweg nach Champion. Die Abenddämmerung war bereits angebrochen, als er aus dem Zug stieg, und die merkwürdigen Blicke einiger flüchtiger Bekannter gaben ihm die düstere Vorahnung, dass irgendetwas geschehen sein musste. Plötzlich kam Dr. Saxon auf ihn zu, hob seine Tasche auf und schüttelte ihm ein wenig nervös die Hand. Die Gesichter der neugierigen Zuschauer erschienen Stuart feierlich und traurig zugleich.

»Was ist denn los, Doktor?«, wollte Stuart wissen, ohne dass er ein Zittern in seiner Stimme unterdrücken konnte.

»Es geht um deinen Vater, mein Junge.«

»Geht es ihm schlechter?«, kam die drängende Frage.

»Komm hier herüber. Mein Buggy steht dort, und ich werde dich nach Hause fahren. Steig ein«, wich Dr. Saxon aus.

Mit steifen Bewegungen kletterte Stuart in den Wagen. Der Doktor warf seine Tasche hinein, sprang mit einem Satz auf den Kutschbock und trieb die Pferde an.

»Sagen Sie mir die Wahrheit, Doktor«, sagte Stuart entschlossen.

Nach einer winzigen Pause antwortete Dr. Saxon: »Dein Vater ist gestorben, Stuart – vor etwa einer Stunde. Er hat entweder einen Schlaganfall oder eine plötzliche Gehirnblutung erlitten. Auch sein Herz hat nicht mehr mitgemacht. Aber er hatte keine Schmerzen.«

Einen Augenblick lang schien sich die ganze Welt vor Stuarts Augen zu drehen, bis er sich so weit unter Kontrolle hatte, dass er Dr. Saxon vernünftige Fragen stellen konnte. Als sie zu Hause ankamen, lief ihnen Louise entgegen. Sie warf sich in Stuarts Arme und schluchzte verzweifelt. Stuart selbst hatte bis zu diesem Zeitpunkt noch keine Träne vergossen. Schließlich führte man ihn in das Zimmer, wo Ross Duncan aufgebahrt lag. Nun stand Stuart vor ihm und betrachtete das kalte Antlitz seines Vaters mit der kaum verheilten Wunde auf der Stirn. Es kam ihm nicht einmal in den Sinn, dass er jetzt der Besitzer eines riesigen Vermögens war, denn ihn beherrschte nur ein einziger Gedanke. Nach dem letzten Gespräch mit seinem Vater hatte er ihn ohne ein freundliches Wort und ohne einen Abschiedsgruß verlassen.

Schließlich ging Stuart wieder hinaus, und beim Anblick seiner tief bekümmerten und verängstigten Schwester kamen ihm endlich die Tränen. Gemeinsam weinten sie um ihren Vater und redeten miteinander. Der Arzt blieb noch eine Stunde lang bei ihnen, und Louise zog sich erst am späten Abend erschöpft in ihr Zimmer zurück. Da schickte Stuart alle Dienstboten fort, so dass er endlich allein war. Allerdings konnte er keinen Schlaf finden, sondern wanderte auf dem langen Flur auf und ab, bis die Morgendämmerung anbrach. Als die Sonne aufging, warf er noch einmal einen Blick auf seinen Vater. Jetzt nützten Ross Duncan alle seine Millionen nichts mehr! Was sollte sein Sohn mit ihnen anfangen? Stuart spürte schon jetzt, wie ihn die Bürde der Verantwortung beinahe erdrückte.

Die Bergwerke, die Probleme mit den Arbeitern, der Streik, die Löhne – wer sollte ihn daran hindern, dem allen zu entfliehen? Er konnte mit seinem Erbe machen, was er wollte, und es wäre ganz einfach, alles zu verkaufen und ins Ausland zu ziehen. Sicher könnte er ... aber nein! Wie konnte er solche Pläne schmieden, obwohl sein Vater noch nicht einmal vierundzwanzig Stunden tot war! Aber welche Verantwortung trug er tatsächlich? Was ging es ihn an, welche Löhne die Bergarbeiter bekamen, und warum sollte er sich darum kümmern? War er denn für alle seine Mitmenschen verantwortlich? Diese ganze verwickelte Angelegenheit erschien ihm plötzlich wie ein riesiger Klotz an seinem Bein, der ihn bei jeder Bewegung hinderte. Der Tod seines Vaters hatte ihm eine Last auferlegt, die er nicht tragen wollte.

Auf einmal wurden seine Gedanken von lauten Geräuschen unterbrochen, die von der Straße kamen. Er ging zum Fenster und öffnete die Vorhänge. Stampfende Füße und laute Rufe näherten sich, und nach einer Weile kam eine Kolonne von Bergarbeitern in Sicht, die in Viererreihen die Straße entlangmarschierten. An der Spitze ging ein Mann, der ein großes Banner schwenkte. Auf dieser Fahne waren ein armer und ein reicher Mann zu sehen. Der reiche Mann fragte den Armen: »Was willst du?«, worauf der Arme zur Antwort gab: »Nur die Brosamen von deinem Tisch.« Die Aussage war klar und unmissverständlich.

Die fünfhundert Bergarbeiter marschierten von der oberen Hügelkette in die Stadt, um sich dort mit den anderen Streikenden zu den regelmäßigen Versammlungen auf dem Marktplatz zu treffen. Während die Männer an Ross Duncans Haus vorbeizogen, wandten viele ihre Köpfe und blickten zu den Fenstern hinüber, hinter denen der reiche Bergwerksbesitzer aufgebahrt lag. Manche erkannten wohl auch den Sohn, der ihnen nachschaute, bis sie außer Sichtweite waren.

Als Stuart sich wieder umdrehte und die sterblichen Überreste des Mannes betrachtete, der so viele Millionen Dollar repräsentiert hatte, wurde ihm bewusst, dass sein eigenes Leben nun von riesigen Problemen überschattet wurde. Und das Schlimme daran war, dass diese Probleme nicht nur ihn selbst betrafen, sondern das Schicksal von Tausenden von Menschen beeinflussten. Wie sollte er diese Herausforderung bewältigen?

Eine schwere Verantwortung

Eine Woche nach Ross Duncans Beerdigung sprachen Stuart und Louise über ihre Zukunftspläne. Louise lag auf dem Sofa und bot trotz ihrer Trauerkleidung einen sehr hübschen und reizvollen Anblick. Soeben klopfte sie mit ihrem zierlichen Fuß ungeduldig gegen die Armlehne des Sofas und erklärte stirnrunzelnd: »Ich verliere jetzt bald die Geduld mit dir, Stuart. Wann wirst du endlich Vernunft annehmen?«

»Ich dachte, ich wäre ganz vernünftig«, entgegnete ihr Bruder, der am Fenster stand und den gepflegten Rasen betrachtete. Jetzt drehte er sich um und begann, im Zimmer auf und ab zu gehen. Er war tief in Gedanken versunken und schien gar nicht richtig auf das zu hören, was Louise ihm vorhielt.

»Jedes Mal, wenn wir auf das Thema Bergarbeiter zu sprechen kommen, benimmst du dich einfach albern«, fuhr Louise fort. »Wenn ich der Gouverneur dieses Staates wäre, würde ich sofort die Miliz herbeordern.«

»Weshalb?« Stuart lächelte. »Die Männer tun nichts Ungesetzliches. Wie sollten die Truppen gegen sie vorgehen?«

»Ich würde neue Leute herholen, die die Arbeitsplätze unserer Bergleute übernehmen, und dann die Miliz bitten, für Ordnung zu sorgen. Du weißt ganz genau, Stuart, dass es schließlich dazu kommen wird.«

Stuart gab keine Antwort, denn ihn beschäftigten so viele Probleme, die er nicht lösen konnte. Während er einen Moment lang vor einem der Fenster stehen blieb und auf die bewaldeten Hügel blickte, spann Louise ihren Faden weiter. »Ich bin der Ansicht, dass einzig und allein diese Bergarbeiter schuld am Tod unseres Vaters sind. Sie haben die Pferde erschreckt und damit den Unfall verursacht, an dessen Folgen Vater gestorben ist. Ich verstehe nicht, wie du dich unter diesen Umständen auf ihre Seite stellen kannst.«

»Das tue ich gar nicht«, erwiderte Stuart, ohne sich umzudrehen.

»Warum ergreifst du dann keine Maßnahmen, um den Bergwerksbetrieb wieder aufzunehmen? Haben wir etwa kein Recht, die Initiative zu ergreifen und neue Arbeiter einzustellen? Und falls sich die Bergarbeiter in unsere Geschäfte einmischen, können wir immer noch die Staatsmiliz zu Hilfe holen.«

»Ich hoffe inständig, dass es dazu nicht kommen wird«, antwortete Stuart ernst. Nun ging er zum Sofa hinüber und setzte sich neben seine Schwester. »Louise, ich will dir offen und ehrlich sagen, wie ich über diese Angelegenheit denke. Ich vertrete nicht denselben Standpunkt wie unser Vater.«

»Aber gerade hast du noch behauptet, du würdest dich nicht auf die Seite der Bergarbeiter stellen«, widersprach Louise, während sie sich aufsetzte und ihr Kleid glättete. Eine Minute lang zupfte sie an ihrem aufwendigen Spitzenkragen herum.

»Wenn ich sage, dass ich mich nicht auf ihre Seite stelle, meine ich damit, dass ich diesen Streik nicht gutheißen kann. Doch ich glaube, dass die Männer höhere Löhne verdient haben und dass die Bergbaugesellschaften ihnen die Summen zahlen sollten, die sie verlangen.« Zum ersten Mal sprach Stuart die Gedanken laut aus, die ihn seit dem Tod seines Vaters beschäftigten und die sich mittlerweile zu einer festen Überzeugung verdichtet hatten.

Louises Gesicht wurde finster, und nach einer kurzen Pause erhob sie sich und ging zur Tür. Bevor sie das Zimmer verließ, schleuderte sie ihrem Bruder noch zornig entgegen: »Es ist wirklich eine Schande, dass du nicht die geringste Ähnlichkeit mit Vater hast!«

Stuart stand ebenfalls wieder auf und kehrte zu seinem Aussichtspunkt am Fenster zurück. Louises Reaktion hatte ihn nicht überrascht, denn die ganze Situation war äußerst verworren und schwierig. Seit dem Tod seines Vaters hatte er viele innere Kämpfe durchgefochten und jedes Mal war ihm die Last der Verantwortung noch schwerer erschienen. Bisher war noch keinerlei Einigung mit den Streikenden erzielt worden. Die Besitzer der verschiedenen Bergwerke hatten sich mehrmals in Cleveland getroffen und sich gegenseitig in ihrer Überzeugung bestärkt, den Forderungen der Bergarbeiter nicht nachzugeben.

Stuart war gebeten worden, an einer weiteren Versammlung in Cleveland teilzunehmen, und deshalb wollte er am kommenden Morgen in die Stadt fahren. Während er so am Fenster stand und auf die mit Kiefern bewachsenen Hügel blickte, wurde ihm deutlich bewusst, dass der Höhepunkt dieser Auseinandersetzung nicht mehr weit entfernt war. Zweifellos würden die nächsten Tage einen entscheidenden Einfluss auf sein zukünftiges Leben haben, und falls er nicht vor sich selbst als Feigling dastehen wollte, konnte er diesem Konflikt nicht aus dem Weg gehen. Natürlich besaß er die alleinige Verfügungsgewalt über die Bergwerke von Champion, doch die Bergarbeiter aller umliegenden Bergwerke hatten sich mit den Arbeitern aus Champion zu einem Generalstreik zusammengeschlossen. Aus diesem Grund fühlte sich Stuart nicht frei, einen eigenen Kurs einzuschlagen, ohne die anderen Bergwerksbesitzer zu konsultieren. Zudem hatten die Bergleute eine Woche nach Beginn des Streiks eine Gewerkschaft gegründet und verlangten nun, dass alle Bergbaugesellschaften diese Gewerkschaft anerkannten und als Verhandlungspartner akzeptierten.

Der Konflikt hatte sich deutlich zugespitzt. Stuart biss sich nervös auf die Lippen, als er sich umdrehte und seine Wanderung durch das Zimmer wieder aufnahm. Obwohl er inzwischen mehr als zwei Millionen Dollar besaß, hatte er bis jetzt wenig Freude an diesem Vermögen gehabt. Stattdessen quälten ihn viele innere Kämpfe, und er konnte die düstere Vorahnung nicht abschütteln, dass er vor Ablauf dieser Woche mit der größten Herausforderung seines Lebens konfrontiert werden würde.

Während er noch so in Gedanken vertieft war, klingelte es plötzlich an der Tür. Einer der Dienstboten betrat das Zimmer und kündigte Eric Vasalls Besuch an, worauf Stuart seinen alten Freund hereinbitten ließ.

Schweigend schüttelten sich die beiden Männer die Hände, bevor sie sich auf zwei bequemen Sesseln niederließen. Seit Ross Duncans Tod hatten sie sich mehrmals getroffen, und obwohl bisher immer noch eine Barriere zwischen ihnen stand, hatte es den Anschein, als könnte ihre alte Freundschaft irgendwann wieder aufblühen.

»Ich bin gekommen, um dir etwas mitzuteilen«, begann Eric ohne lange Vorrede. »Die Bergarbeiter wollen, dass du heute Mittag bei ihrer Versammlung im Park zu ihnen sprichst.«

Überrascht erwiderte Stuart: »Ich dachte, dass die Männer nur Redner aus ihren eigenen Reihen hören wollen.«

»Bisher war das auch so. Du wirst eine Ausnahme sein, falls du dieses Angebot annimmst«, bestätigte Eric.

»Was wird denn von mir erwartet?«, fragte Stuart zweifelnd. Er war noch nicht sicher, ob er diese Einladung annehmen würde.

Eric antwortete nicht sofort, er schien darauf zu warten, dass sein Gegenüber weitersprach. Nach kurzem Zögern sagte Stuart schließlich: »Erwarten die Männer von mir, dass ich in meiner Rede auf diesen Arbeitskampf eingehe?«

»Ich weiß nicht genau, was sie wirklich von dir wollen. Sie haben einfach den Beschluss gefasst, dich zu ihrer nächsten Versammlung einzuladen. Vielleicht ergibt sich eine Gelegenheit, diesen Konflikt beizulegen«, erklärte Eric langsam. Daraufhin erhob Stuart sich und legte eine Hand auf die Schulter seines alten Freundes. Sein Lächeln war beinahe traurig und machte sofort wieder einem nachdenklichen Gesichtsausdruck Platz.

»Eric«, sagte er, »kommt es dir nicht auch sehr seltsam vor, dass man wegen ein paar Cents mehr oder weniger pro Tag so einen Aufstand anzettelt? Ist das Leben denn noch lebenswert, wenn man

solche Schlachten schlägt, nur um ein paar Kleinigkeiten durchzusetzen?«

»Diese Dinge nennst du Kleinigkeiten?«, wiederholte Eric bitter.
»Vielleicht sind ein paar Cents pro Tag für einen wohlhabenden
Mann wie dich eine Kleinigkeit, doch für einen armen Arbeiter
bedeuten sie einen großen Unterschied. Sie können darüber ent-
scheiden, ob eine Familie Not leidet oder einigermaßen über die
Runden kommt.«

Stuarts Gesicht rötete sich, als er rasch antwortete: »Nein, Eric,
du hast mich völlig missverstanden. Ich bin gern bereit, die höheren Löhne zu bezahlen, denn ich glaube, dass die Forderungen der
Männer gerechtfertigt sind.«

»Dann komm heute Mittag zu der Kundgebung und erzähle es
ihnen.«

»Gut, ich werde kommen. Übrigens wollte ich dir noch sagen,
dass ich morgen nach Cleveland fahre«, meinte Stuart.

»Wenn alle Bergwerksbesitzer so wären wie du, würde dieser
Streik nicht lange dauern«, sagte Eric und erhob sich zum Gehen.
Da er noch viel für die Versammlung der Bergarbeiter vorzubereiten hatte, blieb er trotz Stuarts ausdrücklicher Aufforderung nicht
länger. Der Keil, den die Umstände in ihre Freundschaft getrieben
hatten, war immer noch zu spüren, und beide fühlten sich in der
Gegenwart des anderen unbehaglich. Eric war nicht mehr auf ihr
Gespräch auf dem Hügel zurückgekommen, und auch Stuart hatte
es nicht mehr erwähnt, obwohl sich seine Einstellung inzwischen
geändert hatte.

Nachdem Eric gegangen war, erzählte Stuart seiner Schwester
von der Einladung, zu den Bergarbeitern zu sprechen, und verließ
kurz darauf ebenfalls das Haus. Eigentlich hatte er vorgehabt, ein
wenig den Hügel hinaufzuwandern, um in Ruhe nachdenken zu
können, doch stattdessen ließ er die Pferde anspannen und fuhr in
die Stadt hinunter. Bei Dr. Saxons Praxis machte er Halt und
beschloss, den erfahrenen Arzt um Rat zu fragen.

Ausnahmsweise befand sich der Doktor allein in seiner Praxis und begrüßte Stuart in so scherzhafter Weise, wie es sich nur ein langjähriger Freund erlauben konnte. »Na, wie geht es dir, du Aristokrat? Hast du vor, noch lange auf diesen armen und ausgebeuteten Arbeitern herumzutrampeln? Wie lange wirst du ihnen noch ihren rechtmäßigen Lohn vorenthalten?«

Ohne auf den humorvollen Ton des Arztes einzugehen, antwortete Stuart schlicht: »Ich werde heute Mittag im Park zu den Männern sprechen.«

»Wirklich? Wie interessant! Dann kannst du ihnen gleich eine Dosis ihrer eigenen Medizin verabreichen, Stuart. Diese Leute sind die undankbarsten, störrischsten und unvernünftigsten Geschöpfe, die mir je über den Weg gelaufen sind. Soeben habe ich beschlossen, dass ich für diese Bande keinen Finger mehr rühren werde. Schließlich werde ich seit Beginn des Streiks nicht mehr von den Bergbaugesellschaften bezahlt und habe daher keine Verpflichtung mehr, die Bergarbeiter zu betreuen.«

»Nein, da haben Sie wohl Recht. Ihre Vereinbarung mit den Bergbaufirmen gilt nur, solange die Bergwerke in Betrieb sind«, bestätigte Stuart nachdenklich.

»Trotzdem erwarten diese störrischen Maulesel von mir, dass ich sie weiterhin ärztlich versorge, auch wenn ich nicht dafür bezahlt werde. Und deshalb habe ich mich entschieden, sofort damit aufzuhören.«

In diesem Augenblick war vor der Tür das Geräusch von schlurfenden Schritten zu hören, und ein dumpfes Klopfen folgte, das vermutlich vom stumpfen Ende einer Keule herrührte.

»Herein!«, rief Dr. Saxon. »Da kommt schon wieder einer von denen«, raunte er Stuart zu. »Warte nur, wie ich mit ihm umspringen werde.«

Die Tür öffnete sich und ein bärtiger Riese stapfte herein. Er war mindestens zwei Meter groß, hatte unglaublich lange Arme und Beine und einen blonden Haarschopf, der ihm ein wildes und ungebärdiges Aussehen verlieh. Interessiert lehnte sich Stuart in seinem Sessel zurück, und obwohl er den Kopf voller Probleme hatte, betrachtete er die nun folgende Szene belustigt.

»Ich bin gekommen, um meine Medizinflasche wieder auffüllen zu lassen, Doktor«, sagte der Bergarbeiter schwerfällig.

Dr. Saxon machte keinerlei Anstalten, die kleine Flasche, die der Mann aus seiner Westentasche zog, in Empfang zu nehmen, so dass der Bergarbeiter sie verwirrt mit beiden Händen festhielt.

»Sie können ihre Flasche nehmen und wieder verschwinden, Sanders«, bemerkte der Arzt. »Ich werde in Zukunft keine neue Medizin mehr ausgeben.«

»Seit wann denn das?«, fragte der bärtige Riese erstaunt.

»Seit ihr Dummköpfe diesen lächerlichen Streik angezettelt habt, glaubt ihr, ich müsse euch ständig untersuchen, euch mit teuren Arzneien gegen jedes Wehwehchen ausstatten und euch von Kopf bis Fuß säuberlich zusammenflicken. Aber da ich schon lange kein Geld mehr von den Bergwerksbesitzern bekomme, ist von jetzt an Schluss damit. Also nimm deine Flasche und verschwinde!«

Stumm setzte der riesige Bergarbeiter zum Rückzug an, während Dr. Saxon auf seinen Schreibtisch zuging und anfing, eine beschwingte Melodie vor sich hinzusummen. Als Sanders jedoch seine Hand auf die Türklinke legte, rief Dr. Saxon ihm über die Schulter zu: »Was war eigentlich in dieser Flasche?«

»Lebertran«, antwortete der Riese, wobei er sich am Kopf kratzte und zögernd die Klinke herunterdrückte.

»Wann habe ich sie dir zum letzten Mal gefüllt?«, wollte der Arzt wissen.

»Letzte Woche, Sir«, kam die Antwort.

»Von wegen letzte Woche! Das war vor drei Tagen, oder ich fresse meinen besten Sonntagshut! Was fängst du in dieser kurzen Zeit mit einem Viertelliter Lebertran an?«

Sein Patient schüttelte nur schweigend den Kopf, ohne eine Erklärung abzugeben.

»Hast du etwa deine Schuhe damit poliert?«, erkundigte sich Dr. Saxon ironisch. »Darauf würde ich beinahe eine Wette abschließen – allerdings würde diese Menge nur für einen Stiefel reichen. Also gut, dann bring mir die Flasche. Ich werde sie noch einmal auffüllen – zum letzten Mal, hast du verstanden? Wozu habe ich dir diese Medizin eigentlich verschrieben, weißt du das noch?«

Da der Bergarbeiter weiterhin stumm blieb, wandte sich der Arzt schließlich erklärend an Stuart. »Es ist eigentlich kein richtiger Lebertran, sondern ein neues Rezept, das ich mir von Chicago herschicken ließ. Es soll bei einigen Lungenkrankheiten helfen. Da der Kerl einen schlimmen Husten hat, sollte ich ihm vielleicht doch noch eine Flasche verabreichen.« Wie um die Aussage des Doktors zu bestätigen, gab der unbeholfene Riese nun ein heiseres Husten von sich. Der Hustenanfall wurde immer lauter, bis sogar die Medizinflaschen auf dem Regal zu klirren begannen. Rasch füllte der Arzt die leere Flasche, griff nach einem neuen Korken und händigte seinem Patienten die Arznei aus. In heiterem Tonfall teilte er ihm außerdem mit: »Sanders, ich weiß zwar, dass du alles wieder vergisst, was ich dir sage, aber du musst die Anweisungen auf dem Etikett ganz genau befolgen, sonst kannst du jeden Augenblick tot umfallen. Kann ich sonst noch etwas für dich tun?«

Kopfschüttelnd grub der hünenhafte Mann nach ein paar Münzen in seiner Tasche und fragte, was er zu bezahlen habe.

»Ach, schon gut«, brummte der Arzt, wobei sich sein Gesicht rötete. »Das schenke ich dir als Erinnerung an mich. Betrachte es als Geburtstagsgeschenk. Aber denk daran, dass hier keine kostenlose Medizin mehr verteilt wird, solange dieser Streik anhält. Ich kann es mir nicht leisten, Tausende von Leuten umsonst zu behandeln.«

Nachdem Sanders die Praxis verlassen hatte, sagte Dr. Saxon entschuldigend zu Stuart: »Ich dachte, ich mache noch einmal eine Ausnahme. Sicher bin ich zu gutmütig, aber Sanders hat Tuberkulose. Es ist merkwürdig, wie viele dieser riesigen Kerle diese Krankheit erwischt.«

In diesem Augenblick klopfte es an der Tür, und bevor der Doktor antworten konnte, ging die Tür einen Spalt auf und eine schmächtige alte Frau schlüpfte herein. Ihr Gesicht war von Kummer gezeichnet und die tiefen Runzeln verrieten, dass sie hauptsächlich die schweren Seiten des Lebens kennen gelernt hatte.

»Doktor«, begann sie, nachdem sie Stuart begrüßt hatte, »mein Mann hat heute Morgen wieder furchtbare Schmerzen. Bitte geben Sie mir doch etwas, das die Schmerzen lindert.«

»Wo tut es ihm denn weh?«, erkundigte sich Dr. Saxon.

»Wie bitte?«, fragte die alte Frau.

»Ich wollte wissen, wo er Schmerzen hat. Im Kopf oder in den Füßen?«

»In seinem Rücken, Doktor. Es geht ihm so schlecht, dass ich mir nicht mehr zu helfen wusste. ›Geh zum Doktor, der wird dir etwas geben‹, hat mein Mann gesagt, und deshalb bin ich schnell hergekommen.«

»Ja, genau so habe ich mir das vorgestellt«, murrte Dr. Saxon. »Diesen Strolchen ist es egal, ob sie mich zu Grunde richten, solange sie nur von mir bekommen, was sie brauchen.«

Trotzdem erhob sich der Arzt und ging wieder zu seinem Arzneischrank hinüber. Nach gründlicher Suche wählte er eine Flasche aus und goss einen Teil des Inhalts in ein kleineres Gefäß. Danach notierte er einige Anweisungen auf einen Zettel, klebte das Etikett auf die Flasche und reichte sie der schmächtigen kleinen Frau.

»Bitte schön, Mrs Binney, ich weiß genau, worunter Ihr Mann leidet. Er hat sich die Muskeln am Rücken gezerrt, als er die schweren Holzbalken im Bergwerk von DeMott angehoben hat.«

»So ist es«, bestätigte die alte Frau, während ein stolzes Leuchten ihr Gesicht erhellte. »Jim hat die Balken so lange festgehalten, bis die anderen Männer darunter hervorgekrochen sind.«

»Ich weiß, und deshalb helfe ich ihm gerne. Befolgen Sie nur meine Anweisungen, dann wird er sich bald besser fühlen.«

Die Frau bedankte sich und wandte sich zum Gehen, wobei sie

sich mit dem Ärmel über ihre Augen fuhr. Besorgt folgte ihr der Arzt zur Tür hinaus, und Stuart konnte nicht überhören, wie er der Frau zuraunte: »Sagen Sie Jim, dass ich heute Nachmittag nach ihm sehen werde, Mrs Binney.«

Kurz darauf kehrte Dr. Saxon ins Zimmer zurück und schlug mit seiner Faust auf die Tischplatte. »Das ist der allerletzte Fall, den ich vor Ende dieses Streiks übernommen habe. Man muss streng zu den Leuten sein, sonst verstehen sie nicht, dass man es ernst meint. Du begreifst sicher, dass ich es mir nicht leisten kann, Medizin auszugeben, ohne dafür bezahlt zu werden. Wenn ich die Leute weiterhin kostenlos behandle, lande ich noch selbst am Bettelstab, und schließlich ist ein guter Arzt sein Honorar wert.«

Als nun ein drittes Klopfen ertönte, griff der Arzt rasch nach einer medizinischen Fachzeitschrift und drehte sich mit dem Rücken zur Tür. Er tat so, als sei er völlig in seine Lektüre vertieft, aber Stuart bemerkte schmunzelnd, dass Saxon die Zeitschrift verkehrt herum hielt. Da der Doktor das Klopfen nicht beachtete, ging die Tür schließlich unaufgefordert auf und ein zwölfjähriger Junge kam zögernd hereingeschlichen. Er zog seine Mütze, blickte zuerst Stuart an und wandte sich dann an den Arzt.

»Mein Vater ist verletzt. Er arbeitet im Davis-Bergwerk an der Pumpe. Bitte kommen Sie schnell zu uns!«

»Wohin soll ich kommen?«, fragte Dr. Saxon, ohne sich umzudrehen.

»Zu uns nach Hause«, kam die schüchterne Antwort.

»Wo ist das?«

»Dort, wo wir wohnen.«

»Wie heißt dein Vater?«

»Sie kennen meinen Vater, Doktor. Er war schon einmal bei Ihnen«, erklärte der scheue Bittsteller.

Jetzt wirbelte der Arzt herum und brüllte: »Ja, glaubst du denn, ich kann mir die Namen von tausend verschiedenen Patienten merken? Wer ist dein Vater?«

»Er arbeitet an der Pumpe im Davis-Bergwerk.«

»Du liebe Zeit, an dieser Pumpe sind sechs verschiedene Männer beschäftigt. Welcher von ihnen ist dein Vater?«

Inzwischen war der Junge so eingeschüchtert und verängstigt, dass er sich rückwärts auf die Tür zubewegte.

»Was ist denn los mit deinem Vater?«, fragte Dr. Saxon nun in wesentlich sanfterem Ton. Gleichzeitig griff er nach seiner schwarzen Tasche und setzte seinen Hut auf.

Jetzt begann der Junge zu schluchzen. »Ich weiß es nicht. Er ist verletzt.«

»Also gut, dann lauf schnell zu meinem Buggy und steig ein. Dort bleibst du sitzen, bis ich komme. Beeil dich!«

Wie ein Blitz rannte der Junge zur Tür hinaus und polterte die Stufen hinunter. Der Arzt hatte mit einem Handgriff alles Notwendige zusammengerafft, und während er Stuart noch zurief: »Ich werde wohl dringend gebraucht!«, war er schon davongestürzt.

Direkt unter der Praxis des Arztes befand sich ein Lebensmittelgeschäft, wo Saxon einen kleinen Vorrat an Süßigkeiten aufbewahrte. Als Stuart sich aus dem Fenster lehnte, sah er, dass der Doktor mit einer Papiertüte aus dem Geschäft kam, die er dem Jungen in die Hand drückte. Dann sprang er mit einem Satz auf den Kutschbock und lenkte den Buggy auf seine übliche halsbrecherische Weise die Straße hinunter. Einen Augenblick später war das Gefährt in einer Staubwolke verschwunden.

Stuart lächelte und dachte: »Guter alter Dr. Saxon. Er ist wie ein Hund, der durch sein lautes Bellen von der Tatsache ablenken will, dass er keiner Fliege etwas zuleide tun könnte.« Doch dann wurde sein Gesicht rasch wieder ernst. Was sich hier vor seinen Augen abspielte, war für die Bewohner von Champion schon zu einer Selbstverständlichkeit geworden.

Es war ungefähr elf Uhr, und der Platz begann sich allmählich mit Zweier-, Dreier- und Vierergrüppchen zu füllen. Die streikenden Bergarbeiter kamen von ihren Häusern auf den Hügeln in die

Stadt gewandert und formierten sich zu Marschkolonnen. Stuart fiel auf, dass jeder der Männer einen Stock in der Hand hielt.

In der Nähe der Bühne hatten sich bereits die Kapellen der verschiedenen Bergwerke aufgestellt, und während sich immer mehr Leute im Zentrum der Stadt versammelten, spielten die Musiker mitreißende Melodien. Immer mehr Menschen strömten auf den Platz. Als die Uhr schließlich Viertel nach elf zeigte, drängten sich viertausend Männer zwischen den Gebäuden, die den Marktplatz einrahmten. Stuart beschloss, die Szene noch ein wenig länger vom Fenster der Arztpraxis aus zu beobachten.

Seit seiner Rückkehr aus Europa war er schon ein paar Mal Zeuge dieser Versammlungen gewesen, doch heute machte das Verhalten der Bergarbeiter einen besonders tiefen Eindruck auf ihn. Er betrachtete die selbst angefertigten Banner, auf denen hier und da Rechtschreibfehler auftauchten, und lauschte der mit so viel Hingabe gespielten Musik. Die Instrumentalisten bestanden ausschließlich aus Bergarbeitern, die sich sehr viel Mühe gegeben hatten, um einige Marschmelodien einzuüben.

Vor allen Dingen fesselten ihn jedoch die Gesichter der Männer, die einen nüchternen und gleichzeitig entschlossenen Ausdruck zeigten. Stuart war tief bewegt von der Tatsache, dass diese Menschen bereit waren, für ein paar Cents mehr Tageslohn so einen Kampf durchzustehen. Er konnte den Gedanken nicht unterdrücken, dass die Männer ihn vermutlich als Aristokraten ansahen, dessen Leben sich auf einer ganz anderen Ebene abspielte als ihre eigene bescheidene Existenz. Wahrscheinlich glaubten sie, dass er überhaupt kein Interesse an ihnen hatte und völlig unfähig war, sich in ihre Lage hineinzuversetzen.

»Und doch«, sagte sich Stuart seufzend, »würde ich mit fast jedem von ihnen tauschen. Trotz meines Reichtums kann ich das, was ich besitze, nicht so verwenden, wie ich es für richtig halte.«

Nun hörte die Musik auf und ein Bergarbeiter ging auf die Bühne. Wie auf ein unhörbares Kommando hin nahmen alle ihre Hüte

ab, und es wurde ganz still. Von den Bürgersteigen, den Eingangsstufen der Kirche und den Fenstern der umliegenden Gebäude aus
beobachteten die Bewohner von Champion die nun folgende Szene. Der Mann auf der Bühne blickte zum Himmel auf und sprach
ein kurzes Gebet.

»Herr, bitte segne unsere heutige Versammlung. Leite und führe
alle unsere Beratungen und hilf uns, das Richtige zu tun. Bewahre
uns vor Sünde, Unrecht und Trunkenheit. Danke, dass wir alle – ob
Arbeiter oder Bergwerksbesitzer – nach unserem irdischen Leben
bei dir im Himmel sein werden. Amen.«

An seinem Fensterplatz konnte Stuart jedes Wort deutlich verstehen, und er spürte den tiefen Ernst, der hinter diesen einfachen
Sätzen steckte. Nachdem die Blechbläser ein flottes Lied angestimmt hatten, setzten sich die Männer in Bewegung und bildeten
zwei Kolonnen, in der jeweils vier Männer nebeneinander hermar-
schierten. Jede Kolonne wurde von einer Kapelle angeführt, und
sobald ein bestimmtes Signal ertönte, schulterten die Bergarbeiter
ihre Stöcke. Da sie mittlerweile daran gewöhnt waren, in Reih und
Glied zu gehen, boten sie einen richtig militärischen Anblick, wie
sie so einmal um den ganzen Platz zogen. Von da aus ging es auf
die Hauptstraße und weiter bis zum Stadtpark. Hier würde in Kürze die übliche Versammlung stattfinden.

Stuart hielt nach Eric Ausschau, und als dieser schließlich in die
Nähe der Arztpraxis kam, rief Stuart ihm zu: »Ich bin hier, Eric. Ich
werde gleich nachkommen.«

Eric winkte ihm grüßend zu und marschierte vorbei, ohne ein
Wort zu sagen. Rasch eilte Stuart die Treppe hinunter und folgte
der Marschkolonne in geringem Abstand.

Während er so hinter den Männern herging, überlegte er die ganze Zeit, was er sagen sollte. Heute würde er zum ersten Mal vor
ihnen stehen, und viele seiner Zuhörer hatten keine Ahnung, welche Ansichten der neue Bergwerksbesitzer vertrat. Sie gingen
bestimmt davon aus, dass Ross Duncans Sohn seinem Vater aufs

Haar glich. Natürlich gab es auch einige, die ihn seit seiner Kindheit kannten und die ihn gut leiden konnten. In den Augen mancher Stadtbewohner zählte er sogar zu den Lieblingen der Stadt. Einige raue und wagemutige Bergarbeiter bewunderten ihn, weil er selbst schon in den Schächten gearbeitet hatte, ohne einen Anflug von Furcht zu zeigen. Als das Gerücht die Runde machte, dass Stuart Duncan heute zu ihnen sprechen würde, wurden daher einige erfreute Kommentare laut.

Nachdem alle Männer im Park angekommen waren, wurde Stuart von einer Abordnung der Streikenden begrüßt und zur Bühne begleitet. Jetzt stand er vor einer riesigen Menschenmenge, die ihm die Chance geben würde, seine Meinung zu vertreten. Rund tausend Männer waren aus den Hügeln jenseits der Stadt dazugekommen, und so bestand die Versammlung inzwischen aus über fünftausend Menschen.

Stuart konnte sich hinterher nicht mehr genau erinnern, was die anderen Redner und er selbst eigentlich gesagt hatten. Zuerst bestieg Eric das Podium. Als Vorsitzender der neu gegründeten Gewerkschaft verkündete er, dass er das Vorrecht habe, den neuen Besitzer der Champion-Bergwerke vorzustellen. Hier sei Stuart Duncan, der Redner des heutigen Tages.

Außer bei einigen wenigen Anlässen im College hatte Stuart noch nie öffentlich gesprochen, und er war sich darüber im Klaren, dass er kein besonders talentierter Redner war. Doch obgleich diese Situation sogar manchem erfahrenen Politiker den Schweiß aus den Poren getrieben hätte, stand Stuart völlig ungezwungen vor seinem riesigen Publikum. Überrascht stellte er fest, dass es ihm Freude machte, zu den Männern zu sprechen.

Er begann seine Rede, indem er sofort verkündete, dass er bereit sei, die geforderten Löhne zu bezahlen. »Wenn ich die Situation richtig verstehe«, erklärte er, »verlangen die Männer, die unter Tage arbeiten, zwei Dollar pro Tag, weil sie eine sehr gefährliche Arbeit verrichten. Seit über einem Jahr haben ihnen die Bergbaugesellschaften nur einen Dollar und achtzig Cents bezahlt, und deshalb glaube ich, dass die Bergwerksbesitzer dieser Forderung nachgeben sollten. Allerdings sage ich ausdrücklich, dass ich mit dem Weg, den ihr eingeschlagen habt, um eure Forderungen durchzusetzen, nicht einverstanden bin. Ich kann diesen Streik nicht befürworten, doch ich verstehe, dass ihr zwei Dollar pro Tag verlangt.«

»Was ist mit den übrigen Bergbaugesellschaften?«, wollte jemand wissen.

»Ja genau! Wie steht es mit den Bergwerken auf den unteren Hügelketten?«, schrie ein anderer.

»Darüber kann ich keine Auskunft geben, denn ich vertrete hier nur meine eigene Firma. Wenn die Bergarbeiter, die in den Bergwerken von Champion beschäftigt sind, ihre Arbeit wieder aufnehmen, werde ich ihnen das zahlen, was sie verlangen.«

Auf Stuarts Aussage folgte großer Jubel, doch gleichzeitig brach aus allen Ecken des Parks ein Sturm des Protests los. »Entweder alle oder keiner«, riefen die Männer.

»Zuerst die Gewerkschaft!«

»Die Bergwerksbesitzer müssen mit der Gewerkschaft verhandeln!«

»Wir werden den Streik nicht beenden, solange nicht gleiches Recht für alle gilt!«

»Haltet zusammen, Männer! Die Bergbaugesellschaften tun es doch auch!«

»Ja! Sie legen die Löhne fest, und wenn sie nicht aufpassen, werden wir ...«

Jetzt stand Eric auf und schwenkte begütigend seinen Hut. Es dauerte eine Weile, bis sich die allgemeine Aufregung gelegt hatte, doch schließlich kehrte wieder Ruhe ein. Stuart stellte voller Bewunderung fest, wie groß Erics Einfluss war und welche Kontrolle er über die Bergarbeiter ausüben konnte.

»Brüder«, ergriff Eric nun das Wort, »ich glaube, wir sind an einem kritischen Punkt angelangt. Hier steht einer der Bergwerksbesitzer, der zum Ausdruck gebracht hat, dass er unseren Forderungen nachgeben will. Jetzt lautet die Frage: Werden die Arbeiter aus Champion in die Bergwerke zurückkehren, während die restlichen Männer den Streik fortsetzen, bis die übrigen Gesellschaften ebenfalls einlenken? Diese Frage muss die Gewerkschaft entscheiden.«

»Eric«, raunte Stuart ihm nun leise zu, »bitte lass mich noch ein oder zwei Worte sagen. Ich glaube, dass die Entscheidung, die die Männer treffen müssen, äußerst wichtig ist, und daher will ich alles dazu beitragen, was mir möglich ist, damit sie richtig ausfällt.«

Rasch fuhr Eric fort: »Männer, Mr Duncan möchte noch einige Worte sagen. Ich bin sicher, dass ihr ihm aufmerksam zuhören werdet.«

»Natürlich«, kam die Antwort aus der Menge.

»Für einen Millionär ist er kein schlechter Kerl«, rief ein anderer.

»Gebt ihm eine Chance, er wird sie brauchen können«, lautete ein ironischer Kommentar.

Stuart nutzte die Stille, die nach diesen Zwischenrufen eintrat, und redete zu den Bergarbeitern in einer Weise, die er nie für möglich gehalten hätte, bevor er diesen Park betreten hatte. Er war fest davon überzeugt, dass die Entscheidung, vor der die Bergarbeiter standen, sowohl für sie selbst als auch für ihn von großer Bedeutung sein würde. Darüber hinaus hatte er noch nie einen so starken Impuls gespürt, seine Gedanken über diesen Arbeitskampf mitzuteilen und zu schildern, wie sich die Situation aus seiner Sicht darstellte.

Es ist unmöglich, diese Rede zu beschreiben, und Eric dachte im Stillen, dass es die beste Ansprache war, die er jemals von einem wohlhabenden Mann gehört hatte. Sie beinhaltete leidenschaftliche Appelle und reihte ihre Argumente gleichzeitig logisch und sachlich aneinander. Unglücklicherweise konnten die Bergarbeiter Stuarts Ausführungen nicht bis ins Letzte folgen, denn sie begriffen nicht vollständig, was er meinte. Im Grunde genommen waren

Stuarts Worte an die Männer aus seinen eigenen Reihen gerichtet, und er nahm sich fest vor, seinen Appell auch in die Tat umzusetzen. Er würde die anderen Bergwerksbesitzer bitten, ihre Einstellung zu ändern, damit nun endlich eine Einigung erzielt werden konnte.

Stuarts Rede hatte den Bergarbeitern unmissverständlich klargemacht, dass er auf ihrer Seite stand, auch wenn er diesen Streik nicht gutheißen konnte. Soweit es in seiner Macht stand, unabhängig von den anderen Bergwerksbesitzern zu handeln, würde er alles tun, um die gegebenen Versprechen einzulösen. Stuart sagte den Männern, dass er am nächsten Morgen nach Cleveland fahren würde, um sich mit den anderen Bergwerksbesitzern zu treffen, und dass er seinen ganzen Einfluss in die Waagschale werfen würde, damit sie den höheren Löhnen zustimmten.

Danach wiederholte er sein Angebot, die Arbeiter in seinen Bergwerken gerecht zu behandeln, sobald sie die Arbeit wieder aufnehmen würden. Zuletzt appellierte er an die Vernunft der Männer und sprach von dem positiven Einfluss der Religion, der bis zu diesem Zeitpunkt die Stadt vor Krawallen bewahrt hatte.

Hinter Stuarts Worten stand der drängende Wunsch, von Mann zu Mann verstanden zu werden. Noch nie zuvor hatte er so eine große Sehnsucht gespürt, seine innersten Gedanken mitzuteilen, und gleichzeitig war ihm die Kluft zwischen den Bergarbeitern und ihm selbst noch nie so tief und unüberwindlich erschienen. Vermutlich gingen einige Sätze, die er sprach, völlig über die Köpfe der Bergarbeiter hinweg.

Sobald er jedoch geendet hatte, erklang ein riesiger Applaus, und die Männer riefen so laut durcheinander, dass selbst Eric sie nicht zum Schweigen bringen konnte. Schließlich wurde Stuart vom leitenden Ausschuss höflich gebeten, den Park zu verlassen, da die Gewerkschaft nun zusammentreten müsse, um seine Vorschläge zu diskutieren. Insgeheim war Stuart erleichtert, dass er gehen konnte, denn dieses außergewöhnliche Ereignis hatte ihn ziemlich mitgenommen.

Um drei Uhr nachmittags erschien Eric im Haus der Duncans, um Stuart von der Entscheidung in Kenntnis zu setzen, die die Gewerkschaft getroffen hatte. An Erics Gesichtsausdruck konnte Stuart sofort erkennen, dass die Situation sehr ernst war.

»Die Männer haben mit großer Mehrheit entschieden, dass sie die Arbeit erst wieder aufnehmen werden, wenn alle Bergarbeiter zu denselben Bedingungen beschäftigt werden. In wenigen Worten zusammengefasst fordern sie, dass alle Bergbaugesellschaften die Gewerkschaft anerkennen und mit ihr Vereinbarungen treffen, die dann für alle Bergarbeiter gelten.«

»Willst du damit sagen, dass die Männer aus Champion mein Angebot ablehnen?« Stuart starrte seinen Freund ungläubig an.

»Ja. Zumindest werden die Bergarbeiter aus Champion erst dann die Arbeit wieder aufnehmen, wenn die anderen Bergwerksbesitzer der Gewerkschaft dieselben Bedingungen zusagen, wie du es getan hast«, bestätigte Eric.

»Das heißt also, dass dieser Streik in einer Sackgasse endet«, sagte Stuart frustriert. »Ich kenne die Männer aus Cleveland und weiß, dass sie diesen Bedingungen niemals zustimmen werden.«

»Die Bergarbeiter werden aber auch keine anderen Bedingungen akzeptieren«, antwortete Eric traurig.

»Eric«, sagte Stuart nach einer kurzen Pause, »sag mir ganz offen, von Freund zu Freund, ist dieser Schritt vernünftig? Glaubst du, dass die Gewerkschaft ihr Ziel erreichen wird, wenn sie diesen Kurs einschlägt? Ist dieses Vorgehen gerechtfertigt?«

Erics Gesicht spiegelte seine tiefe und heilige Überzeugung wider, während er antwortete: »Die Männer haben jedes Recht, sich zusammenzuschließen, um sich gegenseitig zu unterstützen, und in dieser Angelegenheit werden sie sogar von ihrer Not dazu getrieben. Warum sollten sich die Arbeiter nicht genauso verteidigen wie die Eigentümer der Bergwerke? Ihr Bergbaugesellschaften bildet eine gemeinsame Front und setzt die Löhne für sämtliche Bergarbeiter fest. Weshalb sollten sich die Bergarbeiter nicht ebenfalls zusammentun und ihren Kommentar dazu abgeben? Seit Jahren schuften wir für einen Hungerlohn, der von Männern festgelegt wird, die noch nie eine Grube aus der Nähe gesehen haben und keine Ahnung haben, wie viel Schweiß und Mühe diese Arbeit mit sich bringt. Diese Herren sitzen in eleganten Büros auf ledergepolsterten Sesseln und kümmern sich ausschließlich darum, möglichst viel Profit aus dem Abbau des Eisenerzes zu ziehen. Sobald der Preis für das Erz fällt, werden umgehend die Löhne gesenkt und nicht etwa die Gewinne der Eigentümer beschnitten. Anstatt die fehlende Summe aus den großen Gewinnen zu holen, die man in den vorigen Jahren erwirtschaftet hat, wird immer am gleichen Ende gespart. Du weißt, dass das stimmt, Stuart.

Erst vor drei Jahren wurde etwa ein Dutzend Männer aus der Eisenerzindustrie zu Millionären, weil sie das Metall, das Gott zum Nutzen aller Menschen in die Erde gelegt hat, mit einem enormen Gewinn verkaufen konnten. Im selben Jahr erhielten die Bergarbeiter nur sehr bescheidene Löhne. Kurz darauf setzte die Depression ein und der Preis für das Eisenerz begann zu fallen. Doch wie reagieren diese Männer, die erst vor kurzem reich geworden sind und alles im Überfluss haben? Sagen sie: ›Wir werden unsere Reserven anzapfen und auf einen Teil der Gewinne verzichten, damit die Bergarbeiter keine Not leiden müssen‹? Nein, sondern sie beschließen einstimmig: ›Wir werden die Löhne senken, weil der Preis für Eisenerz fällt und wir keine Verluste machen wollen.‹« Eric unterdrückte nur mit Mühe seinen Zorn. »Die Einzigen, die unter der wirtschaftlichen Entwicklung zu leiden haben, sind also die Bergarbeiter. Die Bergwerksbesitzer essen genauso gut wie früher, sie machen Urlaub in Europa, fahren in eleganten Kutschen umher und beschäftigen sich mit ihren angenehmen Zerstreuungen. Doch der arme Mann, der jeden Cent umdrehen muss, muss um seine Existenz kämpfen. Seine Frau und seine Kinder leiden Not, weil der Millionär, der seinen Reichtum dem Eisenerz verdankt, nicht bereit ist, einen geringen Teil seines

Profits mit den Männern zu teilen, die seinen Wohlstand durch ihre Arbeitskraft überhaupt erst ermöglicht haben. Ich kann dir kaum sagen, Stuart, wie zornig ich über diese Ungerechtigkeit bin. Eigentlich kann man die Lage der Bergarbeiter erst dann verstehen, wenn man selbst einer von ihnen gewesen ist. Was die Gewerkschaft angeht, so ist sie eine Organisation, die nur entstanden ist, um dieses teuflische Unrecht und diesen schrecklichen Egoismus zu bekämpfen.«

Stuart hatte sich Erics Plädoyer mit gesenktem Kopf angehört. Nun fragte er nachdenklich: »Und was geschieht, wenn die Bergarbeiter in der Gewerkschaft irgendwann genauso selbstsüchtig handeln wie die Bergbaugesellschaften? Was dann?«

»Dann werden sie die Konsequenzen tragen müssen, das ist unvermeidlich«, gab Eric zurück.

»Aber was ist, wenn die Bergwerksbesitzer beschließen, andere Arbeiter einzustellen?«, wollte Stuart wissen.

»Dann wird es Schwierigkeiten geben«, prophezeite Eric.

»Willst du damit sagen, dass du die Männer in diesem Fall dazu auffordern wirst, Gewalt anzuwenden?«

»Du lieber Himmel, nein! Stuart, du weißt doch, dass ich das nie tun würde. Ich werde alles tun, was mir möglich ist, um solche Ausschreitungen zu verhindern«, protestierte Eric entsetzt.

»Und falls du es nicht verhindern kannst?«, beharrte Stuart.

Eric antwortete nicht sofort, und während der kurzen Gesprächspause erlosch der feurige Eifer in seinen Augen. »Falls es wirklich zu gewaltsamen Auseinandersetzungen kommen sollte, kann nur Gott allein beurteilen, ob die Bergwerksbesitzer nicht die größere Schuld daran tragen. Ich werde jedenfalls meinen ganzen Einfluss nützen, um jede Ungesetzlichkeit und Gewalt zu vermeiden. Zweifellos hat die Gewerkschaft das Recht, für angemessene Löhne zu kämpfen, doch sie hat kein Recht, andere Männer daran zu hindern, für einen geringeren Lohn zu arbeiten. Seit ich mich der Heilsarmee angeschlossen habe, bin ich davon überzeugt, dass die Konflikte zwischen Bergwerksbesitzern und Arbeitern nur auf der Grundlage des Glaubens gelöst werden können.«

Stuart sah seinen Freund interessiert an. »Wie kam es eigentlich, dass du der Heilsarmee beigetreten bist, Eric?«

»Das ist eine lange Geschichte. Ich werde sie dir eines Tages erzählen, aber jetzt habe ich leider nicht genug Zeit.«

»Einige Andeutungen habe ich ja schon gehört, aber ich würde gerne alles der Reihe nach von dir selbst hören«, drängte Stuart.

»Jetzt nicht, ich muss gehen. Seit dem Beginn dieses Streiks habe ich keine einzige freie Minute gehabt. Wann wirst du nach Cleveland abreisen?«

»Heute Abend, damit ich morgen früh dort bin. Allerdings kann ich dir jetzt schon sagen, was die Bergbaugesellschaften beschließen werden. Gibt es denn keinen Ausweg aus dieser Situation?« Stuart war enttäuscht, dass sein Einsatz plötzlich so nutzlos erschien.

»Ich sehe keinen«, erwiderte Eric.

Schweigend schüttelten sich die beiden Männer die Hand, und Eric verließ das Haus.

Stuart fuhr mit dem Nachtexpress nach Cleveland und traf sich am anderen Morgen mit den übrigen Bergwerksbesitzern zu einer Konferenz. Wie er befürchtet hatte, lautete das Ergebnis dieser Gespräche, dass die Bedingungen der Gewerkschaft abgelehnt wurden. Außerdem beschlossen die übrigen Bergbaufirmen, neue Arbeiter für die Bedienung der Löffelbagger einzustellen, mit denen das Eisenerz transportiert wurde. Falls es irgendwelche Krawalle geben sollte, würde man die Miliz zu Hilfe holen. Stuart lehnte es jedoch ab, diese Maßnahmen in seinen eigenen Bergwerken zu ergreifen. Er wollte weder unter Tage noch in den Erzlagern seine Beschäftigten durch neue Männer ersetzen. Als er am nächsten Tag nach Champion zurückkehrte, fühlte er eine tiefe Unzufriedenheit mit dieser komplizierten Situation. Er konnte weder den Streik gutheißen, noch brachte er Verständnis dafür auf, dass die

Gewerkschaft den Bergarbeitern untersagte, wieder in seine Bergwerke zurückzukehren. Nun blieb ihm nichts anderes übrig als abzuwarten, und er wurde das Gefühl nicht los, dass eine Katastrophe bevorstand.

Zwei Tage nach seiner Konferenz mit den Bergwerksbesitzern geschah schließlich das Unvorhergesehene, das einen entscheidenden Einfluss auf Stuarts Leben nehmen sollte. Die Männer, die in den jeweiligen Bergwerken an den Pumpen beschäftigt waren, waren nicht im Streik, denn sie waren von der Gewerkschaft gebeten worden, ihre Tätigkeit fortzusetzen. Falls das Wasser in den Gruben so hoch steigen würde, dass es die abstützenden Balken durchnässte, wäre der weitere Abbau unmöglich, und der dadurch entstehende Verlust beträfe die Bergarbeiter genauso sehr wie die Eigentümer. Solange die Pumpen in Betrieb waren, konnte die Arbeit unter Tage jederzeit wieder aufgenommen werden. An jeder Pumpe arbeiteten sechs bis acht Männer: ein Bergbauingenieur, ein Assistent, ein oder zwei Heizer und drei oder vier Männer, die die Pumpen bedienten – je nach Größe des Bergwerks und der Anzahl der Pumpen. Da das Wasser in den Gruben sehr schnell anstieg, waren die Pumpen rund um die Uhr in Betrieb.

Stuart war zum Davis-Bergwerk gefahren, einem Unternehmen seines Vaters, wo erst seit kurzem Eisenerz abgebaut wurde. Durch einen mit Leitern versehenen Versorgungsschacht gelangte man an die tiefste Sohle, die zweihundertfünfundsiebzig Meter unter der Erdoberfläche lag. In geringer Entfernung befand sich ein weiterer Schacht, durch den das Eisenerz in Förderkörben nach oben geschafft wurde. Die augenblickliche Schicht bestand aus sechs Männern.

Stuart befand sich gerade im Fördermaschinenhaus und unterhielt sich mit dem Bergbauingenieur, als Eric hereinkam. Mit einem Zeichen bat Stuart seinen alten Freund, ihm zum Umkleideraum der Bergarbeiter zu folgen, wo er ihm eine Bitte unterbreitete.

»Eric, ich möchte ins Bergwerk hinunter. Würdest du mich begleiten? Ich möchte mich mit eigenen Augen davon überzeugen, unter welchen Bedingungen dort gearbeitet wird. Außerdem wurde unten eine neue Pumpe installiert, die ich mir gerne anschauen möchte.«

Erfreut stimmte Eric zu, und es dauerte nicht lange, bis die beiden mit der notwendigen Ausrüstung versehen waren und die Leiter hinunterstiegen. Es war bereits später Nachmittag, und sie hatten mit dem verantwortlichen Ingenieur vereinbart, dass er sie mit einem Förderkorb wieder hochziehen solle, sobald sie ihm unten ein Signal gaben.

Etwa eine Stunde lang erforschten sie die verschiedenen Sohlen des Bergwerks. Stuart war eifrig bei der Sache und wollte in allen Einzelheiten erfahren, wie die Tätigkeit der Bergarbeiter aussah. Er zwängte sich in die engsten Zwischenräume und zündete in einem Stollen sogar einen Sprengkörper, den man vor dem Streik dort vergessen hatte.

Zuletzt standen sie auf der untersten Ebene des Bergwerks. Die Kaverne, die einen Durchmesser von ungefähr viereinhalb Metern hatte, glich einer Zisterne, da das Wasser unaufhörlich an den Wänden herunterlief und sich auf dem Boden sammelte. Wenn man sich mit dem Rücken gegen die Leiter lehnte, konnte man durch den Schacht das zweihundertfünfundsiebzig Meter entfernte Tageslicht sehen. Eric saß mit dem Rücken zur Leiter und ließ seine Füße ins Wasser hängen, das im Moment etwa zehn Zentimeter hoch stand. Stuart war gerade dabei, am anderen Ende des Stollens die Pumpe zu begutachten, als es passierte.

Ein gewaltiges Donnern, das wie ein Sturm klang, der geradewegs auf sie zu brauste, ließ die beiden Freunde erstarren. Bevor Eric von seinem Platz springen konnte, stürzte eine Lawine von Eisenerzbrocken den Versorgungsschacht hinunter. Das schwere Material riss im Fallen einige Leitersprossen mit sich, prallte von einer Seite des Schachts auf die andere und traf Eric mit voller Wucht an der Schulter, so dass er mit dem Gesicht nach vorne ins Wasser fiel.

Stuart rannte sofort zu ihm, hob ihn auf und versuchte mit Hilfe der Kerze an seinem Hut das Ausmaß der Katastrophe zu erfassen. Ihm war nicht klar, ob das Eisenerz absichtlich in den Schacht geworfen worden war oder ob es sich von selbst gelöst hatte. Rasch zerrte er Eric aus der Gefahrenzone. Erschrocken stellte er fest, dass sein Freund verletzt war. Einzig von dem Gedanken beherrscht, Eric so schnell wie möglich wieder nach oben zu bringen, griff Stuart nach dem Hebel im Förderschacht und drückte ihn mit aller Macht hinunter. Dies war das vereinbarte Signal, auf das der Ingenieur ihnen den Förderkorb hinunterschicken sollte. Da keine Rückmeldung kam, betätigte Stuart den Hebel noch einmal – wieder ohne Ergebnis. Stattdessen ertönte ein klirrendes Geräusch, dem eine beängstigende Stille folgte. Die Pumpen hatten aufgehört zu arbeiten.

Als Stuart besorgt durch den Schacht nach oben schaute, sah er an der Spitze ein helles Licht. Was konnte das sein? Das gewöhnliche Tageslicht wäre viel dunkler gewesen, denn es war nicht mehr lange bis zum Sonnenuntergang. Dort oben brannte irgendetwas!

Voller Entsetzen wurde Stuart klar, dass das Fördermaschinenhaus über dem Hauptschacht in Flammen stand. Natürlich konnte man noch über die Leiter entkommen, aber einen bewusstlosen Menschen dort hinaufzuschaffen, war ein Ding der Unmöglichkeit! Oder war Eric gar tot? Stuart benetzte sein Gesicht mit Wasser und entlockte ihm schließlich ein Stöhnen. Also war er noch am Leben und hatte nur das Bewusstsein verloren. Immer deutlicher wurde Stuart bewusst, wie ernst die Lage war, in der sie sich befanden. Hier war er mit seinem schwer verletzten, hilflosen Freund in einer Tiefe von zweihundertfünfundsiebzig Metern gefangen, während über ihnen das Fördermaschinenhaus in Flammen stand, so dass sie nicht über den Förderschacht nach oben gelangen konnten. Die Pumpen arbeiteten nicht länger, und so standen sie bereits bis zu den Knien im Wasser.

Wieder und wieder betätigte Stuart den Signalhebel, und in seiner Erregung schrie er laut wie ein Wahnsinniger. Doch noch immer kam keine Antwort von oben. Bisher hatten die Leitern des Versorgungsschachtes noch kein Feuer gefangen, so dass man sie trotz einiger zerstörter Sprossen zur Flucht verwenden konnte. Zwar war Stuart jung und kräftig, doch er würde es niemals schaffen, Eric auf diesem Wege nach oben zu transportieren.

Auf einmal kam ein versengtes Stück Holz durch den Förderschacht nach unten und fiel mit einem zischenden Geräusch ins Wasser. In dem Bewusstsein, dass er sich in tödlicher Gefahr befand, schickte Stuart ein Stoßgebet zum Himmel, packte Eric und hielt ihn fest, so gut es ging. Das Wasser ging ihm nun schon über die Knie und stieg ständig weiter.

Rettung in letzter Minute

Obwohl ihm die schrecklichen Umstände immer deutlicher bewusst wurden, beruhigte sich Stuart ein wenig, nachdem er den ersten Schock überwunden hatte. Die Kerze in seinem Hut war beinahe heruntergebrannt, doch glücklicherweise besaß er noch eine Ersatzkerze, die er nach Bergarbeitergewohnheit in seinem Stiefel verstaut hatte. Jetzt zog er die neue Kerze heraus, zündete sie an und tauschte sie gegen den flackernden kleinen Stummel aus.

Anschließend nahm er die Leiter sorgfältig in Augenschein. Die Erzlawine, die durch den Versorgungsschacht nach unten gestürzt war, hatte am unteren Ende der Leiter etwa zwölf Sprossen zerstört. Wenn er sich jedoch auf die Zehenspitzen stellte und die Arme ganz nach oben streckte, konnte er gerade noch eine intakte Sprosse erreichen.

Doch wie sollte er Eric mit seinem Gewicht dort hinauftransportieren? Niemals konnte er ihn so hoch heben. Für den Bruchteil einer Sekunde erwog Stuart, Eric zurückzulassen und sich selbst zu retten. Sein Tod würde Eric schließlich auch nichts nützen. Weshalb sollten sie also beide sterben? Einen Augenblick lang war Stuart hin und her gerissen, doch gleich darauf fragte er sich entsetzt, wie er so einen Gedanken überhaupt in Erwägung ziehen konnte. Sein Leben wäre nicht mehr lebenswert, wenn die Tatsache, dass er Eric im Stich gelassen hatte, ihn ständig verfolgen würde. Unmöglich konnte er so an seinem Freund handeln, der ohne zu zögern sein Leben für ihn riskiert hatte, als die Gefahr ebenso groß gewesen war wie jetzt. »O Gott!«, schrie Stuart verzweifelt. »Lass uns nicht wie Ratten ersaufen!«

Je höher der Wasserspiegel stieg, desto stärker wurde Stuart bewusst, wie sehr er an seinem Leben hing. Die schmutzige Brühe reichte ihm inzwischen bis zur Taille. So gut wie möglich hielt er

Erics schlaffen Körper fest, wobei er spürte, wie das Blut aus Erics Schulterverletzung an seiner Seite herunterlief. Ab und zu bewegte sich Eric ein wenig, und einmal öffnete er sogar die Augen, so dass Stuart schon glaubte, er würde wieder zu Bewusstsein kommen. Wenn Eric doch in der Lage wäre, ihm auch nur ein kleines bisschen zu helfen! Alle möglichen Gedanken schossen Stuart durch den Kopf, während er nach einer Möglichkeit suchte, sich selbst und Eric die Leiter hinaufzuhieven. Doch der Boden des Schachts bot keinerlei felsige Vorsprünge, auf denen er sich mit dem Fuß hätte abstützen können.

Offensichtlich brannte das Feuer über der Schachtöffnung lichterloh, denn immer wieder kamen versengte Holzstücke durch den Förderschacht nach unten gesegelt. Als Stuart sich vorbeugte und nach oben schaute, entdeckte er, dass sich direkt über ihnen ein Scheiterhaufen aus umgestürzten Balken und verbogenen Eisenstangen befand. Rasch zerrte er Eric zu dem anderen Schacht hinüber und prüfte dort die Situation. Feurige Rauchschwaden zogen wie ein Nebel über die Ausstiegsöffnung hinweg, und sogar aus dieser großen Entfernung meinte Stuart zu erkennen, dass die Leiter im oberen Bereich ebenfalls in Flammen stand.

Jetzt gab es keine Hoffnung mehr – und doch zwang ihn der reine Selbsterhaltungstrieb dazu, Eric zu der Pumpe zu schleifen, die immer noch aus dem Wasser herausragte. Mit großer Anstrengung schaffte er es schließlich, seinen Freund auf die Pumpe zu legen, so dass Eric sich nun etwa einen halben Meter über Stuart befand, der noch mit den Füßen auf dem Boden der Kaverne stand. Das Wasser reichte ihm mittlerweile fast bis zur Schulter und wirbelte in schmutzig roten Strudeln um ihn herum. Stuart erschauerte bei dem Anblick, denn im Licht seiner Kerze sah das Wasser aus wie Blut. Durch die ständige Bewegung und den Kontakt mit dem kalten Wasser kam Eric allmählich wieder zu sich. Er schlug die Augen auf und stammelte mühsam einige Worte.

»Wo sind wir?«, flüsterte er.

»Du bist verletzt, Eric«, antwortete Stuart.

Stöhnend schloss der Verwundete die Augen, um sie gleich darauf wieder zu öffnen. Der Anblick von Stuarts bleichem Gesicht sagte ihm, dass sie sich in einer gefährlichen Situation befanden. Seine rechte Hand hing schon im Wasser, aber wegen seiner Schulterverletzung konnte er diesen Arm nicht bewegen. Unter großer Anstrengung richtete er sich ein wenig auf und blickte Stuart an.

»Du wirst ertrinken. Lass mich allein, ich werde sowieso sterben«, flüsterte er drängend.

»Nein! Ich lasse dich nicht im Stich, Eric«, erklärte Stuart entschlossen. Seine Stimme klang ruhig und hatte einen beinahe heiteren Unterton. Erschöpft ließ Eric sein Gesicht an Stuarts Schulter sinken. Der beugte sich über seinen Freund und küsste tief bewegt dessen Stirn. Genau in diesem Moment hörten sie eine menschliche Stimme, die nach ihnen rief. Diese wenigen Worte, die im Versorgungsschacht widerhallten, waren das wunderbarste Geräusch, das die beiden Freunde jemals vernommen hatten.

Stuart schrie laut um Hilfe und wartete dann einen Moment. Wieder rief jemand nach ihnen, und anscheinend kletterte dieser Jemand nun die Leiter herunter, um sie zu retten. Trotz der teilweise zerstörten Leitersprossen kam der Unbekannte rasch näher. Stuart hörte tröstende Zurufe, und schließlich ertönte von der letzten unversehrten Leitersprosse eine deutliche Frage: »Wer ist dort?«

»Wir sind es, Stuart Duncan und Eric Vasall. Mein Freund ist schwer verletzt und kann sich nicht bewegen. Ich kann ihn nicht allein nach oben schaffen.«

»Zum Glück bin ich noch rechtzeitig aufgetaucht«, gab die Stimme zur Antwort. »Wenn ihr hier unter die Schachtöffnung kommen könnt, werde ich euch ein Seil zuwerfen.«

Eilig hob Stuart seinen Freund von der Pumpe herunter und pflügte mit ihm durch das Wasser zum Schacht hinüber. Die schmutzige Brühe reichte ihm jetzt schon bis zum Hals. Er fing das

62

Seil und band es Eric um die Hüften, der durch den Schock und die Schmerzen wieder ohnmächtig geworden war. Anschließend machten sich der unbekannte Retter und Stuart mit beinahe übernatürlichen Kräften, wie man sie nur im Angesicht des Todes aufbringen kann, daran, Eric nach oben zu hieven. Der Retter hielt Eric fest, und Stuart benutzte die seitlichen Holme der Leiter, um seinem nassen Grab zu entfliehen.

Die Rettung geschah keine Minute zu früh, da das Wasser nun in Strömen an den Schachtwänden herunterschoss. Die Kaverne am Boden der beiden Schächte war schon völlig mit Wasser gefüllt, und in dem engen Schacht stieg der wirbelnde Strudel mit beängstigender Geschwindigkeit. Stuart hatte keine Zeit, seinem Retter irgendwelche Fragen zu stellen, denn unter ihnen nahte das Wasser und über ihnen stand die Leiter in Flammen. Unter Aufbietung schier übermenschlicher Kräfte schafften die beiden Männer den bewusstlosen Eric weiter nach oben. Als sie schließlich eine Stelle der Leiter erreichten, an der die Sprossen fast völlig fehlten, mussten sie besonders sorgfältig vorgehen, um Eric mit sich zu ziehen. Einmal brauchten sie so lange, um wieder ein Stück vorwärts zu kommen, dass Stuart am unteren Ende schon wieder das Wasser an seinen Füßen spürte.

Nachdem sie sich so sehr verausgabt hatten, dass sie beinahe nicht mehr weiter konnten, erreichten sie schließlich die erste Sohle, die waagerecht vom Schacht in den Berg führte. Am Eingang dieses Stollens befand sich eine hölzerne Plattform, und die beiden Männer legten Eric behutsam darauf ab, um ein klein wenig zu verschnaufen.

»Wir können hier nicht bleiben«, keuchte Stuart. »Sehen Sie, wie das Wasser in die Höhe schießt!« Aufgeregt deutete er auf den schwarzen Strudel hinunter, dem er erst in letzter Minute entkommen war. Das wirbelnde Wasser und die ständig herabfallenden Erzbrocken bildeten eine Furcht einflößende Geräuschkulisse für diese dramatische Rettungsaktion.

»Wir können über diesen Stollen fliehen«, antwortete sein Gefährte.

»Wie denn das? Wir befinden uns doch immer noch mindestens zweihundertvierzig Meter unter der Erdoberfläche!«

»Der alte Beury-Schacht besitzt einen Ausgang, der zu diesem Stollen führt. Ich habe ihn heute Nachmittag erkundet und habe unterwegs eure Hilferufe gehört. Da! Spüren Sie nicht den Luftzug, der durch diese Sohle weht?«

Stuart wandte sein Gesicht dem Eingang des Stollens zu und fühlte mit einem Mal die köstliche frische Luft, die sein Gesicht kühlte. Da erinnerte er sich wieder daran, wie er als kleiner Junge einmal in den alten Schacht geklettert war und dabei genau diese seitliche Öffnung entdeckt hatte. Damals war er auch bis zu dem Punkt vorgedrungen, an dem er jetzt stand. Es kam häufig vor, dass verschiedene Bergwerke miteinander verbunden waren, obschon diese verlassenen Stollen oft durch herabgestürztes Gestein blockiert wurden.

Trotz dieser unerwarteten Fluchtmöglichkeit hatten sie keine Zeit zu verlieren. Rasch hoben die beiden Männer Eric hoch und trugen ihn, so schnell sie konnten, die Sohle entlang, die zu dem alten Schacht führte. Nachdem sie etwa sechzig Meter weit gekommen waren, machte der Stollen eine scharfe Rechtskurve und ging danach steil in die Höhe. Jetzt wurde es immer schwieriger, Eric weiterzuschleppen, doch wenigstens war die Gefahr des steigenden Wassers gebannt. Dieser alte Stollen endete in einem Tunnel, den man schräg in den Hügel gebohrt hatte und der nicht wie die gewöhnlichen Schächte senkrecht von oben nach unten verlief. Nachdem die Männer sicher waren, dass das Wasser sie hier nicht mehr erreichen würde, setzten sie sich auf den Boden, um ein wenig auszuruhen. Beim flackernden Licht seiner Kerze konnte Stuart nun endlich seinen Retter näher in Augenschein nehmen.

»Ich habe zwar keine Visitenkarte bei mir, doch Sie erlauben sicher, dass ich mich trotzdem vorstelle«, begann der Unbekannte in so förmlichem Ton, dass Stuart lächeln musste. »Ich bin der neue Pfarrer in der Kirche mit dem Glockenturm – St. Johannes – und erst vor zwei Tagen in Champion angekommen. Mein Name ist Andrew Burke. Sind Sie nicht Mr Duncan, der Bergwerksbesitzer? Ich freue mich sehr, Sie kennen zu lernen.«

Er streckte seine Hand aus und Stuart schüttelte sie über Erics bewusstloser Gestalt, die zwischen ihnen lag. Während dieser außergewöhnlichen Begrüßung jagten seltsame Empfindungen durch Stuart. Aus irgendeinem Grund hatte er das Gefühl, dass sich hinter der feierlichen Würde seines Gesprächspartners eine besondere Stärke verbarg, denn Andrew Burke vermittelte den Eindruck, als besitze er einen besonders wertvollen Charakter und äußerst seltene Qualitäten.

»Ich verdanke Ihnen mein Leben und mein Freund hier ebenfalls«, erklärte Stuart mit einem leichten Zittern in der Stimme. »Dass Sie hier aufgetaucht sind, ist wirklich ein Wunder. Ich hatte schon jede Hoffnung aufgegeben und wäre sicherlich ertrunken, wenn Sie uns nicht gerettet hätten.«

»Ja, das glaube ich auch. Natürlich hätten Sie Ihren Freund allein lassen können, doch Sie scheinen mir nicht ein Mann zu sein, der so etwas tun würde. Jetzt sollten wir uns jedoch wieder auf den Weg machen, um Ihren Freund so schnell wie möglich zu einem Arzt zu bringen. Ich kann Ihnen später gerne ausführlich erzählen, wie es kam, dass ich hier in der Nähe war. Gehen wir weiter?«

Bereitwillig erhob sich Stuart, und die beiden Männer nahmen ihre beschwerliche Wanderung wieder auf. Sie kamen nur sehr langsam vorwärts, da Eric eine schwere Bürde darstellte und keiner der beiden Männer ein ausgesprochener Athlet war. Es dauerte jedoch nicht lange, bis vor ihnen plötzlich Lichter auftauchten und eine Gruppe von Bergarbeitern in Begleitung Dr. Saxons auf sie zukam.

Nach einer knappen Erklärung übernahmen die Bergleute Eric und trugen ihn weiter, bis sie schließlich am Ausgang des alten

Beury-Schachts angelangt waren. Einen Augenblick später standen Stuart und der Pfarrer unter dem klaren Sternenhimmel und atmeten die frische, kühle Nachtluft ein. Tief bewegt blickte Stuart um sich herum und dankte Gott dafür, dass er ihm das Leben gerettet hatte. An dem Abhang über ihnen stand eine brennende Ruine, die einmal ein Fördermaschinenhaus gewesen war, und nur wenige Schritte davon entfernt befand sich der Versorgungsschacht, aus dem immer noch die Flammen schlugen. Dieser Feuer speiende kleine Vulkan war der Beweis dafür, dass tief unten im Bergwerk immer noch Holzbalken und Leitersprossen brannten.

»Bringt Eric zu mir nach Hause. Es ist nicht weit«, sagte Stuart nun.

»Ja, und beeilt euch gefälligst«, fügte der Doktor hinzu. »Ich werde mitgehen, Stuart. Eric braucht sofort ärztliche Hilfe.«

Saxon eilte den Hügel hinunter und trieb die Männer an, die Erics hilflose Gestalt transportierten, während Stuart sich Mühe gab, mit dem Pfarrer Schritt zu halten. Nachdem die ganze Aufregung überstanden war, fühlte er sich mit einem Mal schwach und schwindelig.

»Bitte kommen Sie doch mit und erzählen Sie mir noch ein wenig von sich, Reverend«, lud Stuart seinen Retter ein. »Ich möchte gerne wissen, wie es kam, dass Sie so unerwartet auf der Bildfläche erschienen sind. Außerdem hatte ich noch gar keine Gelegenheit, mich richtig bei Ihnen zu bedanken.«

»Ihre Einladung nehme ich sehr gern an, Mr Duncan, zumal ich mich vielleicht noch waschen sollte, bevor ich in die Stadt zurückkehre. Ich wohne im Hotel«, antwortete Mr Burke.

Während die beiden Männer im Dunkeln den holprigen Pfad entlanggingen, ertönte plötzlich ein merkwürdiges Geräusch, das aus der Stadt zu kommen schien. Stirnrunzelnd blieb Stuart stehen und lauschte.

»Was ist denn das?«, fragte er schließlich.

»Die Miliz«, erklärte der Pfarrer. »Die Truppen sind heute Nachmittag eingetroffen, und dies sind wohl die Trommelklänge, die sie in ihre Quartiere beordern.«

»Ich habe mit der Miliz erst gegen Ende dieser Woche gerechnet«, meinte Stuart überrascht. »So wurde ich in Cleveland informiert.«

»Trotzdem sind die Truppen heute Nachmittag angekommen, und ich kann mir vorstellen, dass dieses Ereignis mit schuld daran ist, dass Ihr Freund verletzt wurde. Aber das können wir später in Ruhe besprechen.« Auf einmal blieb Burke stehen und schien nach irgendetwas zu suchen. Nach einer kurzen Pause stieß er einen Seufzer der Erleichterung aus und verkündete: »Ah! Hier sind sie ja! Ich hatte schon gedacht, ich hätte sie verloren!«

»Was ist das?«, erkundigte sich Stuart und versuchte im Dunkeln die Gegenstände zu erkennen, die der Pfarrer in seiner Hand hielt.

»Das sind schwarze Erzkristalle – sehr seltene Exemplare. Falls Sie ein Streichholz bei sich haben, zeige ich sie Ihnen.«

Stuart begann zu lachen und dachte daran, welch ein furchtbares Erlebnis hinter ihm lag. »Ich fürchte«, sagte er grinsend, »dass alle Streichhölzer, die ich womöglich bei mir habe, nach meinem Bad im Schacht nicht mehr zu gebrauchen sind. Ich habe bis zum Hals im Wasser gesteckt.«

»Oh, tut mir Leid«, antwortete der Pfarrer hastig und ein wenig verlegen. Während sie in die Straße einbogen, die zum Haus der Duncans führte, fügte er erklärend hinzu: »Wissen Sie, ich interessiere mich für Geologie und habe aus diesem Grund den verlassenen Stollen erforscht. Gerade hatte ich diese Kristalle gefunden und in meine Tasche gesteckt, als ich Ihre Hilferufe hörte. Wenn ich nicht auf dem Boden gekniet und mein Ohr ganz nahe an der Wand gehabt hätte, hätte ich Ihr Rufen bestimmt nicht gehört. Daher hoffe ich, dass Sie mich nicht für einen Verrückten halten, der nur an Steinen interessiert ist. Immerhin hat dieser Ausflug ein ganz besonderes Ende genommen.«

»Dieser Fund wird für Eric und mich immer eine ganz besondere Bedeutung haben, und wir werden Ihnen für Ihre Suche nie genug danken können. Um Eric mache ich mir allerdings große Sorgen. Bitte kommen Sie herein, Mr Burke. Ich werde sofort einen der Dienstboten bitten, Ihnen ein Zimmer zu zeigen, in dem Sie sich wie zu Hause fühlen können«, sagte Stuart in einladendem Ton.

Als sie das Haus betraten, trafen sie auf die Bergarbeiter und Dr. Saxon, die kurz vor ihnen angekommen waren. Nachdem Stuart einen der Dienstboten angewiesen hatte, sich um den Pfarrer zu kümmern, ging er rasch zu Eric hinüber. Der Arzt war gerade dabei, ihn zu untersuchen und die Verletzung an seiner Schulter zu bandagieren.

»Er hat einen schweren Schlag abbekommen, aber es wird ihn nicht umbringen«, erklärte Dr. Saxon in beruhigendem Ton. »Wir werden schon dafür sorgen, dass er wieder auf die Beine kommt! Aber du solltest jetzt rasch deine nassen Sachen auszuziehen, Stuart, sonst holst du dir noch eine Lungenentzündung. Gott sei Dank, dass du lebst, Stuart! Ich fürchte allerdings, dass die Schwierigkeiten erst angefangen haben, denn falls ich mich nicht täusche, war das, was heute geschehen ist, kein Zufall. Diese Erzbrocken sind nicht von selbst in den Schacht gefallen, und genauso wenig ist das Fördermaschinenhaus ohne fremde Hilfe in Flammen aufgegangen.«

Stuart gab keine Antwort. Diese Neuigkeiten musste er erst einmal verdauen. Er trug immer noch die Kleidung der Bergarbeiter und sah aus, als hätte er sich von Kopf bis Fuß in rötlichem Schlamm gewälzt. Auch sein Gesicht und die Hände waren voller Schmutz. Unter anderen Bedingungen hätte der Arzt sicher eine scherzhafte Bemerkung über Stuarts Erscheinungsbild gemacht, doch die Situation war zu ernst, um Witze darüber zu reißen.

Jetzt beugte sich Stuart über Eric und sagte bekümmert: »Armer Kerl! Dieser Unfall kommt wirklich ungelegen!«

»Ja, und zwar für uns alle«, fügte Saxon hinzu. »Es ist nicht auszudenken, auf welche Ideen die Bergarbeiter kommen, wenn Eric nicht seinen Einfluss geltend machen und sie beruhigen kann. Und es wird Wochen dauern, bis er wieder auf den Beinen ist.«

»Daran hatte ich noch gar nicht gedacht«, antwortete Stuart. Er legte seine Hand auf Erics Stirn, und in diesem Moment schlug sein Freund die Augen auf. Eric war wieder bei Bewusstsein und begann mit matter Stimme zu sprechen.

»Stuart, du hast mir das Leben gerettet! Jetzt sind wir quitt, das ist dir doch klar?«

»Darüber brauchen wir keine Worte zu verlieren, denke ich. Schließlich sind wir alte Freunde!« Stuart sah Eric voller Zuneigung in die Augen. »Allerdings verdanken wir unser Leben jemand anderem.«

»Wieso das?«, wollte Eric wissen, doch er war zu schwach, um weiterzusprechen.

»Das werde ich dir erzählen, wenn es dir besser geht. Bitte ruh dich jetzt aus«, antwortete Stuart.

Erschöpft schloss Eric die Augen, und Stuart verließ das Zimmer, um seine Kleider zu wechseln. Während er sich umzog, wurde ihm plötzlich bewusst, dass dieses außergewöhnliche Abenteuer zumindest teilweise mit den vorhergegangenen Ereignissen zusammenhing, in die er mehr oder weniger unfreiwillig verwickelt worden war.

Da Louise den Abend mit ihren Freunden, den Vasplaines, verbrachte, nahmen Stuart, Dr. Saxon und Reverend Burke zu dritt ein spätes Abendessen ein. Während des Essens erfuhr Stuart weitere Einzelheiten über seine Rettung.

Andrew Burke war fremd in der Stadt und hatte die vergangenen zwei Tage damit verbracht, die Umgebung zu erkunden. Als ihm auf dem Weg zum Beury-Schacht ein Bergarbeiter begegnet war, hatte dieser ihm von dem verlassenen Stollen erzählt, der mit der untersten Sohle des Davis-Bergwerks verbunden war. Diese Information war dem Pfarrer allerdings erst wieder eingefallen, als er auf der Suche nach Kristallen Stuarts Hilferufe gehört hatte.

»Haben Sie eigentlich immer ein Seil dabei, wenn Sie einen Spaziergang machen?«, erkundigte sich Stuart neugierig.

»Wo ich herkomme, war das nicht notwendig, doch in dieser Gegend wäre es vermutlich keine schlechte Angewohnheit«, erwiderte der Pfarrer lächelnd. »Das Seil lag auf der untersten Plattform des Beury-Schachts, und bevor ich die letzte Leiter hinunterstieg, nahm ich es mit, weil ich dachte, dass es mir auf dem Boden des Schachts nützlich sein könnte. Vermutlich haben die Bergarbeiter es dort liegen lassen, bevor sie in Streik getreten sind. Als ich durch die Sohle des Davis-Bergwerks marschiert bin, habe ich auch noch einige andere Werkzeuge gesehen, die dort verstreut waren.«

Dr. Saxon warf dem neuen Pfarrer einen anerkennenden Blick zu. Dass jemand unter solchen Umständen ein Auge für Details hatte, war wirklich beachtlich, und der Pfarrer war auf dem besten Wege, sich die Freundschaft des Arztes zu sichern.

»Aber wie kam es denn, dass Sie nach uns gesucht haben?«, wandte sich Stuart nun an Dr. Saxon.

»Ich hatte gerade einen Hausbesuch bei Rollins, dem Mann an der Pumpe, gemacht. Sein Sohn, der neulich in meiner Praxis aufgetaucht ist, stürzte plötzlich zur Tür herein und schrie, das Fördermaschinenhaus stünde in Flammen. Nach einer kleinen Ewigkeit verriet er uns schließlich, dass er dich und Eric beobachtet hatte, wie ihr die Leiter hinuntergestiegen seid. Natürlich bin ich sofort zu dem Schacht gerannt und musste verblüfft feststellen, dass weit und breit keine Menschenseele in Sicht war. Weder der verantwortliche Ingenieur noch die übrigen Bergarbeiter waren in der Nähe. Da die Leiter lichterloh brannte, gab es keine Möglichkeit, auf diesem Wege in den Schacht zu gelangen.

Dann kamen ein paar Leute aus der Stadt herauf, und irgendjemand erinnerte sich an den verlassenen Stollen. Wie du weißt,

Stuart, liegt der alte Beury-Schacht über einen halben Kilometer vom Davis-Bergwerk entfernt, doch wir haben für diese Strecke nur wenige Minuten gebraucht. Leider bin ich unterwegs über einen Stein gestolpert und habe einige wertvolle Flaschen in meiner Tasche zertrümmert. Du siehst also, Stuart, dass du mich seit dem Tag, an dem du geboren wurdest, eine Menge Geld gekostet hast.« Er warf dem jungen Unternehmer einen amüsierten Blick zu. »Und für Eric gilt dasselbe. Ich weiß nicht, ob es sich gelohnt hat, mir für diesen aufrührerischen Sozialisten die Zehen grün und blau zu schlagen. Wahrscheinlich wird er noch für eine Menge Wirbel sorgen, und am Ende würde ich der Menschheit einen guten Dienst erweisen, wenn ich ihm ein kleines Mittelchen verabreichen würde, das ihn für immer zum Schweigen bringt.«

In diesem Augenblick regte sich Eric in seinem Zimmer und stöhnte laut. Der Doktor hörte ihn, ließ seine Serviette geistesabwesend in die Suppe fallen und eilte besorgt zu seinem revolutionären Patienten.

Bis der Doktor zurückkehrte, unterhielten sich Stuart und Reverend Burke über das Feuer am Fördermaschinenhaus, das ihnen beiden sehr merkwürdig vorkam. Zudem konnte Stuart nicht glauben, dass die große Erzlawine, die Eric getroffen hatte, nur von einigen Brocken herrührte, die sich von selbst aus den seitlichen Wänden gelöst hatten. Sicher hatte Dr. Saxon Recht, wenn er behauptete, das Erz sei absichtlich in den Schacht geworfen worden. Darüber hinaus war es wirklich seltsam, dass nach dem Ausbruch des Feuers plötzlich alle Bergarbeiter verschwunden waren.

Als der Arzt sich wieder zu ihnen gesellte, versuchten die drei Männer, dieses Geheimnis zu ergründen. Während sie noch redeten, hörten sie plötzlich das laute Stampfen zahlreicher Stiefel, das immer näher kam. Das Geräusch war so alarmierend, dass die drei Männer gleichzeitig auf die Füße sprangen. Rasch ging Stuart in die Eingangshalle und riss die Vordertür auf. Jetzt sah er im Licht der Verandalampe eine Gruppe von mindestens zweihundert Männern, die vor seinem Haus aufmarschiert waren. Da jeder von ihnen einen Knüppel in der Hand hielt und ihre Mienen überaus ernst, ja, finster waren, boten sie einen Angst einflößenden Anblick.

»Was wollt ihr, Männer?«, fragte Stuart.

Die Menge drängte sich noch ein wenig näher an die Veranda heran, und ein einzelner Mann, der offensichtlich das Wort führte, stieg die Treppe hinauf und rief laut: »Wir wollen Eric sehen!«

»Das geht leider nicht. Er ist verletzt und kann mit niemandem sprechen«, entgegnete Dr. Saxon, der neben Stuart im Türrahmen erschienen war.

»Warum wollt ihr ihn sehen?«, erkundigte sich Stuart ruhig.

Nun blickte der Sprecher ein wenig verwirrt und schien nicht sofort zu wissen, wie er darauf antworten sollte. Daher erhoben sich einige Stimmen aus der Menge.

»Wir glauben, dass irgendjemand versucht hat, ihn umzubringen!«

»Ja, und wir werden die Männer aufhängen, die das getan haben!«

»Auf geht's! Knüpft diese Schurken auf!«

»Wir wollen Eric sehen! Wir wollen wissen, wie es ihm geht!«

»Männer«, rief Stuart beschwichtigend, »wenn ihr wollt, kann Gordon sich davon überzeugen, dass Eric nicht zu euch herauskommen kann. Kommen Sie herein, Gordon, und sehen Sie selbst nach«, sagte er zu dem Bergarbeiter, der auf den Stufen stand.

Nach kurzem Zögern folgte der Mann seiner Aufforderung und ging mit Dr. Saxon in das Zimmer rechts von der Eingangshalle, wohin man Eric gebracht hatte.

Als die beiden verschwunden waren, berichtete Stuart den übrigen Männern, wie es kam, dass Eric verletzt worden war. Die Bergarbeiter lauschten atemlos, und gleich darauf kehrte Gordon wieder zurück.

»Jungs«, sagte er, als er auf der Veranda erschien, »heute Abend können wir nicht mehr mit Eric rechnen. Aber wir werden es den Feiglingen heimzahlen, die ihm das angetan haben.«

»Ja genau, das tun wir!«, bekräftigten einige Stimmen aus der Menge.

»Mr Duncan lebe hoch!«, schrie plötzlich jemand.

Da sich die Männer unter Tage auskannten, hatten sie rasch begriffen, dass Stuart sein Leben riskiert hatte, als er in dieser gefährlichen Situation bei Eric geblieben war, obwohl Stuart selbst auf diesen Punkt nicht näher eingegangen war.

Begeisterte Jubelrufe wurden laut, und zum ersten Mal keimte in Stuarts Herz die Hoffnung, dass diese Männer ihn vielleicht eines Tages doch noch verstehen würden. Ohne den Gedanken jedoch weiter zu verfolgen, trat er einen Schritt aus dem Türrahmen und deutete auf Andrew Burke, wobei er erklärte: »Vielen Dank, Männer. Dass Eric noch am Leben ist, verdanken wir allerdings einzig und allein Reverend Burke. Er hat uns das Leben gerettet.«

»Wer ist denn das?«, wollte jemand wissen.

»Das ist doch der neue Pfarrer der St. Johannes-Kirche. Ich kenne ihn«, erwiderte ein anderer Bergarbeiter.

»Ein Pfarrer? Egal, er soll trotzdem hochleben!«, schrie noch jemand.

Die Männer klatschten und trampelten Beifall und begannen sich langsam zurückzuziehen. Stuart war besorgt, denn während er noch stark mitgenommen war von seinem vorangegangenen Abenteuer, konnte er sich des Gedankens nicht erwehren, dass noch eine Menge Arbeit vor ihm lag, bevor dieser Tag zu Ende ging. Außerdem war er davon überzeugt, dass sich hier eine gute Gelegenheit bot, um noch ein paar Worte zu den Männern zu sprechen, solange er in ihrer Gunst stand.

»Männer, ich würde gerne noch etwas hinzufügen. Wie ich gehört habe, ist heute Abend die Miliz in der Stadt eingetroffen, und deshalb hoffe ich sehr, dass ihr euch an das Gesetz halten werdet ...«

»Ach, diese Predigt haben wir jetzt oft genug gehört«, lallte die Stimme eines Betrunkenen, und Stuart wurde mit einem Schlag klar, dass die örtliche Kneipe nicht gerade zum friedlichen Ende dieses Konflikts beitragen würde. Bisher hatten die Bergarbeiter einen großen Bogen um alkoholische Getränke gemacht.

»Halt den Mund!«, schrie Gordon nun, und einige andere pflichteten ihm bei. »Lass Mr Duncan gefälligst ausreden!«

»Ich hoffe sehr«, fuhr Stuart fort, »dass es nicht zu gewalttätigen Auseinandersetzungen kommen wird, und ich weiß genau, dass Eric genau dieselbe Ansicht vertreten würde, wenn er jetzt hier vor euch stehen könnte.«

»Aber diese Truppen sind gekommen, um uns das tägliche Brot wegzunehmen!«, rief eine entrüstete Stimme.

»Ja, genau, und deshalb werden wir es ihnen heimzahlen!«, schrie ein anderer.

»Damit ihr mich nicht missversteht: Dies ist kein Befehl, sondern nur ein gut gemeinter Rat«, erklärte Stuart nachdrücklich. Mit jeder Minute wurde ihm deutlicher bewusst, wie unruhig und aufgewühlt diese große Menschenmenge ohne ihren vertrauten Anführer war. »Ich rate euch, jetzt in aller Ruhe nach Hause zu gehen. Morgen werden wir dann versuchen herauszufinden, wer für das Feuer am Fördermaschinenhaus und Erics Verletzung verantwortlich ist.«

»Warum nicht schon heute Abend?«, erkundigte sich eine kühle und gelassene Stimme.

»Gut«, antwortete Stuart energisch, wobei er im Stillen hoffte, dass die Rastlosigkeit der Männer in eine andere Richtung gelenkt werden konnte. »Ich bin der Ansicht, dass die Leute, die das Feuer gelegt haben, vorher die Arbeiter im Davis-Bergwerk überwältigt haben und sie jetzt irgendwo versteckt halten. Sind irgendwelche Männer unter uns, die im Fördermaschinenhaus des Davis-Bergwerks beschäftigt waren?«

Die Bergleute aus Champion, die sich untereinander gut kannten, antworteten aus allen Ecken: »Nein, kein Einziger von ihnen ist da.«

»Seit dem Brand hat also keiner von euch irgendeinen Mann gesehen, der dort gearbeitet hat?«, fragte Stuart.

»Mr Duncan hat den Nagel auf den Kopf getroffen. Er ist wirklich schlau!«, kam die ironische Antwort.

»Nun, falls ich Recht habe, haben sich die Schuldigen zusammen mit ihren Gefangenen irgendwo versteckt. Sie können nicht weit sein«, schloss Stuart mit ruhiger Stimme.

»Dann werden wir sie finden!«, schrien einige Männer durcheinander.

»Halt! Wartet noch einen Augenblick!«, rief Stuart die Männer zurück, die schon im Gehen begriffen waren. »Ich bestehe darauf, dass ihr mir euer Ehrenwort gebt, dass ihr nicht versuchen werdet, die Schuldigen auf eigene Faust zu bestrafen. Sie haben das Gesetz übertreten, also sollen sie auch durch das Gesetz bestraft werden. Bis jetzt besitzt ihr das Wohlwollen der ganzen Stadt, weil ihr euch mustergültig verhalten und keinen Anlass zu Kritik gegeben habt. Sobald ihr jedoch zu ungesetzlichen Mitteln greift, werdet ihr die Sympathie der Öffentlichkeit sofort wieder verlieren. Gebt mir euer Ehrenwort, dass ihr die Schuldigen der Polizei ausliefern werdet, wenn ihr sie gefunden habt.«

Nach einer kurzen Pause antworteten mehrere Bergarbeiter: »Gut, wir versprechen es. Wir geben unser Ehrenwort.«

Jetzt war Stuart beruhigt, obwohl einige Männer, die offensichtlich unter dem Einfluss von Alkohol standen, nicht auf seine Bitte reagiert hatten. Die Menge begann sich zu zerstreuen, und Stuart und Andrew Burke beobachteten, wie ein großer Teil der Bergarbeiter den Hügel hinaufmarschierte, um die schwelenden Reste des Fördermaschinenhauses zu begutachten. Die übrigen Männer machten sich auf den Weg in die Stadt.

»Heute Abend wird es dort unten sehr ungemütlich werden«, bemerkte Dr. Saxon und verließ die Eingangshalle, um nach Eric zu sehen. Stuart und der Pfarrer blieben noch eine Weile stehen und unterhielten sich miteinander. Gerade brachte Stuart seine Besorgnis über die angespannte Situation zum Ausdruck, als das Telefon klingelte.

Rasch hob er den Hörer ab, und nach ein paar knappen Sätzen wandte er sich an Burke mit der Frage: »Sind Sie heute Abend noch in der Lage, aus dem Haus zu gehen, Reverend?«

»Ich hinke zwar ein wenig und sehe wohl auch nicht besonders vorzeigbar aus, aber ich bin gern bereit, Sie zu begleiten.«

Sofort ging Stuart zur Garderobe und brachte dem Pfarrer einen Mantel. Während er seinen eigenen Mantel anzog, sagte er: »Gerade habe ich eine Nachricht von der Iron Cliffs Company erhalten. Die Bergarbeiter versammeln sich im Zentrum der Stadt, und ich wurde gebeten, meinen Einfluss geltend zu machen, damit es keinen Aufruhr gibt.«

»Sind Sie heute Abend überhaupt noch dazu fähig?«, erkundigte sich der Pfarrer.

»Ja, ich denke schon. Ich bin zwar wie Sie mit blauen Flecken übersät, aber meine Knochen sind alle heil. Und ich sehe es als meine Pflicht an, dieser Bitte zu folgen. Außerdem wird sich Dr. Saxon bestimmt um Eric kümmern.«

»O ja, das tut er mit Sicherheit!«, bestätigte der Arzt ironisch, der hinter Stuart die Eingangshalle betreten hatte. »Auf dich muss man allerdings genauso ein Auge haben wie auf Eric. Zieh gefälligst deinen Mantel aus, Stuart, und dann marsch ins Bett!«

»Nein, Doktor«, entgegnete Stuart lächelnd. »Ich widerspreche Ihnen nur sehr ungern, aber in diesem Fall muss ich es tun. Ich glaube, dass ich in die Stadt gehen sollte, denn es liegt eine Menge Unheil in der Luft, und Reverend Burke und ich sollten unser Möglichstes tun, um es zu verhindern.«

»Also gut, dann tut, was ihr nicht lassen könnt. Aber falls man euch in Stücke reißt, erwartet später nicht von mir, dass ich euch wieder zusammenflicke«, kam die mürrische Antwort des Arztes.

Nachdem Dr. Saxon wieder zu Eric gegangen war, befahl Stuart den Dienstboten, sein Pferd anzuspannen und den Buggy vorzufahren. Kurz darauf hatten die beiden Männer das Haus verlassen und fuhren den Hügel hinunter.

Unterwegs überholten sie mehrere Gruppen von Bergarbeitern, die in militärischem Schritt auf die Stadt zumarschierten. Als sie sich schließlich dem Marktplatz näherten, stellten sie fest, dass sich die Menschenansammlung bis auf die umliegenden Straßen ausgedehnt hatte. Daher fuhren sie auf einem Umweg bis zum Hintereingang der Kirche, wo sie den Wagen stehen ließen, um sich zu Fuß unter die Menge zu mischen.

Bisher hatten sich die Bergarbeiter nie am Abend versammelt, da sie ihre regelmäßigen Treffen immer um die Mittagszeit abhielten. Dieser ungewohnte Menschenauflauf bildete also eine neue Phase in diesem Streik. Als Stuart und der Pfarrer sich durch das Gedränge zwischen der großen Kirche und dem Bahnhof schoben, bemerkten sie, dass die Atmosphäre äußerst geladen war und der Konflikt jeden Augenblick eskalieren konnte.

Dies war keine geordnete und disziplinierte Versammlung wie sonst, denn es befand sich eine ganze Reihe von Betrunkenen unter den Männern, und die unterdrückten Rufe und angriffslustigen Kommentare wurden immer lauter. Die Bühne war von mehreren Arbeitern besetzt worden, und das Durcheinander wurde noch dadurch vergrößert, dass zwei Männer an den entgegengesetzten Enden der Bühne gleichzeitig versuchten, auf die Menge einzureden. Über der Bühne befand sich eine elektrische Hängelampe, die den kleinen Platz beinahe taghell erleuchtete.

Auf einem Nebengleis des Bahnhofs standen die Eisenbahnwaggons, die die Truppen in die Stadt befördert hatten und die ihnen nun als behelfsmäßiges Quartier dienten. Es waren insgesamt zwei Kompanien, die den Befehl erhalten hatten, über Nacht in der Stadt zu bleiben. Jede Anspielung auf die Miliz schien den Zorn der Bergarbeiter noch weiter anzufachen, und die Sprecher auf der

Bühne machten sich diese Erregung zunutze und deuteten immer wieder auf die Waggons, die von dem siebeneckigen Platz aus gut zu sehen waren. An diesem Tag waren so viele außergewöhnliche Dinge geschehen, dass die sonst eher schwerfälligen und ernsthaften Gemüter der Bergarbeiter in große Aufregung geraten waren. Viele Männer waren betroffen über Erics Verletzung, andere begrüßten jedoch die jüngsten Ereignisse. Unter den Bergarbeitern gab es eine große und sehr lautstarke Splittergruppe, die lieber einen radikaleren Mann an der Spitze haben wollte, obgleich kein anderer sich mit Erics Fähigkeiten messen konnte.

Von ganzem Herzen wünschte Stuart, dass Eric hier wäre, denn ihm wurde plötzlich sehr deutlich bewusst, wie groß der Einfluss war, den Eric besaß. Diese aggressive Menge von ungebildeten Männern unter Kontrolle zu halten, war wirklich eine Meisterleistung, die große Führungsqualitäten voraussetzte. Doch unglücklicherweise gab es niemanden, der Erics Stelle einnehmen konnte.

Stuart verfolgte keinen bestimmten Plan, als er sich durch das Gewühl drängte. Die Bergarbeiter um ihn herum begrüßten ihn respektvoll und erkundigten sich nach Erics Gesundheitszustand. Nach einer Weile blieben die beiden Männer schließlich auf den Eingangsstufen der Kirche stehen, wo sich eine große Anzahl von Leuten versammelt hatte.

Inzwischen war es halb neun, und obwohl Stuart und der Pfarrer von den Ereignissen dieses Tages erschöpft waren, beobachteten sie gespannt, was sich vor ihren Augen abspielte. Der Lärm und die Verwirrung nahmen stetig zu, und vor der Bühne hatte bereits eine heftige Schlägerei begonnen. Manche Männer wurden durch die nachdrängende Menge regelrecht eingekeilt und konnten sich nicht mehr rühren. Die Polizei der Stadt Champion gab sich große Mühe, die Situation unter Kontrolle zu halten, doch da sie schon unter normalen Umständen über zu wenig Personal verfügte, wirkte sie vor dieser riesigen Menschenmenge wie ein Häuflein hilfloser Kinder.

Plötzlich wurden alle anderen Geräusche von einem dumpfen, durchdringenden Dröhnen übertönt. Irgendjemand schien mit kräftigen Schlägen ein paukenähnliches Instrument zu bearbeiten, wobei das rhythmische Trommeln immer lauter wurde. Und dann kam um die Ecke des Gebäudes der Iron Cliffs Company ein kleiner Trupp von Männern und Frauen marschiert. Es waren etwa zwölf Leute, die eine Fahne schwenkten und mit schallender Stimme einen Choral sangen:

Das Schiff des Lebens trägt uns fort, als Ziel das Vaterland,
Das Gott verheißt in seinem Wort. So zieh'n wir Hand in Hand,
An Bord der Auserwählten Schar, doch ist noch Platz zuhauf –
Steig ein, bring ihm dein Leben dar, er wartet nur darauf.
Von Gott gefüllt ist das Gefährt, an Freud und Gütern reich:
Nichts ist so schön auf dieser Erd, nichts ihm an Segen gleich.

Nun lass zurück all weltlich Weh und komm zu Gottes Thron,
nimm an das große Angebot in Jesus, seinem Sohn.

Die Mitglieder der Heilsarmee überquerten die Straße, und als sie den Marktplatz betraten, geschah etwas sehr Merkwürdiges. Wie auf einen lautlosen Befehl hin wichen die Bergarbeiter einen Schritt zurück, so dass die kleine Gruppe ungehindert weitermarschieren konnte. Die übrigen Streikenden folgten diesem Beispiel und bildeten eine schmale Gasse, durch die die Heilsarmee quer über den ganzen Platz bis zu den Eingangsstufen der Kirche gelangen konnte. Dieser Triumphzug wurde von einer jungen Frau angeführt, deren blasses Gesicht eine erstaunliche Reife zeigte. Ohne die geringste Befangenheit marschierte sie an der Spitze ihrer Truppe und erinnerte dabei an eine stolze Königin, die von einigen erlesenen Auserwählten begleitet wurde. Ihre Stimme klang wunderbar rein und melodisch und war zwischen den schrillen Sopranen und tiefen Bässen der anderen Sänger deutlich herauszuhören.

Überrascht fragte sich Stuart beim Anblick dieser außergewöhnlichen jungen Frau, wie es zugehen konnte, dass er diese wunderschöne Stimme noch nie gehört hatte. Die Worte klangen wie ein Bekenntnis:

Nun lass zurück all weltlich Weh und komm zu Gottes Thron,
nimm an das große Angebot in Jesus, seinem Sohn.

Schließlich machte die kleine Gruppe vor der Treppe zur Kirche Halt, wo die Leute dicht gedrängt standen und neugierig auf die uniformierten Männer und Frauen starrten. Es war der ideale Platz, um eine kleine Ansprache zu halten, denn offensichtlich waren die Bergarbeiter gerne bereit, ihre Aufmerksamkeit wenigstens vorübergehend einer neuen Attraktion zu schenken.

Während Stuart interessiert beobachtete, was hier vor sich ging, schoss ihm plötzlich der Gedanke durch den Kopf: »Vielleicht kann das Schlimmste ja doch noch verhindert werden, auch wenn Eric nicht da ist.« Dann vergaß er einen Augenblick lang alle Hintergründe des Streiks und auch den Mann, der neben ihm stand. Die junge Frau gab mit erhobener Hand ein Zeichen, worauf die Trommel aufhörte zu schlagen. Anschließend kniete die ganze Mannschaft auf den Stufen der Kirche nieder. Die junge Frau kniete auf einer der unteren Stufen ganz in Stuarts Nähe und verschwand beinahe in der neugierigen Menge um sie herum. Nun begann sie zu beten, und dieses schlichte und eindringliche Gebet sollte Stuart sein Leben lang im Gedächtnis bleiben.

Zeit der Veränderung

»Herr Jesus«, begann die junge Frau zu beten, ohne irgendwelche Scheu vor der gaffenden Menschenmenge zu zeigen. »Wir bitten dich von ganzem Herzen für all die verlorenen Schafe, die sich so weit von dir entfernt haben. Wir wissen, dass du der gute Hirte bist, der voller Barmherzigkeit nach ihnen Ausschau hält. Herr Jesus, wir sehnen uns so sehr danach, dass du uns heute Abend begegnest und viele verlorene Schafe zu deiner Herde zurückbringst. Manche sind durch die Sünde verletzt und zerschlagen worden, so dass du sie auf deinen Armen tragen musst. Doch wir wissen, dass du das Lamm Gottes bist, das die Sünden der Welt wegnimmt. Du wirst sie aus den Fallstricken Satans befreien und sie mit deinen starken Armen aus dem Schlund der Hölle und des Todes reißen. Wir preisen deine barmherzige Liebe, die du am Kreuz von Golgatha gezeigt hast. Danke, dass du auch heute noch um jede verlorene Seele kämpfst und sie erretten willst.

Himmlischer Vater, wir rufen heute Abend zu dir und bitten dich um deine Vergebung. Lass sie an den Männern und Frauen sichtbar werden, die dich brauchen. Lass sie nicht verloren gehen, sondern rette sie durch deine unfassbare Gnade und Barmherzigkeit! Erfülle sie mit der Kraft des auferstandenen Retters, der die Hölle und den Tod besiegt hat. Wirke du durch deinen Heiligen Geist unter uns und erfülle unsere Herzen. Du sehnst dich nach den verlorenen Schafen, die so wertvoll in deinen Augen sind. Lass nicht zu, dass sie deine wunderbare Gnade ablehnen und unter ein schreckliches Gericht kommen. Wir danken dir für die vielen Mütter, die jahrelang treu für ihre Söhne gebetet haben. Lass ihre Gebete nicht unerhört bleiben, Herr, und rette diese Männer vor dem ewigen Gericht!

Herr Jesus, wir brauchen deine Kraft und deine Gnade heute

Abend. Öffne unsere Herzen, damit wir deine Macht erkennen, so wie jener Knecht in der Bibel die feurigen Wagen um sich herum sehen konnte. Rette die vielen Menschen durch dein Blut, das für uns alle vergossen worden ist. Erhöre uns, o Herr, und erfülle deine Verheißungen, die du uns in deinem Wort gegeben hast. Wir dienen dir von ganzem Herzen und möchten heute Abend erleben, dass noch viele andere deinem Ruf folgen. Mit den Engeln vor deinem Thron wollen wir jauchzen über jeden Sünder, der Buße tut und durch dein Blut von seinen Sünden rein gewaschen wird. Herr Jesus, wir bitten dich, rette diese Menschen!«

Stuart war tief bewegt von diesen Worten, doch der heilige Eifer und die absolute Selbstlosigkeit, die dadurch zum Ausdruck kamen, berührten ihn noch viel mehr. Bisher hatte er sich nicht als Christ bezeichnet, da er sich niemals öffentlich zu Christus bekannt oder sich irgendeiner Kirche angeschlossen hatte. Er hatte ein ordentliches Leben geführt und sich nach hohen moralischen Maßstäben gerichtet, die er immer für völlig ausreichend gehalten hatte. Bis zu diesem Zeitpunkt hatte er sich selbst für zu gebildet gehalten, um auf so emotionale Appelle wie die Veranstaltungen der Heilsarmee zu reagieren. Doch trotz der vorangegangenen Lieder, die von den dumpfen Trommelklängen begleitet wurden, hatte dieses feurige Gebet eine unbekannte Saite in seinem Herzen angerührt. Die Demut dieser jungen Frau, die so flehentlich darum bat, dass Gott andere Menschen erretten möge, glich in keiner Weise den steifen und feierlichen Gottesdiensten, denen Stuart in Europas Kathedralen und anderen Kirchen beigewohnt hatte. Zum ersten Mal in seinem Leben verspürte er eine leise Ahnung davon, wer Gott wirklich war, und dass er sich voller Liebe nach den verlorenen Menschen ausstreckte.

Diese Gedanken schossen ihm durch den Kopf, ohne dass er ihnen weiter nachhängen konnte, und Stuart hatte auch nicht vor, seinen Gefühlen in irgendeiner Weise Ausdruck zu verleihen. Doch während die junge Frau noch vor ihm kniete, geschah etwas, das ihn in seiner inneren Haltung bestärkte und gleichzeitig große Auswirkungen auf die Entwicklung dieses Streiks haben sollte.

Obwohl so viele Menschen auf dem Marktplatz versammelt waren, konnten nur die weiter vorne tatsächlich verfolgen, was sich auf den Eingangsstufen zur Kirche abspielte. Bis zu diesem Zeitpunkt hatte die Heilsarmee in dieser Stadt einen großen Einfluss auf die Bergarbeiter ausgeübt. Trotz des Respekts, der dieser religiösen Gruppe entgegengebracht wurde, kam an diesem Abend noch ein neuer Faktor ins Spiel. Einige Männer hatten etwas getrunken und signalisierten schon die ganze Zeit Angriffslust und Gewaltbereitschaft. Die Bergarbeiter, die direkt um die knienden Männer und Frauen herumstanden, wurden von ihren Hintermännern nach vorne gedrückt, weil die anderen ebenfalls sehen wollten, was hier vor sich ging. Damit sie nicht auf die knienden Heilsarmisten gestoßen wurden, boten die Männer in der ersten Reihe ihre ganze Kraft auf, um die nachdrängenden Menschen während des langen Gebets zurückzuhalten.

Doch bevor die junge Frau wieder aufstehen konnte, durchbrach eine Gruppe Betrunkener den kleinen Kreis um sie herum. Einer von ihnen versetzte der Trommel einen heftigen Fußtritt, so dass er mit dem Stiefel darin stecken blieb, während ein anderer auf die junge Frau zutorkelte und mit erhobener Faust schmutzige Flüche ausstieß. Als Stuart das Gesicht dieses Mannes sah, kam ihm der Gedanke, dass der Betrunkene die junge Frau womöglich mit seiner eigenen Frau verwechselte, die ihn vielleicht schon oft auf ihren Knien darum angefleht hatte, sie und die Kinder mit seinen Wutausbrüchen zu verschonen.

Ohne einen Augenblick zu zögern holte Stuart aus und versetzte dem Mann mit der Faust einen so kräftigen Schlag, dass dieser fluchend hintenüberfiel. Bevor einer der anderen Betrunkenen darauf reagieren konnte, hatten die umstehenden Bergarbeiter bereits alle Raufbolde gepackt und hielten sie fest. Entrüstete Rufe wurden laut, denn die große Mehrheit der Bergarbeiter hatte so viel

Respekt vor der Heilsarmee, dass sie keine Gewalt gegen diese uniformierten Männer und Frauen dulden wollte.

»Werft die Kerle doch einfach in den Springbrunnen!«, wurde eine grimmige Stimme laut.

Der »Springbrunnen« bestand aus einem riesigen gusseisernen Behälter, der seit vielen Jahren als Wassertrog benutzt wurde. Das Wasser wurde von den Bergwerken hierher gepumpt und stand in dem Bassin ungefähr einen Meter hoch.

Jubelnd begrüßten die empörten Bergarbeiter diesen Vorschlag, und sofort wurden die Übeltäter fest am Schlafittchen gepackt und zu dem Wassertrog gezerrt. Obwohl sie sich nach Kräften wehrten, hatten sie gegen die raue und muskulöse Übermacht keine Chance. Sobald sie spuckend und hustend wieder aus dem Springbrunnen geklettert waren, packten die Umstehenden sie erneut und warfen sie wieder hinein. Die Menge brach in brüllendes Gelächter aus, während die Heilsarmee inmitten dieses Durcheinanders laut singend über den Platz marschierte:

> *Kommt, Sünder, zum Erlöser her;*
> *Er trug die Dornenkrone schwer;*
> *Vergoss sein Blut, auf dass ihr seid*
> *Errettet bis in Ewigkeit.*
> *Kein Zögern – um Vergebung schrei,*
> *Denn der Herr Jesus macht dich frei.*

Die junge Anführerin wirkte immer noch genauso unerschrocken wie vorher, und man konnte an ihrem Gesicht nicht ablesen, ob sie enttäuscht war, dass niemand auf ihr flehentliches Gebet reagiert hatte. Ohne auf die grölende und jubelnde Menge zu achten, verließ die Heilsarmee den kleinen Platz und blieb ein Stück entfernt auf der Straße stehen, um den dazustoßenden Schaulustigen weitere Lieder, Gebete und Zeugnisse vorzutragen.

Stuart und der Pfarrer waren einen Augenblick lang unschlüssig und überlegten, was sie als Nächstes tun sollten. Da entdeckten sie plötzlich, dass sich eine kleine Gruppe vom Davis-Bergwerk her auf die Stadt zubewegte. Einige Bergarbeiter, die in der Nähe der Schienen standen, lösten sich aus der Masse und gingen den Ankommenden entgegen.

»Es sieht ganz so aus, als hätten sie die Männer gefunden, die das Feuer gelegt haben«, rief Stuart seinem Gefährten zu. Rasch zwängten sie sich durch das Gedränge, bis sie die Männer erreicht hatten, die am frühen Abend zum Haus der Duncans gekommen waren und nach Eric gefragt hatten.

Mit entschlossener Miene marschierten diese Männer nun auf die Versammlung zu, und einer von ihnen begab sich auf die Büh-ne, um den anderen Bergarbeitern seine Neuigkeiten zu verkünden. Sie hatten den Bergbauingenieur, den Heizer und die Männer, die die Pumpen bedient hatten, in einem alten Umkleideraum gefun-den, der zu einem stillgelegten Bergwerk gehörte. Dort hatte man sie gefesselt und eingeschlossen, doch ansonsten waren sie unver-sehrt. Von den Tätern fehlte nach wie vor jede Spur. Sie hatten offensichtlich die Bergleute aus dem Verkehr gezogen, um das För-dermaschinenhaus in Brand zu setzen und Eric und Stuart aus dem Weg zu schaffen. Solange die beiden Freunde ihren Einfluss auf die Bergarbeiter geltend machen konnten, würden sie die Menge auf-fordern, sich an Recht und Ordnung zu halten, und anscheinend passte das jemandem nicht in den Plan.

Aus den Kehlen der vielen Männer, die hier versammelt waren, erhob sich wütender Protest. Die große Mehrheit der Bergarbeiter be-zeichnete den Vorfall als schändliche und feige Tat, die das ehrliche Anliegen der Streikenden in Verruf brachte. Erbitterte und entrüstete Stimmen wurden laut, die den Mordversuch an Eric aufs Schärfste verurteilten. Wie einer der Männer erzählte, der am Kopf des Versor-gungsschachtes von den Angreifern überwältigt worden war, waren die Erzbrocken absichtlich in den Schacht gestoßen worden.

Nachdem die Männer aus dem Davis-Bergwerk aufgetaucht waren und ihre Geschichte erzählt hatten, machte sich unter den versammelten Bergarbeitern zunehmend Ernüchterung breit, und die Menge begann sich allmählich zu zerstreuen. Zumindest vorübergehend dachte niemand mehr an die Truppen der Miliz, und da die neuen Bergarbeiter nicht vor morgen früh in Champion ankommen würden, hatte diese Sache ja auch noch ein wenig Zeit. Immer mehr Dreier- und Vierergruppen lösten sich von der Menschenmenge und machten sich auf den Heimweg. Erleichtert stellte Stuart fest, dass zumindest für diesen Abend die Gefahr eines gewaltsamen Aufruhrs abgewendet war. Die Heilsarmee war inzwischen in ihr Versammlungslokal zurückgekehrt, und eine ganze Reihe von Leuten war ihr dorthin gefolgt. Als sich der Platz allmählich leerte und immer weniger Bergarbeiter um ihn herumstanden, wurde Stuart plötzlich bewusst, wie groß seine Erschöpfung war.

»Darf ich Ihnen für heute ein Nachtlager anbieten, Reverend?«, fragte er seinen Begleiter, während sie zu der Stelle gingen, wo das Pferd angebunden war.

»Nein, Mr Duncan, vielen Dank. Da ich nun schon ganz in der Nähe meines Hotels bin, werde ich hier unten bleiben. Dieser Tag hatte es wirklich in sich. Hoffentlich können Sie sich jetzt von Ihrem Abenteuer im Bergwerk erholen. Wie es aussieht, wird es heute Abend keine Krawalle mehr geben«, meinte der Pfarrer.

»Ja, das glaube ich auch. Es ist schade, dass Sie nicht mit mir kommen, denn ich stehe tief in Ihrer Schuld. Trotzdem hoffe ich, dass wir bald eine Gelegenheit finden werden, uns noch besser kennen zu lernen. In diesen schwierigen Zeiten kann ich Ihren Rat gut gebrauchen«, antwortete Stuart.

»Ich stehe Ihnen jederzeit gerne zur Verfügung, Mr Duncan. Gute Nacht«, verabschiedete sich Andrew Burke.

»Gute Nacht.« Stuart erwiderte den festen Händedruck des Pfarrers und lenkte danach seinen Buggy den Hügel hinauf. Wieder konnte er das Gefühl nicht unterdrücken, dass Andrew Burke ein so außergewöhnlicher Mensch war, dass ein Händedruck von ihm mehr besagte als die langen Reden anderer Männer.

Da Stuart restlos erschöpft war, zog er sich gleich in sein Zimmer zurück, jedoch nicht ohne noch einmal nach Eric gesehen zu haben. Beruhigt stellte er fest, dass es seinem Freund so gut ging, wie es unter diesen Umständen möglich war, und dass er von der Krankenschwester, die Dr. Saxon heraufgeschickt hatte, aufs Beste betreut wurde.

Stuart schlief tief und fest und erwachte am nächsten Morgen sehr früh. Als er merkte, dass er nicht wieder einschlafen konnte, ließ er die Ereignisse des gestrigen Tages noch einmal vor seinem inneren Auge vorüberziehen. Er hatte von dem schrecklichen Erlebnis im Bergwerk geträumt und war an der Stelle aufgewacht, als Andrew Burke nach ihm gerufen hatte. Nun erinnerte er sich noch einmal an jede Einzelheit, und schließlich wanderten seine Gedanken zu den Vorfällen im Stadtzentrum. Ganz deutlich sah er die junge Frau auf den Stufen der Kirche knien, und er rief sich die Worte ins Gedächtnis, die sie gesprochen hatte. Zu seiner Überraschung konnte er sich fast an jeden einzelnen Satz dieses Gebetes erinnern. Anschließend versuchte er die Gefühle zu analysieren, die diese flehentliche Bitte in ihm wachgerufen hatte. Es gab nichts an diesem ungewöhnlichen Gebet, dem er hätte widersprechen können, und plötzlich begann er sich zu fragen, ob er selbst nicht ebenso großes Interesse an dem Schicksal der Bergarbeiter haben müsste wie die Heilsarmee. Aber was bedeutete das eigentlich? Was hatte die junge Frau gemeint, als sie gebetet hatte, dass Gott die Männer »erretten« möge?

Wenn er seine Überlegungen logisch weiterführte, musste er sich die Frage stellen, ob er, Stuart, eigentlich errettet war. Wie sah es bei ihm persönlich aus? Welche Bedeutung hatte Jesus Christus für sein eigenes Leben? Es hatte keinen Zweck, diesen drängenden Fragen auszuweichen oder vor ihnen davonzulaufen.

Bisher war Stuart seinen durchaus hohen und christlich geprägten moralischen Prinzipien gefolgt, er war auch in die Kirche gegangen, aber über Jesus Christus hatte er sich eigentlich nie

Gedanken gemacht. Auch jetzt hatte er gar keine Zeit, sich mit solchen Dingen zu beschäftigen, da der Arbeitskampf seine volle Aufmerksamkeit beanspruchte. Nichtsdestotrotz kehrten seine Gedanken immer wieder zu derselben Frage zurück: »Bin ich gerettet? Welche Bedeutung hat Jesus für mich?« Während dieser stille Kampf in ihm tobte, fühlte sich Stuart unwiderstehlich dazu gedrängt, die Angelegenheit ein für allemal zu entscheiden.

Schließlich stand er auf, zog sich an und begann, in dem dämmrigen Raum auf und ab zu gehen. Er wurde immer aufgewühlter, und immer neue Fragen schossen ihm durch den Kopf. Was war eigentlich eine Bekehrung? Hatte der Saulus in der Bibel schon vorher gewusst, was ihm auf der Straße nach Damaskus begegnen würde? Hatte er mit dieser göttlichen Vision gerechnet oder hatte sie ihn so unerwartet getroffen wie ein Blitz aus heiterem Himmel? Welche Mittel und Wege benutzte Gott, um die Herzen der Menschen zu erreichen? Immer wieder versuchte Stuart, diesen bohrenden Fragen auszuweichen, doch er konnte sie einfach nicht verdrängen.

Nach einer Weile dachte er: Ich werde hinuntergehen und nach Eric sehen. Doch jedes Mal, wenn er die Türklinke herunterdrücken wollte, ließ er im letzten Moment den Arm sinken und nahm seine Wanderung durchs Zimmer wieder auf. Und dann, während vor den Fenstern die Sonne aufging, wurde es auch in Stuarts Innerem allmählich immer heller. Er spürte eine zunehmende innere Freude, die ihn mit tiefem Staunen erfüllte. Auf einmal sah er sich selbst als ein Geschöpf Gottes, dem viele wunderbare Möglichkeiten und Fähigkeiten geschenkt worden waren. Bis zu diesem Zeitpunkt hatte er alle diese Dinge nur für sich selbst verwendet, doch nun schien hinter allem etwas anderes zu stehen und seinem Leben eine neue Bedeutung zu verleihen.

Welche Bedeutung hatte Jesus Christus für ihn? Diese Frage wurde immer wichtiger, während er überlegte, weshalb dieser Jesus so eine besondere Persönlichkeit gewesen war. War er tatsächlich am Kreuz gestorben, um ihn – Stuart Duncan – zu erretten? Inzwischen hatte der Sonnenaufgang die Kiefern auf den Hügeln in rotes Licht getaucht. Nun würde es nicht mehr lange dauern, bis die Sonne über den Hügelketten erschien und ein neuer Tag begonnen hatte. Und im Haus der Duncans wurde in dieser stillen Stunde ein neuer Mensch geboren. In Stuarts Herz war die Sonne der Gerechtigkeit aufgegangen, und bald würde der helle Tag anbrechen.

Stuart zitterte vor Erregung. Er war ganz allein, und niemand hatte mit ihm über den christlichen Glauben oder die Erlösung durch Jesus Christus gesprochen. Stattdessen hatte er die Gegenwart des allmächtigen Gottes gespürt, obwohl er mit so einer übernatürlichen Erfahrung niemals gerechnet hätte und man den Zeitpunkt nicht einmal als günstig bezeichnen konnte. Doch nun hatte er sich völlig in die Hand dieses großen Gottes begeben und würde sich nicht gegen ihn auflehnen. Stuart wagte kaum zu atmen, um diese himmlische Nähe nicht zu vertreiben. Mit gesenktem Kopf setzte er sich auf sein Bett und wartete darauf, was nun geschehen würde. Und dann schien mit einem Mal eine Stimme zu ihm zu sagen: *Mein Sohn, gib mir dein Herz.* Mit gefalteten Händen antwortete Stuart leise: »Gott, sei mir Sünder gnädig!«, worauf das ganze Zimmer plötzlich von einem hellen Licht erfüllt wurde. Ergriffen ließ er sich auf die Knie sinken, während sein Herz vor lauter Freude und Liebe beinahe überzufließen schien.

Später konnte Stuart nicht mehr sagen, wie lange er so innige Zwiesprache mit seinem neu gefundenen Erlöser gehalten hatte. Es musste eine längere Zeit vergangen sein, denn schließlich wurde er dadurch aufgeschreckt, dass ein Dienstbote an die Tür klopfte und verkündete, das Frühstück sei fertig. Daraufhin ging Stuart nach unten, und die erste Person, die ihm in der großen Eingangshalle über den Weg lief, war seine Schwester Louise. Im Angesicht der überwältigenden Erfahrung, die er soeben gemacht hatte, wurde er plötzlich von einer herzlichen Zuneigung zu seiner Schwester erfüllt. Als er Louise mit einem Kuss auf die Wange begrüßte, schlang sie die Arme um seinen Hals und sagte aufgeregt: »Gott sei Dank wurdest du nicht in diesem schrecklichen Bergwerk verschüttet, Stuart! Dr. Saxon hat mir alles erzählt, es muss furchtbar für dich gewesen sein!«

»Ja, aber ich glaube beinahe, dass ich aus einem ganz besonderen Grund verschont worden bin«, antwortete Stuart, wobei er seine Schwester liebevoll anblickte. »Wie geht es Eric heute Morgen?« Den Arm um die Schultern seiner Schwester gelegt, näherte er sich der Tür zu Erics Zimmer. Da machte sich Louise von ihm los und meinte ein wenig schmollend: »Oh, es geht ihm schon besser, aber ich habe keine Lust, ihn zu besuchen. Vergiss bitte nicht, zum Frühstück zu kommen, Stuart.«

Sie durchquerte die Eingangshalle und betrat das Esszimmer, während Stuart in eines der unteren Schlafzimmer ging, in dem man seinen Freund untergebracht hatte. Dr. Saxon war früh vorbeigekommen, um Erics Schulterverletzung zu behandeln, und stand gerade am Bett seines Patienten. Erics blasses Gesicht wirkte sehr erschöpft, obwohl er bequem in die weichen Kissen gebettet war. Bei diesem Anblick spürte Stuart, wie eine überwältigende Zuneigung in ihm aufwallte für diesen Mann, der mit ihm durch dick und dünn gegangen war. Seine Begegnung mit Gott hatte allen seinen bisherigen Empfindungen eine ganz neue Tiefe verliehen.

Jetzt kniete er sich neben das Bett und lächelte Eric zu, der ihn aus seinen dunklen Augen anblickte. »Wie hast du geschlafen?«, erkundigte sich Stuart und legte seine Hand auf Erics Arm.

»Oh, sehr gut. Ich habe mich prächtig erholt und wäre schon aufgestanden, wenn Dr. Saxon mich nicht daran gehindert hätte«, erwiderte der Patient.

»Selbstverständlich kannst du sofort aufstehen, wenn du willst«, war die barsche Antwort des Arztes. »In diesem Fall solltest du bitte meinen Wagen vorfahren lassen, Stuart, damit ich den Leichenbestatter noch rechtzeitig erreiche, um alle Vorkehrungen für Erics

Beerdigung zu treffen. Was meinst du Stuart, wäre der Leichenwagen mit dem schwarzen Federschmuck passend oder würdest du die Kutsche mit der verzierten Urne vorziehen?«

»Unsinn! So schlecht geht es mir doch gar nicht«, protestierte Eric, wobei er sich große Mühe gab, seiner Stimme einen energischen Klang zu verleihen.

»Das wird sich bald ändern, falls du dieses Bett in den nächsten zwei Wochen verlässt«, versicherte Saxon, der gerade seine Instrumente wieder zusammenpackte. »Abgesehen davon könntest du ohne fremde Hilfe gar nicht aufstehen. Stuart, du sorgst dafür, dass Eric nicht aus dem Bett steigt, verstanden? Die Krankenschwester hat ausführliche Anweisungen von mir erhalten und weiß, wie sie ihn pflegen muss. Auf Wiedersehen.« Mit diesen Worten verließ der Doktor das Zimmer und raste kurz darauf in seinem Buggy den Hügel hinunter.

Stuart blieb noch ein paar Minuten bei Eric und ging anschließend zum Frühstück. Es gab eine Menge, worüber er mit Louise reden musste, und sie fing auch sofort an, ihn über das Unglück im Bergwerk auszufragen. Während Stuart ihr geduldig alle Einzelheiten berichtete, konnte er das Gefühl nicht unterdrücken, dass sich seit heute Morgen alles um ihn herum verändert hatte. Sogar Louise bemerkte, dass Stuart nicht mehr derselbe war wie vorher, und wechselte ganz unvermittelt das Thema.

»Was ist eigentlich los mit dir, Stuart?«, erkundigte sie sich besorgt. »Hat dir das kalte Wasser im Schacht geschadet, so dass du womöglich Fieber bekommen hast?«

Nachdenklich blickte Stuart seine Schwester an und antwortete schließlich: »Keine Angst, Louise, ich bin nicht krank. Im Gegenteil, ich fühle mich besser als jemals zuvor in meinem Leben. Ich werde dir die ganze Geschichte erzählen, sobald wir mehr Zeit für ein ausführliches Gespräch haben. Jetzt muss ich erst noch ein wenig darüber nachdenken.«

Louise sah überrascht aus, doch wenigstens hörte sie auf, ihn mit weiteren Fragen zu bombardieren. Stattdessen begann sie, ihm von ihrem Abend bei den Vasplaines zu berichten. Stuart lauschte aufmerksam, und nachdem sie sich eine Weile unterhalten hatten, kam Louise schließlich wieder auf das Thema Bergarbeiter zu sprechen. »Da die Miliz inzwischen eingetroffen ist, wird dieser Streik bald zu Ende sein, oder nicht?«, sagte sie.

»Ich habe keine Ahnung. Vielleicht geht er erst richtig los«, antwortete Stuart stirnrunzelnd.

»Aber hast du denn nicht vor, neue Bergarbeiter einzustellen?«, drängte seine Schwester. »Alle anderen Bergwerksbesitzer wechseln heute ihre Leute aus, denn schließlich ist es eine Unverschämtheit, dass die Streikenden die Bergarbeiter daran hindern, ihre Arbeit wieder aufzunehmen.«

»Ich befürchte, dass es heute noch Ärger geben wird«, erklärte Stuart ernst. Er stand vor einem schwierigen Problem und betete im Stillen um Weisheit, damit er das Richtige tun würde. Von nun an wollte er mit der Hilfe des allmächtigen Gottes rechnen.

»Also, ich verstehe dich einfach nicht, Stuart«, klagte Louise. »Wenn Vater noch am Leben wäre, hätte er schon tausend neue Leute hierher geholt, anstatt darauf zu warten, dass die Bergarbeiter endlich auf seine Bedingungen eingehen. Nachdem die Männer sogar das großzügige Angebot ausgeschlagen haben, das du ihnen gemacht hast, kann dir doch wirklich niemand einen Vorwurf machen, wenn du andere Leute einstellst. Außerdem sind ja die Truppen da, um für Ordnung zu sorgen. Wenn ich ein Mann wäre, würde ich diesen Streikenden eine Lektion erteilen! Man muss sich bloß einmal vorstellen, was sie dir und Eric angetan haben ...«

Louise sah noch hübscher aus als sonst, während sie zornig mit ihrem Fuß auf den Boden stampfte. Stuart blieb jedoch ganz ruhig und gab keine Antwort. Als kurz darauf das Telefon klingelte, erhob er sich und nahm den Hörer ab. Wenige Augenblicke später teilte er seiner Schwester mit, dass er zum Büro der Iron Cliffs Company fahren müsse, da er dort gebraucht wurde.

»Aber Tante Royal kommt doch mit dem Mittagszug an, Stuart«, erinnerte ihn Louise. »Soll ich sie am Bahnhof abholen?«

»Ja, das wäre gut, Louise, denn ich weiß nicht genau, wie lange mich diese Geschäfte in Anspruch nehmen werden. Bitte kümmere dich um sie und richte ihr herzliche Grüße von mir aus«, antwortete Stuart, beugte sich vor und gab Louise einen brüderlichen Kuss auf die Wange.

»Du solltest wirklich Vernunft annehmen und ebenfalls neue Männer einstellen, Stuart«, schoss Louise einen letzten Pfeil ab. »Was willst du denn tun, wenn alle anderen Bergwerke wieder in Betrieb sind und du der Einzige bist, der übrig bleibt?«

»Ich werde mir Mühe geben, das Richtige zu tun«, antwortete Stuart freundlich und verließ das Zimmer, um noch einmal kurz nach Eric zu sehen.

»Leider muss ich dich jetzt allein lassen«, sagte er bedauernd zu seinem Freund, der darauf mit einem Stöhnen antwortete. »Es darf einfach nicht wahr sein, dass ich gerade jetzt hier im Bett liegen muss!«, rief Eric verzweifelt. »Ich werde aufstehen und mit dir in die Stadt gehen, Stuart. Die Männer brauchen mich ...«

Unter großer Anstrengung versuchte Eric sich aufzurichten und fiel sofort mit einem Schmerzensschrei auf sein Kissen zurück. Auf seiner Stirn bildeten sich große Schweißtropfen, er ballte die Hände zu Fäusten und biss seine Zähne zusammen.

Stuart beobachtete voller Mitgefühl, wie sein Freund gegen die Schmerzen ankämpfte, und versuchte ihn schließlich zu trösten. »Eric, du musst nur Geduld haben, dann wird es bald besser werden. Glücklicherweise haben sich die meisten Männer bisher mustergültig verhalten, und außer den wenigen, die das Fördermaschinenhaus angezündet haben, hat meines Wissens niemand das Gesetz übertreten.«

»Das wird sich ändern, sobald sie Alkohol trinken«, prophezeite Eric düster, wobei er sich vor Schmerzen krümmte. »Sie sind nicht mehr wieder zu erkennen, wenn sie getrunken haben. Zur Hölle mit diesen Kneipen! Diese furchtbaren Lokale werden am Ende noch alles zunichte machen, wofür wir gekämpft haben. Versprich mir, Stuart, dass du alles tun wirst, um die Männer unter Kontrolle zu halten. Heute werden sich die Truppen versammeln, und außerdem treffen die neuen Bergarbeiter ein. O Gott, wäre ich doch nur in der Lage, zu ihnen zu sprechen, dann könnte ich sicher das Schlimmste verhindern.«

»Ich gebe dir mein Ehrenwort, Eric, dass ich alles tun werde, was in meiner Macht steht«, antwortete Stuart. »Doch davon abgesehen glaube ich, dass wir in der Hand eines Größeren sind, der jetzt schon weiß, wie alles enden wird.«

Erstaunt blickte Eric seinen Freund an, und Stuart beugte sich ein wenig vor, während er fortfuhr: »Eric, ich habe eine Erfahrung mit Gott gemacht. Er hat zu mir gesprochen, und ich bin Christ geworden. Es kam völlig unerwartet.«

Diese Eröffnung traf Eric so unvorbereitet, dass er die Neuigkeit gar nicht richtig aufnehmen konnte, sondern nur ein verwirrtes Lächeln zustande brachte.

»Ich werde dir alles erzählen, wenn ich wieder zurück bin«, sagte Stuart nun und fügte nach einer kurzen Pause hinzu: »Möge Gott uns helfen, diesen Konflikt durch seine göttliche Weisheit zu lösen. Wenn wir auf unsere eigene Kraft gestellt wären, wären wir verloren.«

Sichtlich bewegt schloss Eric die Augen, und Stuart hatte den Verdacht, dass er so seine Tränen zu verbergen suchte. Nach einem weiteren Blick auf seinen Freund verließ Stuart das Zimmer und machte sich auf den Weg in die Stadt.

Zuerst fuhr er zu dem kleinen Häuschen, in dem Eric wohnte. Es lag ein wenig abseits von der Stadtmitte in einer Nebenstraße. Erics Eltern lebten nicht mehr, und verheiratet war er auch nicht. Er wohnte mit seiner Großmutter und zwei jüngeren Vettern zusammen, die eines Tages ebenfalls Bergarbeiter sein würden. Bestimmt war Erics familiärer Hintergrund einer der Faktoren, die sein Leben beeinflusst und ihn zu dem gemacht hatten, was er heute war. Stuart erklärte der Großmutter, dass Eric eine Zeit lang bei ihm zu Gast sein würde, und fuhr anschließend in sein Büro.

Das alte Büro seines Vaters war seit Ross Duncans Tod zum inoffiziellen Hauptquartier für mehrere Bergwerksbesitzer geworden, die an der Eisenbahnlinie beteiligt waren und einige Bergwerke außerhalb der Stadt besaßen. Als Stuart hereinkam, stürzten sich sofort drei oder vier Leute auf ihn und fingen an, ihm Vorhaltungen wegen seiner positiven Einstellung zu den Streikenden zu machen.

»Hören Sie zu, Duncan«, begann ein übergewichtiger Geschäftsmann, der eine schwere goldene Taschenuhr trug und makellos gekleidet war. »In dieser Sache ist es unbedingt notwendig, dass wir alle zusammenhalten. Wir sind jetzt an dem Punkt angelangt, an dem wir unsere Geschäfte wieder selbst in die Hand nehmen müssen, wenn wir nicht zulassen wollen, dass sie uns von einem Haufen Dummköpfe entrissen werden. Schlimm genug, dass hinter diesen Idioten auch noch diese Heilsarmee-Fanatiker stecken.«

Stuart gab sich große Mühe, nicht die Beherrschung zu verlieren und den Mann mit der Faust ins Gesicht zu schlagen. Der verächtliche Ton, in dem dieser hochmütige Kerl von der Heilsarmee sprach, rief ihm sofort die Szene ins Gedächtnis, die sich erst gestern vor den Fenstern seines Büros abgespielt hatte. Noch immer konnte er das blasse Gesicht der jungen Frau ganz deutlich vor sich sehen, die inmitten der großen Menschenmenge auf den Stufen der Kirche gekniet hatte. Ihre eindringlichen Worte, mit denen sie um die Errettung der verlorenen Seelen gefleht hatte, würde er wohl niemals vergessen. Dass Stuart trotzdem in der Lage war ruhig abzuwarten, bis der Geschäftsmann ausgeredet hatte, schien ihm ein Zeichen dafür zu sein, dass er tatsächlich ein neuer Mensch geworden war. Schließlich antwortete er in kühlem Ton: »Ich denke über die Heilsarmee nicht so wie Sie, Mr Wyman. Mein bester Freund, Eric Vasall, ist ebenfalls Mitglied dieser Kirche, und darüber hinaus bin ich fest davon überzeugt, dass wir es dem Einfluss der Heilsarmee zu verdanken haben, dass es bisher noch nicht zu gewaltsamen Auseinandersetzungen gekommen ist.«

Diese Antwort überraschte die anwesenden Geschäftsleute, da sie nicht mit Stuarts Protest gerechnet hatten. Der dicke Mann wurde rot und wollte gerade etwas sagen, als ein anderer Geschäftsmann einwarf: »Das mag ja sein, Mr Duncan, doch wir verstehen trotzdem nicht, weshalb Sie noch keine neuen Bergarbeiter hergeholt haben und ihre Bergwerke wieder in Betrieb nehmen. Ihre Einstellung ermutigt die Streikenden doch geradezu weiterzumachen.«

»Ich bin der Ansicht, dass man ihnen die Löhne bezahlen sollte, die sie verlangen«, entgegnete Stuart gelassen.

»Da sind wir aber ganz anderer Meinung!«, rief der erste Sprecher mit einem gehässigen Unterton in der Stimme. »Was mich betrifft, so können sie alle miteinander verhungern, bevor ich ihren Forderungen auch nur einen Fingerbreit entgegenkomme. Bei dem Preis, den wir im Augenblick für Erz erzielen, sind so hohe Löhne unmöglich.«

Nun mischte sich ein anderer Mann ein und wandte sich an Stuart, der immer noch mitten im Raum stand. »Die Bergwerksbesitzer in Cleveland sind fest entschlossen, die Bergwerke wieder in Betrieb zu nehmen und neue Leute anzuheuern. Die erste Gruppe trifft bereits mit dem Mittagszug ein und wird von der Miliz begleitet. Die beiden Kompanien, die gestern Abend hier ankamen, sind heute Morgen zu den unteren Hügelketten aufgebrochen. Wir können das Spiel nur gewinnen, wenn wir alle an einem Strang ziehen. Mr Duncan, Sie besitzen die größten Bergwerke in dieser Gegend, und deshalb hängt sehr viel davon ab, wie Sie sich verhalten.«

Stuart schien diese Argumente mit gesenktem Kopf zu erwägen, während die Männer gespannt auf seine Reaktion warteten. Schließlich blickte er auf und sein Gesicht erhellte sich. »Ich habe den Bergarbeitern mein Wort gegeben, dass ich ihre Bedingungen akzeptiere und sie zu den geforderten Löhnen beschäftigen werde.

Trotzdem haben sie es abgelehnt, ihre Arbeit wieder aufzunehmen, da die anderen Bergwerksbesitzer noch nicht auf ihre Bedingungen eingegangen sind. Ich habe meine Einstellung jedoch nicht geändert und glaube immer noch, dass wir alle die geforderten Löhne bezahlen sollten. Die Tatsache, dass ich keine neuen Bergarbeiter einstelle, wird sich auf die angespannte Lage hier in Champion eher positiv als negativ auswirken.«

Stuart hielt einen Moment inne, um gleich darauf in entschlossenem Ton fortzufahren. »Meine Herren, ich lehne es strikt ab, irgendwelche Bergarbeiter für weniger als zwei Dollar pro Tag zu beschäftigen. Ihrer Behauptung, dass der Preis für das Erz diesen Lohn nicht zulässt, widerspreche ich entschieden. Die schlichte Tatsache lautet, dass die Arbeit unter Tage so schwierig und gefährlich ist, dass zwei Dollar pro Tag einen äußerst geringen Lohn für diese Mühe darstellen. Aus unseren eigenen Reihen würde niemand so eine Arbeit für weniger als zwanzig Dollar pro Tag verrichten! Ich kann mit Ihren Ansichten nicht übereinstimmen und werde meine Meinung auch nicht ändern. Selbstverständlich will ich alles tun, um gewaltsame Ausschreitungen zu verhindern, doch falls meine Männer zu irgendeinem Zeitpunkt in die Bergwerke zurückkehren, werde ich jedem, der unter Tage arbeitet, zwei Dollar pro Tag bezahlen.«

Auf den Gesichtern der Geschäftsleute zeichnete sich wachsende Verblüffung ab. Nachdem Stuart geendet hatte, war es eine Weile ganz still, bis der beleibte Mann, der zuerst gesprochen hatte, spöttisch ausrief: »Na, wenn das keine Überraschung ist! Ich hätte nie gedacht, dass Ross Duncans Sohn ein echter Sozialist geworden ist. Sie sollten der Partei beitreten, Sir!«

Die Worte klangen so verächtlich, dass alle Farbe aus Stuarts Gesicht wich und er vor Zorn zu zittern begann. Unter großer Anstrengung gelang es ihm jedoch, sich zu beherrschen und sein Gespräch mit den übrigen Anwesenden fortzusetzen. Er diskutierte noch eine weitere halbe Stunde mit den eigensinnigen Bergwerksbesitzern, während Mr Wyman in einer Ecke stand und an einer Zigarre paffte. Frustriert stellte Stuart fest, dass diese Leute ihn nicht verstanden, doch er konnte sich nicht dazu überwinden, ihnen die tieferen Gründe für seine Haltung darzulegen. Die überwältigende Erfahrung, die er an diesem Morgen gemacht hatte, war zu kostbar, um sie mit diesen Männern zu teilen, die an nichts anderem als an ihrem Reichtum interessiert waren.

Nachdem er sich davon überzeugt hatte, dass die Unternehmer keines seiner Argumente gelten ließen und ihre Meinung nicht ändern würden, verließ Stuart sein Büro. Er spürte das dringende Verlangen, mit jemandem zu reden, der Verständnis für seine Einstellung zeigen würde. Die Unterhaltung mit diesen wohlhabenden Bergwerksbesitzern hatte einen bitteren Geschmack in seinem Mund hinterlassen, und er hatte das Gefühl, als sei er mit etwas Schmutzigem in Berührung gekommen. Anders konnte er ihre Liebe zum Geld und ihre selbstsüchtige Haltung nicht bezeichnen. Während ihm diese Gedanken durch den Kopf gingen, betete er im Stillen: »Hilf mir, Gott! Ich möchte das Richtige tun, aber ich brauche dafür deine Weisheit.« Im Lichte seiner neu gewonnenen Erkenntnis überdachte er noch einmal sein bisheriges Verhalten gegenüber den Streikenden, doch er konnte keine vorwurfsvolle Stimme in seinem Inneren vernehmen, die seine Haltung kritisierte. Als er auf die Straße hinaustrat, stellte er erleichtert fest, dass er zumindest in dieser Hinsicht kein schlechtes Gewissen zu haben brauchte.

Während Stuart so in Gedanken versunken die Straße entlangging, kreisten seine Gedanken immerzu darum, mit wem er sprechen könnte, wem er vertrauen konnte, wer Verständnis für seine schwierige Lage aufbrachte. Plötzlich fiel ihm der neue Pfarrer ein, und er dachte: Ich sollte sowieso bei ihm vorbeischauen und mich erkundigen, wie es ihm geht. Eilig beschleunigte er seine Schritte und lief quer durch den kleinen Park, bis er das Hotel erreicht hatte, in dem Andrew Burke wohnte.

In der Eingangshalle des Hotels entdeckte er den Gesuchten, der eine große Schachtel in der Hand hielt. Sofort kam Reverend Burke auf Stuart zu und begrüßte ihn erfreut. »Schön, dass Sie da sind, Mr Duncan. Kommen Sie, ich will Ihnen ein paar besonders schöne Exemplare zeigen.«

Stuart folgte dem Pfarrer die Treppe hinauf, und sie betraten ein großes Eckzimmer, wo Burke den Behälter vorsichtig abstellte. Nachdem er den Deckel geöffnet hatte, blickte Stuart überrascht hinein.

In der Schachtel befanden sich lauter Topfpflanzen, hauptsächlich kleine Rosenstöckchen. Behutsam nahm Andrew Burke nun eine nach der anderen heraus und stellte sie aufs Fensterbrett. »Dies ist eine Nyphetis, eine der empfindlichsten Rosensorten, die es gibt. Und hier ist eine Keizerine, die erst dieses Jahr gezüchtet wurde. Die Catherine Mermet ist eine wahre Schönheit, doch ich befürchte, dass es schwer werden wird, sie in diesem Klima zum Blühen zu bringen. Die Safrano ist wesentlich robuster, denke ich. Und sehen Sie sich nur dieses Exemplar an! Diese Rose namens Meteor habe ich selbst gezogen, und im letzten Winter hat sie sechs wunderbare Blüten bekommen. Wissen Sie, Mr Duncan, meine Frau war im Osten auf Verwandtenbesuch, als ich hierher berufen wurde, und nun beschäftige ich mich mit diesen Rosen, bis sie hier eintrifft. Es ist ein faszinierendes Hobby! Warten Sie, ich will Ihnen noch einige meiner Lieblinge zeigen.«

Burke verließ das Zimmer und kehrte kurz darauf mit einem neuen Tablett voller Rosenstöcke zurück, das er vor Stuart abstellte. Auf einmal bemerkte er jedoch den Ausdruck auf Stuarts Gesicht, und mit einem Schlag war sein Eifer verschwunden und ließ wieder die starke Persönlichkeit zum Vorschein kommen, die Stuart kennen und schätzen gelernt hatte.

»Aber ich vermute, Sie haben mir keinen Besuch gemacht, um meine Pflanzen zu bewundern, habe ich Recht?«, sagte er und blickte Stuart aufmerksam an.

»Das stimmt, eigentlich hatte ich etwas anderes im Sinn, Reverend«, bestätigte Stuart lächelnd.

»Was ist geschehen?«, erkundigte sich der Pfarrer nun. In seiner Stimme schwang so viel aufrichtiges Interesse mit, dass Stuart sofort mit allem herausplatzte, was an diesem Morgen passiert war. Während er von seinem überwältigenden Erlebnis berichtete, lauschte Reverend Burke mit großen Augen und flüsterte nur ab und zu tief bewegt: »Dank sei Gott!« Der Duft der Rosen breitete sich im ganzen Raum aus, und nachdem Stuart schließlich geendet hatte, sagte Andrew Burke: »Wollen wir gemeinsam Gott danken für das, was er an Ihnen getan hat?«

»Ja, gerne«, antwortete Stuart und sein Gesicht strahlte.

Während er zusammen mit dem Pfarrer betete und sprach, wurde ihm bewusst, wie wunderbar es war, mit allen anderen Jüngern Jesu durch ein gemeinsames Band der Liebe verbunden zu sein. Das war eine der schönsten Erfahrungen, die Stuart je gemacht hatte.

Einige Zeit später kamen sie auf den Streik zu sprechen, und Stuart erklärte dem Pfarrer, welche Probleme damit zusammenhingen. Stuart sah keinen Grund, alle diese Dinge vor seinem neuen Freund geheim zu halten, denn schließlich waren sie ein wichtiger Teil seines Lebens, das er in Zukunft völlig unter die Herrschaft Jesu stellen wollte.

Als der Pfarrer seine Zustimmung zu Stuarts Einstellung äußerte, war dieser sehr erleichtert. »Auch ich stehe auf der Seite der Bergarbeiter, Mr Duncan«, erklärte Andrew Burke, »denn ich wurde auf einer Farm geboren und bin praktisch in einer Fabrik aufgewachsen. Eines Tages werde ich Ihnen davon erzählen.«

»Ich habe noch eine Bitte«, meinte Stuart nun. »Finden Sie, dass ein Mann, der einem anderen Mann das Leben gerettet hat, ihn weiterhin siezen sollte?«

Burke lächelte. »Soll ich Sie lieber mit Ihrem Vornamen anreden?«

»Eigentlich ist er nicht besonders schwer auszusprechen – oder sind Sie anderer Ansicht?«, grinste Stuart zurück.

»Nein, kaum schwerer als Andrew«, gab der Pfarrer zurück.

»Also gut, dann ist es abgemacht«, erklärte Stuart entschlossen.

»Einverstanden, Stuart«, sagte Andrew Burke, während er sich von seinem Stuhl erhob und einen Schritt auf sein Gegenüber zuging. »Eigentlich bin ich zehn Jahre älter als du und hätte diesen Vorschlag machen sollen, doch mir ist es recht so.«

Die beiden Männer schüttelten sich feierlich die Hand, um ihre Abmachung zu bekräftigen. Beide hatten das Gefühl, dass das junge Pflänzchen ihrer Freundschaft eine gute Grundlage hatte, auf der es wachsen konnte.

Draußen vor den Fenstern nahmen indes die Ereignisse ihren Lauf, und Stuart wurde immer besorgter, wenn er daran dachte, dass mit dem Mittagszug neue Bergarbeiter und zusätzliche Truppen in Champion eintreffen würden. Vor dem Bahnhof versammelten sich immer mehr Menschen, und als die beiden Männer aus dem Fenster schauten, bemerkten sie, dass die Menge in zunehmende Aufregung geriet.

»Ich werde hinuntergehen und versuchen, gewaltsame Ausschreitungen zu verhindern«, sagte Stuart nun.

»Dann werde ich dich begleiten«, antwortete Andrew Burke.

Die beiden Männer standen auf dem Bahnsteig, als der Zug einfuhr, und die nun folgende Szene sollten sie ihr Leben lang nicht vergessen.

Eine merkwürdige Stille hatte sich über die versammelten Männer gesenkt, während alle Augen auf den einfahrenden Zug gerichtet waren. Die beiden ersten Waggons waren mit Truppen besetzt, und die übrigen sechs enthielten die neuen Bergarbeiter.

Später konnte niemand mehr sagen, wie sich alles im Einzelnen abgespielt hatte, denn bevor der Lokführer und der Heizer irgendeinen Widerstand leisten konnten, wurden sie aus dem Führerhäuschen der Lokomotive gezerrt. Wenige Minuten später war die

Lokomotive samt dem Tender vom übrigen Zug abgekoppelt und wurde von zwei Bergarbeitern, die sich auf diese Arbeit verstanden, vom Hauptgleis auf eine Nebenstrecke gelenkt.

Unterdessen riefen die übrigen Männer laut nach den neuen Bergarbeitern, die in den Waggons saßen. Sie forderten sie auf, herauszukommen und sich den Leuten aus Champion zu zeigen. »Wir wollen den tapferen Männern ins Gesicht sehen, die sich nicht schämen, hierher zu fahren und unser tägliches Brot zu stehlen! Auf geht's! Wir werden euch mit unseren Knüppeln eine Lektion erteilen!«

Der Offizier, der das Oberkommando über die eintreffenden Truppen führte, hatte prompt seine Männer aus dem Zug beordert und sie angewiesen, längs der Bahngleise Stellung zu beziehen. Nun bildete die Miliz eine Blockade zwischen den Waggons und der brüllenden Menschenmenge, die sich daraufhin ein wenig zurückzog, so dass ein Freiraum von etwa sechs Metern entstand.

Die Atmosphäre war spannungsgeladen, und es schien nur noch ein winziger Funke zu fehlen, um die Situation eskalieren zu lassen.

Als der junge Offizier sich nur einen Augenblick umdrehte, um einen Befehl zu geben, hob ein Betrunkener einen Erzbrocken vom Boden auf und schleuderte ihn direkt in das Gesicht des Mannes. Sofort stürzte der Offizier blutüberströmt zu Boden.

Stuart, der immer noch auf dem Bahnsteig stand, versuchte verzweifelt, sich Gehör zu verschaffen. Inzwischen war jedoch der rangnächste Offizier vorgetreten und gab mit donnernder Stimme das Kommando: »Gewehre anlegen!«

Bevor er allerdings die Soldaten auffordern konnte, auf die Bergarbeiter zu schießen, löste sich plötzlich eine schmale Frauengestalt aus der Menge und lief direkt vor die Mündungen der Gewehre.

Ganz allein stand sie da in dem schmalen Zwischenraum zwischen den Soldaten und den empörten Bergarbeitern, und Stuart erkannte in ihr die junge Frau wieder, die am Vorabend die Heilsarmee angeführt hatte. Ihr Gesicht war blass, doch sie wirkte völlig unerschrocken und benahm sich so, als wäre ihr Verhalten in keiner Weise außergewöhnlich. Dass genügend Gewehre auf sie gerichtet waren, um sie in einem Augenblick zu töten, schien sie nicht zu erschüttern.

Eine brenzlige Situation

Einen Augenblick lang blickte die junge Frau den Soldaten ins Gesicht, ohne mit der Wimper zu zucken. Dann drehte sie sich um und brach mit ihrer Stimme das atemlose Schweigen, das sich über die wütende Menge gesenkt hatte.

»Brüder, im Namen des allmächtigen Gottes beschwöre ich euch, kein Unrecht zu tun. Lasst euch nicht dazu verführen, gegen den Himmel zu sündigen!«

Alle Augen waren auf sie gerichtet, und niemand wagte es auch nur eine Hand zu erheben. Die Spannung stieg mit jeder Sekunde, und gleich darauf zeigte sich, welcher der Anwesenden dieser kritischen Situation gewachsen war. Bevor jemand anders reagieren konnte, war Stuart mit wenigen Schritten neben die junge Frau getreten und stand nun ebenfalls vor den erhobenen Gewehrläufen. Als die junge Frau sah, dass Stuart ihre Position übernommen hatte, kniete sie sich sofort neben den verletzten Offizier, und Stuart konnte aus den Augenwinkeln erkennen, dass sie den Soldaten half, den bewusstlosen Mann fortzubringen.

»Männer«, ergriff Stuart nun das Wort, während er im Stillen um Weisheit flehte, »hört mir einen Augenblick zu. Jeder von euch, der jetzt seine Hand gegen einen anderen erhebt, schadet damit eurem gemeinsamen Anliegen. Wenn ihr alle eure bisherigen Bemühungen zunichte machen wollt, habt ihr jetzt die Gelegenheit dazu. Aber ihr müsstet verrückt sein, falls ihr das wirklich wolltet. Im Namen Gottes, im Namen des Gesetzes und in eurem eigenen Interesse bitte ich euch, Vernunft anzunehmen. Denkt an Eric, der immer nur euer Bestes im Sinn hatte, und lasst diese Männer in Frieden. Verhaltet euch wie gesetzestreue Bürger und gottesfürchtige Menschen!«

Während Stuart redete, ging ein Raunen durch die Menge, und

schließlich stimmten ihm einige Männer zu, die gemeinsam mit Eric die Gewerkschaft gegründet hatten.

»Er hat Recht! Mr Duncan sagt die Wahrheit!«

»Wenn wir das Gesetz brechen, schaden wir uns selbst am meisten!«

»Ja, außerdem haben wir schon genug Schwierigkeiten!«

»Wir sollten die neuen Bergarbeiter überreden, wieder umzukehren und nach Hause zu fahren!«

Dieser letzte Vorschlag fand großen Anklang unter den Einwohnern von Champion, so dass sich plötzlich viele Männer um die Waggons drängten. Bisher waren die Ankömmlinge im Zug geblieben und hatten lediglich die Fenster bevölkert, um das interessante Schauspiel nicht zu verpassen.

Die Soldaten senkten ihre Gewehre, aber sie blieben auf der Hut, und Stuart spürte, dass die unmittelbare Gefahr eines Aufruhrs vorüber war. Trotzdem war völlig unsicher, wie lange es bis zur nächsten Krise dauern würde. Im Augenblick schienen die Männer zwar zur Einsicht gekommen zu sein, doch die Stimmung der Masse war so wechselhaft und unbeständig, dass der schwelende Zorn jederzeit von Neuem entfacht werden konnte.

»Hört mal, Jungs«, rief ein älterer Einwohner aus Champion, der ganz nahe bei den Waggons stand, »wollt ihr uns wirklich unser tägliches Brot wegnehmen? Denkt doch noch mal darüber nach! Wenn ihr nach Hause geht und uns diesen Kampf ausstehen lasst, werden wir gewinnen!«

Eifrig pflichtete ihm ein anderer Bergarbeiter bei: »Jawohl, das glauben wir alle! Die Bergwerksbesitzer verlieren mit jedem Tag des Streiks mehr Geld. Gebt uns doch eine Chance! Was haben wir euch denn getan, dass ihr hierher kommt, um unseren Lohn zu stehlen?«

»Wir haben auch Familien«, kam eine schroffe Stimme aus einem der offenen Zugfenster. »Seit mehr als einem Monat haben wir keine Arbeit mehr, und unsere Frauen und Kinder leiden Not. Was sollen wir denn tun?«

Das war eine schwierige Frage, auf die niemand aus der Menge eine Antwort zu geben wagte. Trotzdem fuhren die Bergarbeiter fort, auf die Neuankömmlinge einzureden und sie zu beschwören, wieder nach Hause zu gehen, damit die Bergwerksbesitzer mit ihren eigenen Arbeitern verhandeln mussten.

Zuletzt löste sich ein Mann mittleren Alters aus der Menge. Er hatte ebenfalls mitgeholfen, die Gewerkschaft zu gründen, und besaß nach Eric den größten Einfluss auf die Bergarbeiter. Nun kletterte er auf einen Weichenblock und räusperte sich, während alle Männer gespannt darauf warteten, was er zu sagen hatte.

»Ich mache euch einen Vorschlag. Die Mitglieder der Gewerkschaft werden jedem von euch die Rückfahrt und noch einen kleinen Bonus bezahlen, wenn ihr mit dem nächsten Zug wieder nach Hause fahrt.«

Begeistert schrien einige hundert Stimmen ihre Zustimmung: »Ja, genau, das werden wir tun!« Glücklicherweise war die Gewerkschaft mit ihren fünftausend Mitgliedern in der Lage, diese Maßnahme zu ergreifen. In ihrem verzweifelten Kampf mit den Bergwerksbesitzern würde sie lieber ihren letzten Cent opfern als zuzulassen, dass die umstrittenen Arbeitsplätze von neuen Leuten übernommen wurden. Sollten die Bergwerke jetzt wieder geöffnet werden, wäre jede Möglichkeit, die Bergwerksbesitzer schließlich doch noch zum Einlenken zu zwingen, für immer dahin. Zudem wuchs die öffentliche Sympathie für das Anliegen der Streikenden mit jedem neuen Tag, so dass man nicht voraussehen konnte, was in der nahen Zukunft geschehen würde.

Die Appelle, die an die Passagiere des Zuges gerichtet wurden, wurden immer eindringlicher und leidenschaftlicher. Immer mehr Männer drängten sich auf den Bahnsteig und in die Waggons, um ihre Bitten persönlich vorzubringen. Ein unbeteiligter Zuschauer hätte es sehr merkwürdig gefunden, wie diese rauen Männer ihre Standesgenossen bestürmten, trotz des verständlichen Wunsches, für ihre Familien zu sorgen, auf diese neuen Einkünfte zu verzichten. Der Fluch, mit dem die Arbeit seit dem Sündenfall behaftet ist, schien sich in dieser Situation zu verdoppeln, da man sogar um diese mühsame Schinderei kämpfen musste.

Schließlich erklärten sich über vierhundert der fünfhundert Neuankömmlinge bereit, auf den Vorschlag der Gewerkschaft einzugehen und wieder nach Hause zu fahren. Es war allerdings schwer zu beurteilen, ob sie ihr Einverständnis gaben, weil sie das ehrliche Anliegen der Bergarbeiter unterstützen wollten, oder ob sie sich nur vor dieser riesigen Menge mit ihren groben Knüppeln fürchteten.

Als die Männer nun aus dem Zug stiegen, wurden sie von Jubel und Beifallsrufen begrüßt. Die übrigen Bergarbeiter, die dem Vorschlag nicht zugestimmt hatten, ernteten bissige Kommentare, Pfiffe und Schimpfworte. Die Leute aus Champion und der Umgebung freuten sich über das Ergebnis ihrer Bemühungen und verspotteten die Neuankömmlinge, die nicht auf ihre Bitten eingegangen waren.

»Lasst sie doch in Ruhe, Jungs. Was sollen die Bergwerksbesitzer schon mit diesen Memmen anfangen?«

»Ja, lasst sie nur weiterfahren, wenn sie zu dumm sind, sich von den gefährlichen Gruben fern zu halten.«

Inzwischen versuchten Stuart und die Polizei am anderen Ende des Zuges, die Situation in den Griff zu bekommen. Innerhalb der letzten vierundzwanzig Stunden hatte Stuart eine enorme Popularität unter den Streikenden gewonnen. Auf irgendeine Weise war durchgesickert, dass er an diesem Morgen in seinem Büro mit den Bergwerksbesitzern verhandelt und die Bergarbeiter verteidigt hatte. Deshalb besaßen seine Worte in dieser kritischen Situation großes Gewicht und er konnte die Leute davon überzeugen, mit der Polizei zusammenzuarbeiten. Der Mann, der den Erzbrocken ins Gesicht des Offiziers geschleudert und ihn verletzt hatte, wurde verhaftet, ohne dass die anderen Bergarbeiter dagegen protestierten. Unterdessen überredete Stuart einige Männer, die Lokomotive wieder zurückzufahren und an den Zug anzukoppeln.

Der verletzte Offizier war ins Hotel gebracht worden, und man hatte Dr. Saxon gerufen. In beruhigendem Ton versicherte Stuart dem rangnächsten Offizier, dass er sich persönlich um das Wohlergehen des Verletzten kümmern würde. Die Bergarbeiter hatten derweil ihre vierhundert neuen Kollegen in die Mitte genommen und zogen in einer Art Triumphmarsch um den kleinen Marktplatz herum. Der Vertreter der Bergwerksbesitzer, der sich während des ganzen Trubels in panischer Angst hinter einem Sitz versteckt hatte, verließ nun den Zug und fluchte über seine unangenehme Lage. Daraufhin trat der Dienst habende Offizier auf ihn zu und fragte ihn höflich, was er denn jetzt zu tun gedenke.

Im Grunde genommen blieb dem Geschäftsmann nichts anderes übrig, als die wenigen verbleibenden Arbeiter einzusammeln und zu den Bergwerken zu bringen. Den Gedanken, die anderen vierhundert Männer aus dieser großen Menschenmenge herauszulotsen, verwarf er sofort wieder und fügte sich in das Unvermeidliche. Kurz darauf stiegen die Truppen samt ihrem Offizier wieder in die Waggons und die Lokomotive setzte sich in Bewegung. Jubelnde Beifallsrufe ertönten, als der Zug immer kleiner wurde und schließlich verschwand. Seit der Ankunft des Zuges waren nur ungefähr zwanzig Minuten vergangen, doch Stuart waren sie wie Stunden erschienen. Die Last der Verantwortung, die seit dem Tod seines Vaters auf ihm ruhte, ließ ihn mit jedem Tag ernster und reifer werden.

Stuart glaubte immer noch, dass die Schwierigkeiten erst begonnen hatten und dass alles, was bisher geschehen war, die Situation nur noch erschwerte. Obwohl er keine Ahnung hatte, wie alles enden würde, spürte er dennoch einen tiefen inneren Frieden, der sich auf seinen neuen Glauben gründete. Trotz der vielen Aufregungen und Gefahren überwog in seinem Herzen die Freude und ließ alles andere klein und nichtig erscheinen. Als Stuart später daran dachte, wie er sich zwischen die Bergarbeiter und die Gewehre der Soldaten gestellt hatte, fiel ihm auch der Gedanke wieder ein, der ihm in jenem Moment durch den Kopf geschossen war und der ihn überhaupt erst zu diesem Schritt befähigt hatte: »Ich bin ein Kind Gottes, und wenn ich getötet werde, werde ich bei Gott sein.«

Schließlich bahnte er sich einen Weg durch die kleinen Grüppchen, die das Zentrum der Stadt bevölkerten, und ging ins Hotel, wo er sich nach dem Befinden des verletzten Offiziers erkundigen wollte. Andrew Burke war schon dort, da er den Krankentransport begleitet hatte, und kurz darauf brachte der Hoteldirektor Stuart in das Zimmer, das man für diesen Notfall zur Verfügung gestellt hatte.

Dr. Saxon war soeben eingetroffen, und außer ihm und Andrew befand sich noch die junge Heilsarmistin im Krankenzimmer. Sie kniete an der Seite des Verletzten und hatte bereits damit begonnen, die Wunden zu versorgen. Als der Doktor die weitere Behandlung übernahm, murmelte er lobend, sie habe sehr gute Arbeit geleistet.

Während sich Dr. Saxon um den verletzten Offizier kümmerte, assistierte ihm die junge Frau, als ob sie nie etwas anderes getan hätte. Stuart und Andrew standen schweigend daneben und führten jede Anweisung aus, die der Arzt in seinem gewohnten barschen Ton erteilte. »Ein Fotomodell wird er nie mehr werden«, bemerkte Dr. Saxon grimmig, nachdem er alles getan hatte, was in seiner Macht stand. »Dieser Streik verschafft mir einen Haufen unerwünschter Arbeit. Das hier kann ich wahrscheinlich dem Staat in Rechnung stellen, doch falls die Truppen anfangen sollten, auf die Bergarbeiter zu schießen, werde ich bettelarm sein, nachdem ich alle Verletzten wieder zusammengeflickt habe. Vielen Dank übrigens für Ihre Hilfe«, wandte er sich nun an die junge Frau, die ihren Blick immer noch auf den bewusstlosen Patienten gerichtet hielt. »Sie haben ausgezeichnete Arbeit geleistet. Es würde mich nicht wundern, wenn Sie eine ausgebildete Krankenschwester wären.«

»Ja, Sir, ich war eine Zeit lang am Krankenhaus Bellevue tätig«, kam die ruhige Antwort.

Daraufhin schien der Respekt des Arztes noch zu wachsen und

er meinte höflich: »Sie scheinen aus einem guten Hause zu stammen, Miss, falls ich mir diese Bemerkung erlauben darf.«

»Das stimmt«, antwortete die junge Frau zurückhaltend, und Stuart glaubte, er hätte auf ihrem Gesicht den Anflug eines Lächelns gesehen. Normalerweise blickte das Mädchen sehr ernst, doch sobald ihre Züge von einem Lächeln erhellt wurden, wirkte ihr ganzes Wesen plötzlich äußerst gewinnend und sympathisch.

Mit einem heiseren Räuspern versuchte Dr. Saxon, seine Verlegenheit zu verbergen, und sagte schließlich: »Ich würde Sie gerne mit diesen beiden Herren bekannt machen, Miss, doch leider weiß ich nicht, wie Sie heißen.«

»Mein Name ist Rhena Dwight«, erwiderte die junge Frau unbefangen. »Ich bin mit der Heilsarmee in die Stadt gekommen.«

»Dann darf ich Ihnen Mr Duncan vorstellen, der die größten Bergwerke in dieser Gegend besitzt, und Reverend Burke, den neuen Pfarrer der St. Johannes-Kirche«, erläuterte Dr. Saxon, wobei er seinen Blick auf Stuart und Andrew richtete.

Miss Dwight verneigte sich höflich vor den beiden Männern, während der Arzt noch einmal den Zustand seines Patienten überprüfte.

»Sind Sie etwa die Tochter von Allen Dwight?«, erkundigte sich Stuart interessiert und wünschte sofort, er könnte seine Worte wieder zurücknehmen.

Über das Gesicht der jungen Frau huschte ein flüchtiger Schatten, gleich darauf bestätigte sie ruhig: »Ja, Allen Dwight ist mein Vater.« Nach einer kurzen Pause fügte sie noch etwas hinzu, wobei sich ihr blasses Gesicht leicht rötete: »Sie haben vorhin sehr großen Mut gezeigt, Mr Duncan. Im Namen dieser armen Menschen, die mir wie verirrte Schafe vorkommen, möchte ich Ihnen meinen Dank aussprechen. Der gute Hirte hat großes Erbarmen mit dieser verlorenen Herde.«

Sie schaute durchs Fenster nach draußen und Stuart folgte ihrem Blick. Das Zentrum der Stadt war voller Menschen, und auf der

Bühne stand ein Sprecher, der mit wilden Gesten auf die Leute ein-
redete. Noch nie hatte Stuart diese große Menschenansammlung
mit so gemischten Gefühlen betrachtet. Einerseits bot die riesige
Menge ein imposantes Bild, andererseits wurde er traurig, wenn er
bedachte, dass die meisten dieser Menschen Jesus Christus noch
nicht als ihren Erlöser kannten.

Die Begegnung mit Rhena Dwight hatte Stuart ein wenig aus
dem Gleichgewicht gebracht. Er hätte sie gerne näher kennen
gelernt. Nun wandte sich die junge Frau jedoch an Dr. Saxon und
stellte ihm eine geflüsterte Frage. Als der Arzt daraufhin mit dem
Kopf nickte, verließ sie ohne ein weiteres Wort das Zimmer, und
Stuart war klar, dass sie wohl nicht zurückkehren würde. Nachdem
er sich noch einmal davon überzeugt hatte, dass alles Menschen-
mögliche für den Verletzten getan wurde, machte er sich ebenfalls
auf den Heimweg.

Während der Fahrt rief er sich die Gerüchte in Erinnerung, die er
über Rhena Dwight gehört hatte und die durch die Aufregungen
der letzten Tage wieder in Vergessenheit geraten waren. Vor etwa
drei Jahren, als Stuart noch auf dem College studiert hatte, hatte
Rhena einen Skandal in der New Yorker Gesellschaft verursacht,
weil sie sich dazu entschlossen hatte, ihr luxuriöses Zuhause zu
verlassen und der Heilsarmee beizutreten. Stuart konnte sich noch
gut an die Schlagzeilen in den Klatschspalten erinnern, in denen
die Reporter über diese Geschichte hergefallen waren. Außerdem
hatte die Neuigkeit große Auswirkungen auf Rhenas Bruder
gehabt, der zu jener Zeit dasselbe College wie Stuart besucht hatte.
Als Stuart in den Weihnachtsferien nach Hause gekommen war,
hatte er auch mit seiner Schwester Louise über diesen Vorfall
gesprochen.

Louise war so schockiert gewesen, wie es bei ihrer egozentri-
schen Natur überhaupt möglich war, und sie hatte nicht im Geringsten begriffen, wie ein junges Mädchen aus bestem Hause ihre
glänzenden Zukunftschancen aufgeben konnte. Dass eine junge

Frau mit großem musikalischem Talent und vielen einflussreichen Beziehungen auf all diese Vorteile verzichten konnte, um sich schmutzigen Menschen in den Elendsvierteln zu widmen, war für Louise absolut unfassbar. »Sie muss verrückt sein«, hatte sie erklärt und hinzugefügt, es geschehe Miss Dwight ganz recht, wenn ihr Vater es tatsächlich ablehnte, sie weiterhin als seine Tochter zu akzeptieren, wie es in den Gerüchten hieß. Mr Dwights gesellschaftliche Stellung und sein hohes Ansehen hatten gewaltig unter dem Entschluss seiner Tochter gelitten, und er war so verbittert, dass er sich weigerte, dieses Thema jemals wieder anzuschneiden.

Stuart dachte lange über Rhena nach, während er nach Hause fuhr. Er hatte sie noch nie zuvor getroffen und kannte auch die Gründe nicht, die sie dazu bewogen hatten, ihr Leben so grundlegend zu verändern. Insgeheim fragte er sich, ob hinter dieser Entscheidung womöglich eine ähnliche Erfahrung stand wie jene, die er heute früh gemacht hatte.

Zu Hause begrüßte ihn Louise mit der Nachricht, dass Tante Royal, die eigentlich mit dem Mittagszug eintreffen sollte, ein Telegramm geschickt hatte. Nachdem sie gehört hatte, dass die Miliz mit diesem Zug nach Champion fuhr, hatte sie ihre Reise um einen Tag verschoben. Die Schwester von Ross Duncan hatte geplant, Louise zu besuchen und eventuell den ganzen Winter in Champion zu verbringen, falls Louise es wünschte.

»Eric möchte dich sprechen«, sagte Louise schnippisch zu ihrem Bruder. »Er platzt beinahe vor Aufregung. Allmählich habe ich es wirklich satt, dass in unserem Haus über nichts anderes mehr gesprochen wird als über diesen schrecklichen Streik. Sobald Tante Royal hier ist, ist es an der Zeit, dass wir uns wieder um einige andere Dinge kümmern.«

Stuart gab keine Antwort, sondern ging geradewegs in Erics Zimmer, worauf Louise wütend die Wohnzimmertür zuschlug. Voller Zorn setzte sie sich auf den Klavierstuhl und bearbeitete die

Tasten mit so viel Nachdruck, wie sie nur aufbringen konnte. Sie war wütend auf ihren Bruder und hatte an allem um sie herum etwas auszusetzen.

»Hallo, alter Freund«, sagte Stuart in heiterem Ton, als er Erics Zimmer betrat, »es ist eine Menge passiert. Zum Glück ist niemand getötet worden, und ich hoffe, dass das Schlimmste vorüber ist.«

»Erzähl mir alles der Reihe nach«, drängte Eric. Er versuchte sich im Bett aufzurichten und fuhr nervös mit den Fingern über die Bettdecke.

In knappen Worten beschrieb Stuart nun die dramatische Szene, die sich am Bahnhof abgespielt hatte, während sein Freund mit gespannter Aufmerksamkeit zuhörte.

»Diese junge Frau von der Heilsarmee ist ein tapferes Mädchen«, bemerkte er schließlich. »Wie heißt sie noch ...?«

»Rhena Dwight«, antwortete Stuart. »Meines Wissens ist sie erst vor ein oder zwei Tagen nach Champion gekommen.« Daraufhin erzählte er Eric, was er über Miss Dwight gehört hatte, und Eric stellte eifrige Zwischenfragen. Schließlich erkundigte er sich nach den Arbeitern. Er fragte Stuart, wie sie sich benommen hätten, welche Strategie sie verfolgten und ob man die neu eingetroffenen Männer wirklich davon abhalten könne, in die Bergwerke zu gehen.

Nachdem sie sich eine ganze Weile angeregt unterhalten hatten, erklärte Eric mit Nachdruck: »Ich sage dir, Stuart, ich muss einfach hier raus! Dr. Saxon kann mich nicht zwei Wochen lang wie ein kleines Kind ans Bett fesseln. Notfalls lasse ich mich zum Marktplatz tragen, wenn ich nicht zu Fuß gehen kann, aber in so einer kritischen Situation kann ich meine Männer doch nicht allein lassen! Sobald sie das Gesetz übertreten, wird alles, wofür wir mit so viel Mühe gekämpft haben, umsonst sein, und die Gewerkschaft wird sich nicht so schnell von diesem Rückschlag erholen.«

»Das stimmt, Eric. Ich fürchte jedoch, dass eine so große Gewaltbereitschaft in den Männern schlummert, dass jeder Tag neue Gefahren in sich birgt. Falls heute Mittag nur ein einziger Schuss abgefeuert worden wäre, hätte meiner Ansicht nach keiner der Soldaten den Bahnhof lebendig verlassen. Die empörten Männer wären über Leichen geklettert, um sie in Stücke zu reißen. Ich glaube, ich habe noch nie so hautnah erlebt, zu welchen Abgründen die menschliche Seele fähig ist.«

»Ich schon«, erwiderte Eric traurig. »Leider habe ich mehr als einmal beobachtet, wie aus einer ruhigen Menschenmenge eine rasende Bestie geworden ist. Aber ich hoffe, dass du so eine Erfahrung nie machen musst.« Diese Worte bezogen sich auf die Ereignisse, die während Erics Kindheit in den Kohlebergwerken Englands stattgefunden hatten. Früher hatten die beiden Freunde oft darüber gesprochen.

»Das kann ich nur unterschreiben«, bekräftigte Stuart. Dann verfiel er in Schweigen, während er sich in Gedanken mit dem beschäftigte, was an diesem Morgen geschehen war. Im Stillen suchte er nach einer Gelegenheit, Eric von seiner außergewöhnlichen Erfahrung zu erzählen, denn bei allen Problemen und Schwierigkeiten stellte er immer wieder fest, wie sehr sich seine Einstellung in so kurzer Zeit verändert hatte. Diese Begegnung mit Gott war wirklich etwas ganz Besonderes und hatte sein Inneres völlig umgewandelt.

Plötzlich ging Louise den Flur entlang und rief laut: »Das Mittagessen ist fertig!« Stuart hatte nicht mehr ans Essen gedacht, doch jetzt verließ er rasch das Zimmer, um Louise Gesellschaft zu leisten.

Während der ganzen Mahlzeit konnte er das Gefühl nicht unterdrücken, dass er Louise von seinem Erlebnis berichten musste. Wie sollte er jedoch seine veränderte innere Haltung bezeichnen? Bisher hatte ihn das Wort »Bekehrung« immer unangenehm berührt, aber war es nicht genau das, was er erlebt hatte? Auf jeden Fall war dieser Einschnitt in seinem Leben so bedeutsam, dass er plötzlich alle Dinge in einem völlig neuen Licht sah. So vieles verblasste neben der überwältigenden Liebe und Freude, die sein Herz erfüllten.

Eigentlich war Stuart kein Mensch, der sich von Gefühlen leiten ließ, und seine Ausbildung hatte noch dazu beigetragen, dass er sich für einen kühlen Kopf und selbstbeherrschten Charakter gehalten hatte. Er sagte grundsätzlich die Wahrheit, besaß hohe moralische Maßstäbe und strebte nach Aufrichtigkeit und Tapferkeit. Bisher hatte er nie besondere Leidenschaften oder starke Emotionen gezeigt, abgesehen von den Augenblicken, in denen er von ungeheuren Wutausbrüchen überwältigt wurde, die ihn alle seine Überzeugungen über Bord werfen ließen. Allerdings hatte er immer geglaubt, dass er für diesen Jähzorn nichts konnte, da er ihn von seinem Vater geerbt hatte.

Jetzt spürte Stuart ganz deutlich, dass eine neue Leidenschaft von ihm Besitz ergriffen hatte und dass eine unbekannte Kraft über sein Leben regierte. Sein Inneres war von einem tiefen Frieden erfüllt, und gleichzeitig fühlte er eine überwältigende Freude, die alle früheren Glücksmomente bei weitem übertraf. Das Vergangene hatte keine Bedeutung mehr, weil nur noch die Gegenwart und die Zukunft zählten. Jesus Christus war der zentrale Impuls, der seinem Leben eine neue Ausrichtung verliehen hatte und der von nun an der treibende Faktor in allen seinen Entscheidungen und Handlungen sein sollte. Er war tatsächlich ein neuer Mensch geworden. Weshalb behaupteten nur so viele Leute, dass es heutzutage keine Wunder mehr gab? Konnte denn ein größeres Wunder geschehen als dieser Neubeginn, der ihn zu einer völlig neuen Kreatur gemacht hatte?

Als das Mittagessen beendet war, hatte Stuart einen Entschluss gefasst. Er musste Louise erzählen, was ihn so beschäftigte. Schließlich war sie seine Schwester, und so wichtige Dinge konnte er nicht unausgesprochen lassen. Diese Angelegenheit duldete keinen Aufschub.

»Louise«, begann er deshalb, während sie gemeinsam ins Wohnzimmer gingen, »ich möchte dir gerne etwas sagen, solange wir unter vier Augen sind.«

Da Louise schweigend abwartete, sprach Stuart weiter, obwohl er mit jedem Wort spürte, wie sich die Kluft zwischen ihm und seiner Schwester vertiefte. »Heute Morgen habe ich ein ganz besonderes Erlebnis gehabt. Ich hatte plötzlich eine Vision, die mir klargemacht hat, dass ich bisher die wichtigste Seite meines Lebens vernachlässigt habe.« Einen Augenblick lang zögerte Stuart, weil Louise ihn voller Verblüffung musterte. »Ich habe mich heute Morgen entschieden, Christ zu werden«, erklärte er dann.

Auf diesen Satz folgte ein unbehagliches Schweigen. Louises Gesicht rötete sich, und sie vermied es, Stuart in die Augen zu sehen. »Was meinst du damit?«

Zuerst wusste Stuart nicht, wie er darauf antworten sollte. Er hatte das Gefühl, dass seine Schwester ihn nicht verstehen würde, doch er konnte sie trotzdem nicht mit einer oberflächlichen Erklärung abspeisen.

»Ich meine damit, dass ich mit Gottes Hilfe ein neues Leben begonnen habe. Ich sehe viele Dinge jetzt völlig anders als bisher. Früher habe ich geglaubt, dass Jesus Christus nur eine historische Figur war, aber jetzt weiß ich, dass er mein ganz persönlicher Freund ist. Außerdem habe ich erkannt, dass er mein Erretter ist, der für meine Sünden gestorben ist. Über diese Formulierungen habe ich früher immer abfällig gelächelt, aber jetzt habe ich selbst erlebt, was es heißt, durch Jesus Christus errettet zu sein. Ich betrachte nun alle Dinge von einer ganz neuen Perspektive aus. Es fällt mir ziemlich schwer, dir das begreiflich zu machen, Louise. Würdest du mich besser verstehen, wenn ich dir sagen würde, dass ich mich bekehrt habe?«

»Nein, das glaube ich nicht«, erwiderte Louise kalt. Sie war zum Klavier gegangen und setzte sich nun auf den davor stehenden Hocker. Abwesend starrte sie auf die Tasten und vermied Stuarts Blick.

»Kannst du mich denn gar nicht verstehen, Louise?« Stuart fühlte Enttäuschung in sich aufsteigen, obwohl er mit einer ähnlichen Reaktion hatte rechnen müssen.

»Nein, ich verstehe überhaupt nicht, was du meinst, Stuart«, entgegnete seine Schwester. »Ich finde es sehr seltsam, dass du dich bisher nicht als Christ bezeichnet hast. Und jetzt redest du so, als ob ich keine Christin wäre.«

»Bist du es denn?«, fragte Stuart sanft. Erstaunt stellte er fest, dass Louise plötzlich sehr zornig wurde, und er bereute seine Frage sofort. Wahrscheinlich hatte es so geklungen, als ob er seine Schwester kritisieren wollte, obwohl er selbst erst seit wenigen Stunden Christ war.

»Natürlich bin ich eine Christin! Oder glaubst du etwa, ich sei ein Heide?« Louise stampfte wütend mit dem Fuß auf den Boden, wie sie es immer tat, wenn sie aufgebracht war. Plötzlich wurde Stuart klar, dass sie beide unter dem Wort »Christ« etwas völlig Unterschiedliches verstanden. Er verfiel in Schweigen, während Louise auf dem Klavierstuhl herumwirbelte und ein paar schrille Akkorde anschlug. Dann richtete sie ihren Blick auf Stuart und fragte kühl: »Was hast du jetzt vor? Willst du dich etwa der Heilsarmee anschließen?«

Stuart hatte das Gefühl, als hätte sie ihn mit der Faust ins Gesicht geschlagen. Dieses Gespräch glich in keiner Weise dem überwältigenden Erlebnis, das er an diesem Morgen gehabt hatte, und er fühlte sich unfähig, seine Gedanken in Worte zu fassen. Er schwieg so lange, bis Louise ihre Frage wiederholte.

»Vermutlich werde ich ab jetzt die Gottesdienste in der St. Johannes-Kirche besuchen, und vielleicht werde ich tatsächlich der Heilsarmee beitreten. Ich habe gehört, dass nicht alle ihre Mitglieder Uniform tragen müssen.«

Jetzt erhob sich Louise, und auf ihrem Gesicht spiegelte sich eine so große Verachtung, dass Stuart es kaum ertragen konnte. »Wenn Vater das noch miterlebt hätte, würde er sich fragen, ob du wirklich sein Sohn bist!«, schleuderte sie ihm entgegen.

»Du hast Recht, er würde den alten Stuart tatsächlich nicht wieder erkennen«, bestätigte Stuart so ruhig und gelassen, dass seine Schwester wider Willen beeindruckt war. »Aber ich hoffe sehr, dass der neue Stuart besser ist als der alte. Louise, ich wünsche mir nichts sehnlicher, als dass du verstehst, was ich erlebt habe. Ich kann die Dinge einfach nicht mehr im selben Licht sehen wie vorher, und ich will dich jetzt schon darauf vorbereiten, dass sich in Zukunft manches ändern wird.«

»Was meinst du damit? Etwa deinen Entschluss, der Heilsarmee beizutreten? Wie ich gehört habe, ist Rhena Dwight in die Stadt gekommen – ich nehme an, dass du bei ihr einen guten Eindruck machen willst, habe ich Recht?«

Louise hatte nach einer möglichst gemeinen Anschuldigung gesucht, mit der sie ihren Bruder treffen konnte. In den vergangenen Tagen war in ihrem Herzen zunehmend Bitterkeit aufgestiegen, und sie hatte mehr als einmal eine gewisse Befriedigung empfunden, wenn es ihr gelungen war, Stuart zu verletzen.

»Louise!« Stuart war weiß wie die Wand. Es gab beinahe nichts Unantastbareres, ja, Heiligeres für ihn als die Erinnerung an jene junge Frau, die alle irdischen Güter aufgegeben hatte, um ihrem Herrn und Erlöser zu dienen. Wenn nicht inzwischen eine neue Macht von ihm Besitz ergriffen hätte, wäre in diesem Augenblick der alte Jähzorn mit ihm durchgegangen. »Louise! Du weißt nicht, was du da sagst! Und versuch nie wieder, meinen Glauben an Jesus Christus zu verspotten oder seine Erlösungstat in den Schmutz zu ziehen. Dazu hast du kein Recht!«

Stuarts Ton war so ernst, und er verteidigte seine Beweggründe in so heiligem Eifer, dass Louise ein wenig Angst bekam. Vielleicht hätte sie ihren Bruder sogar um Verzeihung gebeten, doch da Stuart dieses Gespräch nicht mehr fortsetzen wollte, verließ er das Zimmer und ging zu Eric. Seine Schwester blieb noch einige Minuten lang neben dem Klavier stehen und zog sich dann in ihr Zimmer zurück.

118

Entschlossen setzte sich Stuart neben Erics Bett und bat die Krankenschwester, sie beide eine Weile allein zu lassen. Obwohl ihn der Streit mit Louise immer noch bedrückte, wollte er Eric endlich alles erzählen, was er erlebt hatte. Dieser Tag sollte nicht zu Ende gehen, bevor er seinem Freund jede Einzelheit berichtet hatte.

In knappen Worten erklärte er nun, was an diesem Morgen geschehen war, und Eric hörte mit großen Augen zu. Staunend griff er nach Stuarts Hand und drückte sie, während er sagte: »Um ehrlich zu sein, Stuart, habe ich bisher noch nie so eine direkte Begegnung mit Gott gehabt. Ich bin der Heilsarmee nur deshalb beigetreten, weil ich der Meinung war, dass es die einzige religiöse Gruppe ist, die wirklich etwas verändern kann.«

»Wie kommt das, Eric?«, erkundigte sich Stuart. »Hast du keine persönliche Beziehung zu Jesus Christus?«

»Doch, ich glaube schon. Aber ich spüre Gottes Nähe nicht so deutlich, wie ich es gerne möchte«, antwortete Eric.

»Für mich kam alles so überraschend«, meinte Stuart nachdenklich. »Du weißt ja, dass ich früher solchen Worten wie *Errettung* oder *Erlösung* keine Beachtung geschenkt habe. Oder kannst du dich an eine Gelegenheit erinnern, bei der wir über so etwas geredet hätten?«

Verneinend schüttelte Eric den Kopf.

»Und trotzdem«, fuhr Stuart ehrfürchtig fort, »haben sich inzwischen alle meine Ansichten und Gefühle geändert. Ich kann es nicht richtig erklären, doch jetzt ist Jesus Christus das Einzige in meinem Leben, das wirklich zählt. Ich habe mir vorgenommen, dass ich von heute an nichts mehr tun werde, ohne mich zuerst zu fragen: Wäre Christus mit dieser Entscheidung einverstanden? Würde er sagen: ›Tu es‹?«

»Darf ich dir eine sehr direkte Frage stellen, Stuart?«, forschte Eric. »Gilt das auch für den Umgang mit deinem Geld und deinen Besitztümern im Hinblick auf den augenblicklichen Streik?«

»Ja!« Stuarts Antwort klang so überzeugt und entschlossen, dass sich das bleiche Gesicht seines Freundes vor Freude rötete. »Mein ganzes Leben hat sich von Grund auf geändert. Von jetzt an sollen alle meine geschäftlichen oder persönlichen Beziehungen, meine Firma und meine Besitztümer unter der Herrschaft Gottes stehen. Kannst du dir eigentlich vorstellen, Eric, dass Gott tatsächlich in uns Menschen wohnt?«

Der Kranke antwortete nicht sofort und es entstand ein nachdenkliches Schweigen. Schließlich erklärte Eric: »Ja, ich glaube schon, doch ich habe auf diesem Gebiet noch keine große Erfahrung. Wenn du jedoch wirklich meinst, was du gerade gesagt hast, wird deine Entscheidung große Auswirkungen auf den Konflikt zwischen Bergwerksbesitzern und Arbeitern haben.«

»Ja, das denke ich auch«, bestätigte Stuart. »Zwar weiß ich noch nicht, wohin Gott mich führen wird, doch ich bin fest entschlossen, ihm zu folgen. Trotz der vielen Schwierigkeiten und Probleme habe ich noch nie so viel Freude am Leben gehabt wie jetzt.«

»Das freut mich für dich«, antwortete Eric schlicht.

Da Stuart bemerkt hatte, dass sein Freund sehr erschöpft war, rief er nach der Krankenschwester und verabschiedete sich wieder. Doch der kurze Gedankenaustausch hatte nicht nur ihm, sondern auch Eric gut getan.

Inzwischen war es drei Uhr nachmittags und Stuart erhielt die Nachricht, dass die Männer, die dem Vorschlag der Gewerkschaft zugestimmt hatten, den nächsten Zug in östliche Richtung genommen hatten. Die Streikenden hatten eine große Demonstration veranstaltet und waren danach aus der Stadt verschwunden. Einige waren zu den unteren Hügelketten aufgebrochen, um sich vor Ort zu erkundigen, was mit den übrigen Neuankömmlingen geschah.

Im Laufe des Tages blieb in der Stadt alles ruhig und auch von den unteren Hügelketten wurden keine Krawalle gemeldet. Die dortigen Bergwerksbesitzer hatten die neuen Männer noch nicht an die Arbeit geschickt, da sie abwarten wollten, bis aus dem Süden und Westen noch eine größere Anzahl von neuen Arbeitern eintreffen würde. Diesmal sollte der Transport nicht durch Champion kommen.

Auch am nächsten Tag war in der Stadt alles ruhig, obgleich eine gewisse Spannung in der Luft lag. Wie versprochen traf Tante Royal mit dem Mittagszug ein. Sie war eine stattliche, auffällig gekleidete Frau, die großen Wert darauf legte, zur besten Gesellschaft New Yorks zu gehören. Wer gegen die Etikette verstoßen hatte, war in ihren Augen schon so gut wie tot, und alle Leute, die nicht dasselbe gesellschaftliche Niveau besaßen wie sie selbst, bezeichnete sie herablassend als »das gemeine Volk«.

Tante Royal war eine sehr weltliche Frau, die von ihren diplomatischen Fähigkeiten überzeugt war und stark ausgeprägte Ansichten besaß. Ihren Lebensunterhalt bestritt sie aus einer großen Erbschaft, die sie in Mietskasernen und Kneipen investiert hatte. Allerdings vermied die ältere Dame es geflissentlich, die Quelle ihres Reichtums zu erwähnen, obschon sich diese Tatsache nicht von ihrer persönlichen Geschichte trennen ließ. Da die Eigentümer der New Yorker Mietskasernen und Lokale ganz sicher nicht zu den armen Leuten zählten, hatte sie eigentlich keinen Grund, sich dieser Einkünfte zu schämen.

Insgesamt war Tante Royal ihrem Bruder, dem verstorbenen Ross Duncan, sehr ähnlich. Der einzige Unterschied bestand in ihrer Redeweise, denn sie benutzte keine so groben und schroffen Worte wie ihr Bruder, sondern sprach grundsätzlich in sehr sanftem und kultiviertem Ton. Nicht einmal eine Revolution auf den Straßen von New York hätte sie dazu veranlasst, ihre Stimme zu erheben oder ein unfeines Wort zu gebrauchen.

Da ihr Vater nur ein Gärtner in einem der New Yorker Vororte gewesen war, hatte Tante Royal keine besondere Ausbildung erhalten. Als junges Mädchen hatte sie ihrem Vater häufig dabei geholfen, einen mit Früchten und Gemüse beladenen Wagen in die Stadt zu fahren. Obwohl ihr Vater in jener Zeit den Grundstein zu seinem

Vermögen gelegt hatte, verdrängte Tante Royal diese Erinnerungen und sprach nie über ihre Jugend.

Die ersten Worte, mit denen Louise ihre Tante begrüßte, waren: »Tante Royal, ich hoffe, dass du den ganzen Winter über bleiben kannst!«

»Ja, ich denke schon«, antwortete die ältere Dame. »Es ist mir eigentlich ganz recht, wenn ich dem Trubel in der Stadt für eine Weile entfliehen kann.«

»Im Moment haben wir hier auch eine Menge Trubel, Ma'am«, bemerkte Dr. Saxon, der nach Eric sehen wollte und diese Begrüßung in der Eingangshalle mit angehört hatte.

»Ah, Dr. Saxon!«, sagte Tante Royal in sehr förmlichem Ton. »Ich freue mich sehr, Sie wieder zu sehen.« In Wahrheit empfand sie eine tiefe Abneigung gegen den Arzt, der sie seinerseits nicht ausstehen konnte. »Ich nehme an, Sie sprechen von den Problemen mit den Bergarbeitern. Sicher wird sich dieser Aufstand in Kürze wieder legen. Diesen Leuten wird nichts anderes übrig bleiben, als wieder an ihre Arbeit zu gehen, denn alle diese Proteste nützen doch überhaupt nichts.«

»Da haben Sie Recht. Das Einzige, was dabei herauskommt, ist ein Haufen Arbeit für uns Ärzte«, erwiderte Dr. Saxon sarkastisch und öffnete die Tür zu Erics Zimmer. Unterdessen gingen Tante Royal und Louise die breite, mit Teppichen belegte Treppe hinauf.

»Ihr habt also tatsächlich einen dieser Bergarbeiter in eurem Haus? Ist das nicht sehr gefährlich?«, erkundigte sich die Tante mit ihrer sanften und doch sehr durchdringenden Stimme.

Eric konnte jedes einzelne Wort verstehen und erinnerte sich mit düsterem Gesicht an seine einzige Begegnung mit dieser Frau. Wut stieg jedes Mal in ihm auf, wenn er sich ins Gedächtnis rief, mit welcher Herablassung sie ihn an jenem Tag behandelt hatte, an dem er Stuart das Leben gerettet hatte. Man hätte meinen können, er sei ein räudiger Hund gewesen, den sie widerwillig gestreichelt hatte, weil er ein Kind aus dem Teich gezogen hatte.

»Wann kann ich von hier verschwinden, Doktor?«, fragte er den Arzt nun mit schroffer Stimme.

»Eine Woche musst du noch bleiben, Eric. Du erholst dich prächtig und solltest dir über diese Frau keine Gedanken machen. Zum Glück bin ich nicht ihr Hausarzt, denn ich glaube nicht, dass sie tatsächlich ein menschliches Herz besitzt. Wahrscheinlich trägt sie nur einen kleinen Lederbeutel in der Brust, der nicht mehr Blut durch ihre Adern pumpt, als ein Frosch nötig hätte.«

Verwundert starrte Eric den Doktor an. Bisher hatte er noch nie gehört, dass Dr. Saxon jemanden so scharf verurteilt hatte. Der ältere Mann schien seine Worte auch gleich zu bereuen und meinte entschuldigend: »Es tut mir Leid, ich hätte das nicht sagen dürfen, doch ich musste meinem Herzen einfach Luft machen.«

Zwei Tage vergingen, ohne dass irgendetwas Besonderes geschah. Die Eigentümer der Bergwerke auf den unteren Hügelketten hatten noch nicht genug Männer herholen können, um den Abbau des Eisenerzes wieder aufzunehmen. Darüber hinaus hatten sich noch einige Bergarbeiter aus Champion überreden lassen, sich den Streikenden anzuschließen. Die staatlichen Truppen waren immer noch vor dem DeMott-Bergwerk stationiert, was die Sprecher in den täglichen Versammlungen der Streikenden zu bitteren Aussagen bewegte.

Glücklicherweise befand sich der verletzte Offizier auf dem Wege der Besserung. Einige seiner Freunde waren in die Stadt gekommen, um sich um ihn zu kümmern, und Dr. Saxon hatte prophezeit, dass er gegen Ende der Woche das Hotelzimmer verlassen könne. Inzwischen leistete Andrew Burke dem Kranken häufig Gesellschaft, so dass zwischen den beiden Männern eine echte Freundschaft entstanden war. Der Pfarrer hatte sogar seine schönsten Rosen mitgebracht, um dem Krankenzimmer eine freundliche Note zu verleihen.

An diesem Freitagabend hatten die Vasplaines Tante Royal, Louise und Stuart zu einem Abendessen im kleinen Kreis eingela-

den. Stuart wäre am liebsten nicht hingegangen, da er keinen gro-
ßen Wert auf diese Gesellschaft legte. Er empfand eine heftige
Abneigung gegen den jüngeren Mr Vasplaine, der seit etwa einem
Jahr versuchte, Louise den Hof zu machen. Schon vor seiner
Bekehrung war Stuart dem jungen Mann möglichst aus dem Weg
gegangen, denn er wusste genug über seinen unmoralischen
Lebenswandel, um mit ihm keinen engeren Kontakt pflegen zu
wollen.

Die Familie Vasplaine war sehr wohlhabend und besaß nach
dem Haus der Duncans das zweitschönste Gebäude in Champion.
Es befand sich am anderen Ende des Tales und hatte Sicht auf den
Park. Vor einigen Jahren hatte sich der ältere Mr Vasplaine zur
Ruhe gesetzt, worauf sein Bruder und sein Sohn die Geschäfte
weitergeführt hatten. Die Firma Vasplaine lag nördlich von Champion und handelte mit Holz und Kupfer. Obwohl der Streit zwischen Bergwerksbesitzern und Arbeitern sie nicht direkt betraf,
beeinträchtigte der Arbeitskampf das allgemeine Geschäftsklima
in der ganzen Umgebung.

Die Tochter der Familie, Una Vasplaine, war eine junge Frau in
Louises Alter, und die beiden waren früher zusammen zur Schule
gegangen. Beim Abendessen saß Stuart neben Una, und obwohl
sich die Unterhaltung um allgemeine Themen drehte, schaffte die
junge Frau es immer wieder, Sticheleien auf ihn abzufeuern. Mit
gespielter Besorgnis erkundigte sie sich, weshalb er denn so ernst
aussehe. Bisher hatte sich Stuart gerne mit der jungen Dame unterhalten, da Una ein lebhaftes Temperament besaß und ausgesprochen hübsch war. Aus diesem Grund ging er nun gutmütig auf ihre
Neckereien ein und wollte sie gerade ebenfalls ein wenig aufzie-
hen, als etwas völlig Unerwartetes geschah.

Das große Esszimmer bot einen Blick auf die Eingangsveranda,
und durch ein riesiges Aussichtsfenster, das vom Boden bis zur
Decke reichte, konnte man den mit Kiefern bewachsenen Park
sehen. Die Nacht war kalt und klar, und da der Winter nicht mehr

weit war, war der Boden kahl und trocken. Soeben war der Mond über den Hügeln aufgegangen.

Auf einmal ertönte ein lautes Krachen, das die anwesenden Damen in schrille Schreie ausbrechen ließ und die Männer dazu brachte, mit einem Satz aufzuspringen. Mit großer Wucht kam ein Erzbrocken durchs Fenster geflogen und schoss mitten durchs Zimmer. Nach dem Fensterglas zersplitterte der elektrische Kronleuchter, bevor der Erzbrocken den Spiegel über der Anrichte erreichte und ihn zerspringen ließ, worauf das Wurfgeschoss schließlich auf der Anrichte inmitten von zerschlagenem Porzellan liegen blieb.

Dieser Anschlag war so unerwartet gekommen, dass alle Anwesenden völlig schockiert waren. Tante Royal fand als Erste ihre Sprache wieder. »Das war sicher einer dieser verrückten Bergarbeiter«, sagte sie voller Hass.

»Nein, das glaube ich nicht!«, protestierte Stuart rasch. Er war fest davon überzeugt, dass nur ein Betrunkener für diesen Vorfall verantwortlich sein konnte, und im Stillen verwünschte er die Kneipen und ihre Betreiber.

Ohne viele Worte zu machen, stürzten die Männer auf die Veranda, und der ältere Mr Vasplaine befahl den Dienstboten, so schnell wie möglich seine Pferde zu satteln. Kurz darauf ritten Mr Vasplaine senior und sein Bruder den Abhang hinunter. Sie wollten den Schuldigen verfolgen und außerdem die Polizei in Champion von dem Verbrechen informieren.

Mr Vasplaine junior erklärte sich bereit, die Damen nach Hause zu bringen, und so machte sich Stuart ebenfalls auf den Weg in die Stadt, um diesem Zwischenfall auf den Grund zu gehen. Er konnte sich nicht vorstellen, dass einer der Bergarbeiter so eine schreckliche Tat begangen hatte. Bisher war es nur unter dem Einfluss von Alkohol zu Vorfällen gekommen, die den Zorn der Bergwerksbesitzer herausgefordert hatten. Abgesehen davon besaß die Familie Vasplaine seit einigen Jahren keine Bergwerke mehr und hatte mit dieser Auseinandersetzung nichts zu tun.

Als Stuart in die Stadt kam, war alles ruhig und friedlich. Die meisten Bergarbeiter waren immer noch beim DeMott-Bergwerk, doch es hieß, dass am selben Abend noch eine große Anzahl von Männern in die Stadt kommen würde. Stuart hielt sich eine Weile in seinem Büro auf, und da nichts geschah, machte er sich schließlich auf den Heimweg.

Als er jedoch auf die Straße hinaustrat, sah er die Mitglieder der Heilsarmee ein Stück entfernt auf dem harten Pflaster knien. Sie hatten sich unter freiem Himmel getroffen, bevor sie ihre regelmäßige Versammlung in der Halle abhielten. Rhena Dwight kniete ebenfalls auf dem Boden und betete, wobei sie ihr Gesicht zum Himmel gerichtet hatte. Stuart konnte zwar nicht verstehen, was sie sagte, doch er erkannte ihr blasses und ernstes Gesicht. Einen Augenblick lang zögerte er und überlegte, ob er nach Hause gehen sollte, doch dann entschied er sich anders. Er würde in die Versammlungshalle der Heilsarmee gehen und eine ihrer Veranstaltungen besuchen. Als die uniformierten Männer und Frauen schließlich wieder aufstanden und von Trommelschlägen begleitet in das Gebäude marschierten, drehte sich Stuart langsam um und folgte der Gruppe in geringem Abstand.

Hätte sich Stuart beim Betreten der Halle nicht so auf seine Umgebung konzentriert, dann hätte er vielleicht ein Geräusch vernommen, das durch die frostklare Luft von den Hügeln in die Stadt drang. Es war das Stampfen von Tausenden von Füßen, die auf die Stadt Champion zumarschierten.

Ein unvergesslicher Abend

Das Gebäude der Heilsarmee war eine ehemalige Lagerhalle, in der man früher Ausrüstungen für die Bergarbeiter aufbewahrt hatte. Sie fasste etwa vierhundert Personen. Außer Holzstühlen und zwei gusseisernen Öfen, die jeweils an einer Schmalseite des Raumes standen, gab es keine weiteren Möbel. Über eine Ecke war eine Fahne drapiert, und als Stuart zur Tür hereinkam, nahmen die Mitglieder der Heilsarmee gerade auf der kleinen Bühne Aufstellung, die sich etwa sechzig Zentimeter oberhalb des Fußbodens befand.

Obwohl an diesem Tag viele Bergarbeiter zum DeMott-Bergwerk marschiert waren, um vor Ort zu sein, falls die angekündigten Arbeiter eintrafen, war immer noch eine ganze Reihe von Männern in der Stadt. Im Laufe dieses Streiks waren viele Leute auf die Heilsarmee aufmerksam geworden, und so war der Versammlungssaal brechend voll. Sogar alle Stehplätze waren besetzt, und man hatte nur noch den mittleren Gang frei gelassen, damit die Zuhörer dem Aufruf zur Bekehrung folgen und nach vorne kommen konnten.

Selbst der Mann, der am Rande der Bühne die große Trommel schlug, hatte kaum genug Platz, um mit seinem Arm richtig auszuholen. Während der Versammlung geschah es einmal, dass er einem vorwitzigen Zuhörer einen Schlag auf die Nase verpasste. Der kleine Vorfall stiftete vorübergehende Verwirrung, doch gleich darauf hatte sich alles wieder beruhigt.

Obwohl Stuart inzwischen mit den Straßeneinsätzen der Heilsarmee vertraut war und auch ihre riesigen Versammlungen in London gesehen hatte, war dieser Abend etwas völlig Neues für ihn. Da in den letzten Tagen sein ganzes Leben auf den Kopf gestellt worden war, erwartete er mit großem Interesse, welche Auswirkung diese Veranstaltung auf seinen neuen Glauben haben würde.

Er hatte in der sechsten Reihe einen Platz direkt neben dem Gang gefunden und konnte alles gut überblicken. Fast alle Anwesenden waren Männer, doch es befanden sich auch einige Bergarbeiterfrauen und ein paar junge Mädchen unter den Zuhörern. Schließlich begann der Gottesdienst mit einem feurigen Solo. Der Sänger war ein kräftiger Engländer mit einem runden Gesicht, und seine Stimme war so laut, dass sie die Fensterscheiben zum Vibrieren brachte.

Ich war ein großer Sünder,
Drum war verloren ich.
Doch Gott liebt seine Kinder,
Er hat errettet mich!
Gott lächelt nun auf mich herab,
Die Hölle fürcht ich nicht;
Denn wenn der Teufel mich versucht,
Ins Ohr ihm flüstere ich:

Nun stimmten alle Chorsänger in den Refrain mit ein und sangen kräftig nach der Melodie eines bekannten Volksliedes:

Geh, Satan, fort!
Ich brauch dich nicht!
Ich folge Jesus, meinem Herrn,
Denn sein Soldat bin ich.

Die letzte der fünf Strophen lautete:

Das Opfer, das wir sammeln,
Soll ehren unsern Herrn.
Auch wenn der Teufel flüstert:
»Von Armen nimmt man's gern!«
Ich geb mein Scherflein treulich her,
Hab ich auch nicht viel Guts,
Der Segen Gottes macht mich reich,
Drum sag ich frohen Muts:

Geh, Satan, fort!
Ich brauch dich nicht!
Ich folge Jesus, meinem Herrn,
Denn sein Soldat bin ich.

Die Wirkung, die dieses Lied auf die Zuhörer hatte, war erstaunlich. Da die meisten Bergarbeiter Musik liebten, begannen sie schon gegen Ende der zweiten Strophe, mit ihren Füßen den Takt zu klopfen. Nach der dritten Strophe stimmten fast alle Anwesenden in den Refrain mit ein, obwohl man sie gar nicht zum Mitsingen aufgefordert hatte.

Allerdings ließen sich die uniformierten Männer und Frauen dadurch keineswegs aus der Ruhe bringen. Es musste schon mehr passieren, damit diese sturmerprobte Truppe ins Wanken geriet. Nachdem das erste Lied zu Ende war, knieten die Menschen auf der Bühne nieder.

Inmitten der kleinen Gruppe kniete Rhena Dwight. Auf die Zuhörer hatte sich inzwischen eine ehrfürchtige Stille gesenkt, die einen starken Kontrast zu dem vorangegangenen Lärm bildete. Über Rhenas Kopf hing eine rußende Kerosinlampe, und als Stuart das junge Mädchen in dieser einfachen Umgebung sah, musste er daran denken, woher sie stammte und wer sie war. Von ihren feinen Gesichtszügen konnte er ablesen, dass sie große Kämpfe durchgemacht hatte und als Sieger daraus hervorgegangen war. Ihr Gebet ähnelte der flehentlichen Bitte, die sie erst kürzlich im Park geäußert hatte, und immer wieder bestätigten die anderen Betenden ihre Worte durch ein geflüstertes »Amen!« oder »Halleluja!«. Stuart blickte sich flüchtig unter den Zuhörern um und entdeckte in vielen der abgearbeiteten Gesichter Zeichen der Rührung. Er senkte den Kopf, und als er nach dem Gebet wieder aufschaute, standen auch in seinen Augen Tränen.

Unmittelbar auf Rhenas Worte folgten einige kurze Gebete, die von verschiedenen Mitgliedern der Heilsarmee gesprochen wur-

den. Danach standen alle wieder auf, und eine junge Frau trat nach
vorne. Sie sang ein Solo, das nur von einem Tamburin begleitet
wurde. Während dieses Liedes reichten zwei uniformierte Männer
andere Tamburins durch die Reihen, um damit eine Kollekte einzusammeln. Ein paar spärliche Münzen fielen in die pergamentbezo-
genen Gefäße, während die junge Sängerin sang.

Danach begann Rhena zu sprechen, und ihre Worte prägten
sich tief in Stuarts Gedächtnis ein. Es war erstaunlich, welchen
Eindruck ihr kurzer Vortrag auf diese rauen und ungebildeten
Zuhörer machte. Rhena Dwight war in einem ganz anderen
gesellschaftlichen Milieu aufgewachsen und in der Kunst oberflächlicher Höflichkeit und Etikette unterwiesen worden. Dennoch gelang es ihr, mit schlichten und eindringlichen Worten die
Herzen dieser armen und schwer arbeitenden Menschen zu erreichen. Die Männer und Frauen, die in der alten Lagerhalle versammelt waren, lauschten mit angehaltenem Atem und sogen jedes
einzelne Wort in sich auf. Rhena erzählte ihren Zuhörern, dass
Gott aus seiner großen Liebe heraus seinen Sohn in diese Welt
gesandt hatte, um sie zu retten. Sie hielt keine steife Predigt, sondern appellierte an ihre Zuhörer wie ein Freund, der sie vor einer
großen Gefahr warnen will. Der Vortrag dauerte nur wenige
Minuten, und danach schloss sie mit der Einladung, dass jeder,
der seine Sünden bekennen wolle, nach vorne kommen und vor
der Bühne niederknien könne.

Sofort stolperte ein älterer Mann den Mittelgang entlang. Er
schien getrunken zu haben, denn er torkelte immer wieder gegen
die Personen, die zu beiden Seiten des Ganges saßen. Hätten diese
Leute ihn nicht immer wieder mit sanften Stößen in die richtige
Richtung bugsiert, wäre er womöglich nie vor der Bühne angelangt. Schließlich schaffte er es jedoch und ließ sich ergriffen auf
die Knie fallen.

In diesem Moment stimmte Rhena erneut ein Lied an, und ihre
wunderschöne Stimme füllte den ganzen Raum.

Komm doch nach Hause, Wanderer,
Wend dich dem Vater zu.
Denn seine Gnade gibt dir Kraft
Und schenkt dir ew'ge Ruh.

Komm doch nach Hause, Wanderer,
Dein Retter liebt dich doch,
Komm zu dem Kreuz und du wirst seh'n:
Er trägt der Sünde Joch.

Am Ende jeder Strophe stimmten die anderen Mitglieder der Heilsarmee in den Refrain mit ein:

Denn Jesus liebt dich immerdar,
Drum komm zu ihm und sage Ja!

Der Kontrast zwischen Rhenas wunderbarer Stimme und dem ungeübten Chor ließ Stuart jedes Mal zusammenzucken.

Rhena Dwight schien dieses laute Getöse jedoch nichts auszumachen, denn sie lächelte dem Mann zu, der eifrig die große Trommel bearbeitete, und nickte zustimmend mit dem Kopf, wenn die übrigen Sänger beim Refrain mit einstimmten.

Während des Liedes waren mehrere Personen nach vorne gekommen und hatten sich vor der Bühne auf den Boden gekniet. Anschließend verkündete der Mann mit dem runden Gesicht, der die Versammlung leitete, dass nun einige Zeugnisse folgen würden. Fast jedes Mitglied der Heilsarmee trat vor und erzählte in wenigen Sätzen, was Jesus in seinem Leben getan hatte. Gespannt lauschten die Zuhörer jeder einzelnen Botschaft und klatschten danach begeistert in die Hände. Meistens hörten sich diese schlichten Zeugnisse etwa so an: »Vor zwei Monaten habe ich hier in diesem Saal den Herrn Jesus gefunden. Preis sei ihm! Ich bin ein anderer Mensch geworden!«

»Es ist jetzt genau drei Wochen her, seit ich erkannt habe, dass

Jesus auch für mich am Kreuz gestorben ist. Ich habe ihm mein Herz gegeben. Halleluja!«

»Vor einem Jahr war ich noch ein schlimmer Säufer, doch inzwischen hat mich das Blut Jesu von allen meinen Sünden rein gewaschen. Preis sei ihm für meine Erlösung!«

»Bevor ich mich bekehrt habe und der Heilsarmee beigetreten bin, war ich überall als der ewig betrunkene Joe bekannt. Jetzt bin ich ein neuer Mensch, und ich habe seit über einem Monat keinen Tropfen mehr angerührt. Inzwischen heiße ich nur noch Joseph, denn der Herr hat mich befreit!«

Nach diesem Zeugnis, das unter den Zuhörern ein gewisses Schmunzeln hervorrief, kam eine junge Frau nach vorne, die sich erst vor kurzem bekehrt hatte. Sie erklärte mit zitternder Stimme: »Es ist noch gar nicht lange her, da war ich eine Ausgestoßene, die von vielen Menschen gemieden wurde. Dann hat mich die Heilsarmee gefunden und mir erzählt, dass Jesus mich lieb hat. Jetzt bin ich errettet und meine Sünden sind mir vergeben. Preis sei Gott!«

Während Stuart diesen aufrichtigen Bekenntnissen lauschte, stieg eine große Freude in ihm auf. Er war tief bewegt von den schlichten Worten, mit denen diese einfachen Menschen bezeugten, was Jesus in ihrem Leben getan hatte. Obwohl sich die kurzen Botschaften voneinander unterschieden, schienen sie alle eine ähnliche Erfahrung zu beschreiben wie jene, die er selbst erst vor wenigen Tagen gemacht hatte.

Als er dieses Gebäude betreten hatte, hatte Stuart nicht daran gedacht, dass er selbst vor diesem Publikum sprechen könnte, doch nun schien es ihm das einzig Richtige zu sein. Er spürte einen starken inneren Drang, und so stand er auf und räusperte sich ein wenig befangen. Eine spannungsgeladene Stille entstand, und alle Augen waren auf ihn gerichtet, als er sagte: »Liebe Freunde, ich möchte mich den anderen anschließen und bezeugen, dass ich ebenfalls die Hand Gottes in meinem Leben gespürt habe. Ich habe Jesus Christus als meinen persönlichen Erlöser angenommen und möchte mit seiner Hilfe ein Leben führen, das ihm gefällt.«

Die Worte klangen schlicht und nüchtern und enthielten keinen falschen Stolz, doch sie hinterließen einen tiefen Eindruck bei seinen Zuhörern. Rhenas Gesicht rötete sich vor Freude, und ihre Lippen bewegten sich, als ob sie ein lautloses Dankgebet sprechen würde. Die anderen Mitglieder der Heilsarmee sahen erstaunt aus, wogegen die älteren Bergarbeiter, die Stuart schon seit seiner Kindheit kannten, ihn anstarrten, als hätten sie ihn noch nie vorher gesehen. Und da Stuart ein völlig neuer Mensch geworden war, entsprach das ja gewissermaßen auch den Tatsachen.

Während die Zuhörer noch damit beschäftigt waren, diese Neuigkeit zu verdauen, wurde die Stille plötzlich von einem lauten Geräusch durchbrochen. Von der Straße her ertönte das Stampfen vieler schwerer Stiefel, und mit einem Schlag sprangen alle Anwesenden auf ihre Füße. Ein Mann, der in der Nähe der Tür stand, rief den anderen zu: »Beim DeMott-Bergwerk hat es einen Aufruhr gegeben und jetzt werden die Soldaten in die Stadt gebracht!«

Im nächsten Augenblick entstand ein großes Gedränge, da alle Leute zur Tür strebten und ins Freie wollten. Stuart stand in der Nähe der Bühne, und es schien ihm das Natürlichste der Welt zu sein, mit Rhena Dwight ein Gespräch anzufangen. Während der Raum sich rasch leerte und der Tumult vor der Tür immer lauter wurde, erzählte er ihr von seiner Bekehrung. Voller Freude berichtete er, wie er zum ersten Mal in seinem Leben eine persönliche Begegnung mit Gott gehabt und begriffen hatte, dass der auferstandene Herr Jesus ihn in seine Nachfolge rief. Aus irgendeinem Grund kam es ihm überhaupt nicht merkwürdig vor, dass er dieser zierlichen jungen Frau in der Uniform der Heilsarmee seine tiefsten Gefühle mitteilte. Rhena hörte ihm aufmerksam zu, und ihre Augen leuchteten, als sie schließlich sagte: »Ich danke Ihnen, dass Sie mir das erzählt haben, Mr Duncan.«

Die Unterhaltung hatte nur ein paar Minuten gedauert, und nachdem Stuart noch mit einigen anderen Mitgliedern der Heils-

armee geredet und von ihnen ein herzliches »Gott segne Sie!«
erhalten hatte, machte er sich auf den Weg zur Tür. Auf halber
Strecke drehte er jedoch plötzlich um und eilte zu Rhena zurück.
Mit besorgter Stimme sagte er:»Miss Dwight, ich hoffe, dass Sie
heute Abend nicht noch einmal Ihr Leben aufs Spiel setzen werden.
Ich weiß nicht, was Sie im Sinn haben, doch Sie haben bei früheren
Gelegenheiten schon viel zu viel riskiert. Ich bitte Sie inständig:
Halten Sie sich heute von dieser wütenden Menschenmenge fern!«

Stuart wartete ihre Antwort nicht ab, sondern machte sofort wieder kehrt und ging zur Tür. Rhena hatte ein wenig überrascht ausgesehen, so dass Stuart überlegte, ob seine Bitte womöglich wie
ein Befehl geklungen hatte. Sobald er jedoch vor die Tür trat, wurde dieser Gedanke sofort in den Hintergrund gedrängt, da die
aktuellen Ereignisse nun seine ganze Aufmerksamkeit beanspruch-
ten. Die Szenerie ähnelte den vorangegangenen Demonstrationen
der Bergarbeiter, doch jetzt fragte sich Stuart bestürzt, ob sich die
Situation schon so dramatisch zugespitzt hatte, dass es heute
Abend zu einer Tragödie kommen würde.

Dieser Gedanke schoss ihm durch den Kopf, noch bevor er hörte, was an diesem Abend vorgefallen war. Während er sich im Haus
der Vasplaines und in der Halle der Heilsarmee aufgehalten hatte,
war es vor dem DeMott-Bergwerk zu einer gewaltsamen Auseinandersetzung zwischen Bergarbeitern und Soldaten gekommen. Im
Verlauf dieses Konflikts hatten die Soldaten mit ihren Gewehren
zwei Bergarbeiter getötet und einige Männer verletzt. Bevor sie
jedoch zum zweiten Mal anlegen konnten, waren sie von der Übermacht der Bergarbeiter überwältigt und entwaffnet worden.

Nach einer kurzen und hitzigen Debatte hatten die Streikenden
beschlossen, sich in angemessener Weise an den Truppen zu
rächen. Sie hatten allen Soldaten die Hände zusammengebunden,
sie in ihre Mitte genommen und waren mit ihnen über die Hügel in
die Stadt marschiert. Sobald sie dort angelangt waren, wollten sie
eine kurze öffentliche Verhandlung abhalten und danach die Offi-

ziere erschießen. Die Exekution sollte in Champion stattfinden, da die beiden getöteten Männer aus dieser Stadt stammten. Ihre Leichen wurden zum Marktplatz getragen und vor die Bühne gelegt. Davor stellte man die gefesselten Soldaten samt ihren Offizieren, und auf allen übrigen freien Plätzen drängten sich die Bergarbeiter und eine Menge Schaulustiger.

Es dauerte nicht lange, bis Stuart erfahren hatte, was geschehen war, und als ihm klar wurde, welch furchtbare Tragödie sich hier anbahnte, spürte er eine würgende Übelkeit in sich aufsteigen. Noch nie hatte er erlebt, dass die Einwohner von Champion sich in einer Sache so einig waren. Sie waren nur von dem einen Gedanken beherrscht, eine schnelle und blutige Vergeltung zu üben.

Inzwischen war der Mond aufgegangen und überflutete den kleinen Platz mit seinem gelblichen Licht. Es war sehr kalt und völlig windstill. Etwa zwölf Bergarbeiter stiegen auf die Bühne und begannen mit dieser Farce einer Gerichtsverhandlung, auf die die bereits beschlossene Exekution von mindestens sechs Soldaten folgen sollte.

Eine lähmende Hoffnungslosigkeit überfiel Stuart, so dass er sich einen Augenblick lang nicht rühren konnte. Die ganze Stadt stand in diesem Moment unter dem Einfluss der aufgebrachten Menschenmenge, und die wenigen Polizisten konnten nur ohnmächtig zusehen. Was konnte die drohende Katastrophe noch abwenden, und wohin würde diese schreckliche Entwicklung führen? Die nächsten staatlichen Truppen waren im hundert Meilen entfernten Hancock stationiert, und bevor sie hier eintreffen konnten, würde das Entsetzliche längst geschehen sein.

Verzweifelt stöhnte Stuart auf und wünschte sich nichts sehnlicher, als dass Eric hier sein und die rasende Menge zur Vernunft bringen könnte. Ohne richtig darüber nachzudenken, schob er sich durch das Gedränge, um wenigstens den aussichtslosen Versuch zu machen, diese Gräueltaten zu verhindern. Plötzlich wurde er so unvermittelt am Kragen gepackt, dass er beinahe nach hinten fiel.

Als Stuart sich empört umschaute, entdeckte er Dr. Saxon, der sich vom Kutschbock seines Buggys heruntergebeugt und ihn fest gehalten hatte. »Wie es aussieht, sind heute Abend zwei Verrückte unterwegs. Wenn ihr wollt, schließe ich mich euch an, dann sind wir ein unschlagbares Kleeblatt!«, meinte der Arzt mit dem ihm eigenen Sarkasmus.

»Dr. Saxon? Wie kommen Sie denn hierher?«, rief Stuart erstaunt. Gleich darauf riss er vor Verblüffung die Augen auf, als der Doktor eine Decke lüftete und auf Eric zeigte, der blass und schwach neben ihm auf dem Sitz lag. »Du bist tatsächlich hier, Eric?«, fragte Stuart nun und hatte das Gefühl, er träume.

»Auf geht's! Wenn ihr tatsächlich diesen Wahnsinn verhindern wollt, müsst ihr schnell wie der Blitz sein!«, ordnete Saxon an und erklärte Stuart in knappen Worten, weshalb er hier erschienen war. »Ich war beim DeMott-Bergwerk, als dieser Krawall losging. Auf meinem Heimweg nach Champion fuhr ich bei deinem Haus vorbei, um nach Eric zu sehen. Nachdem ich ihm erzählt hatte, dass die Männer gerade mit den Soldaten nach Champion marschieren, sagte er ganz aufgeregt, dass er unter allen Umständen in die Stadt gehen und mit den Bergarbeitern reden müsse. Vermutlich wird es ihn umbringen, doch er hat mir versichert, dass er auf allen vieren hierher kriechen würde, falls ich ihn nicht mit meinem Wagen fahren würde. Wenn er nicht durchkommt, ist es auf jeden Fall Selbstmord und keine falsche Behandlung meinerseits. Aber womöglich wird er es trotzdem schaffen, denn aus irgendeinem Grund scheint es mir nicht zu gelingen, auch nur einen dieser störrischen Streikenden umzubringen. Hier! Hilf ihm heraus, Stuart! Er will tatsächlich in die Höhle des Löwen gehen und diesen verrückten Bergarbeitern sagen, was sie tun sollen. Vorsichtig! Ich wette mit dir um einen Tageslohn, dass er ohnmächtig werden wird, bevor er überhaupt seinen Mund aufmachen kann!«

Während der Doktor diese schroffen Worte äußerte, half er Stuart dabei, seinen Freund so behutsam wie möglich aus dem Wagen zu heben. Offensichtlich litt Eric große Schmerzen, doch er bat seine beiden Helfer mit einer Handbewegung, ihn durch die Menge nach vorne zu tragen.

Wenn Stuart es sich richtig überlegte, war es eigentlich gar keine so große Überraschung, dass Eric hier aufgetaucht war. Als er die Umstehenden aufforderte, für Eric Platz zu machen, und ihre respektvolle Haltung beobachtete, wurde ihm bewusst, dass Erics Anwesenheit ein Geschenk Gottes war. Die Bergarbeiter waren verwundert, als sie sahen, dass ihr verletzter Anführer nach vorne gebracht wurde. Rasch wichen sie ein Stück zurück, so dass ein freier Gang bis zur Bühne entstand. Nachdem er schließlich dort angelangt war, rief Eric drängend: »Jetzt tragt mich schnell die Stufen hinauf. Schnell! Ich will zu den Männern sprechen. O Gott, lass sie keine so schreckliche Sünde begehen!«

Erics Entschlossenheit weckte in Stuart die Hoffnung, dass sein Freund sich bald wieder erholen würde. Inzwischen waren einige Männer die Treppe heruntergestiegen, um Stuart und dem Doktor zu helfen. Bis jetzt wussten sie noch nicht, was Eric dazu bewogen hatte, hier zu erscheinen, doch ihr Respekt vor ihm war so groß, dass keiner auf die Idee gekommen wäre, ihm eine Ansprache zu verweigern.

Die Männer schafften Eric auf die Bühne, worauf Dr. Saxon und Stuart ihn vorsichtig aufrichteten und festhielten. Nun war Eric in der Lage, auf die riesige Menschenmenge herabzublicken, und dieses Bild würde ihm sein Leben lang im Gedächtnis bleiben.

Da der Vollmond schien, waren keine Fackeln oder Laternen nötig, um den Marktplatz zu erhellen. Die Leichen der beiden Getöteten hatte man vor der Bühne auf ein erhöhtes Brettergestell gelegt, damit sie auch für die Zuschauer in den letzten Reihen sichtbar waren. Ihre bleichen Gesichter waren unbedeckt und schienen in die unendliche Weite des Universums zu starren. Unmittelbar vor den Leichen hatte man die gefesselten Soldaten aufgestellt, und einige von ihnen wurden von den nachdrängenden

Menschen so weit nach vorne geschoben, dass sie das unheimliche Brettergestell berührten. Das fahle Mondlicht und die bleichen Gesichter der Toten verliehen der ungewöhnlichen Versammlung eine beinahe gespenstische Atmosphäre. Als sich nun alle Augen auf Eric richteten, spiegelte sich auf den Gesichtern der Bergarbeiter eiserne Entschlossenheit und unbarmherzige Härte.

Nur ein wirklich großer Mann kennt das Herz der großen Masse, und wahrscheinlich gab es an jenem Abend niemanden außer Eric, der es schaffen konnte, diese aufgebrachte und wütende Menschenmenge zum Nachdenken zu bewegen. Doch Eric Vasall stand vor seinen Freunden und Brüdern, für die er alle anderen Zukunftspläne und Ambitionen geopfert hatte. Es gab kein größeres und heiligeres Ziel für ihn, als diesen armen Bergarbeitern zu besseren Lebensbedingungen zu verhelfen, und daher hätte keiner ihm das Recht streitig gemacht, in dieser kritischen Situation seine Meinung zu äußern.

Doch welche Gründe konnte er nennen, um seine Zuhörer von ihrem Vorhaben abzubringen? Obwohl Stuart und Dr. Saxon jedes einzelne Wort verstanden, konnten sie Erics Plädoyer hinterher nicht mehr wiederholen und wussten nicht genau, was seinen Argumenten solche Schlagkraft verliehen hatte. Der Arzt staunte über die kräftige Stimme seines Patienten, die nicht vor Schwäche zitterte, sondern bis in den letzten Winkel des Platzes drang. Im Stillen rechnete er damit, dass Eric nach dieser großen Anstrengung zusammenbrechen würde, und beobachtete ihn deshalb sehr sorgfältig.

Im Großen und Ganzen lief Erics Ansprache darauf hinaus, dass die Männer das gemeinsame Anliegen nicht aus den Augen verlieren durften, das sie zusammengeschweißt und dazu veranlasst hatte, unzählige Opfer zu bringen. Dieses hohe Ziel durfte nicht durch ein gemeines Verbrechen besudelt werden. Eindringlich versicherte Eric den Bergarbeitern, dass der Triumph, den sie empfinden würden, falls sie diese blutige Rache tatsächlich vollzogen, nur

138

eine kurze Weile andauern würde. Sobald sie jedoch das Gesetz übertraten, hatten sie mit einem Schlag alles zunichte gemacht, wofür sie so lange gekämpft hatten. Außerdem appellierte Eric an das Gewissen der Leute und erinnerte sie an die vielen Gebete, die auf diesem Platz gesprochen worden waren. Wie konnte ein gerechter und barmherziger Gott Wohlgefallen an ihnen haben, wenn sie ihm zuerst Treue und Gehorsam gelobten und anschließend solche Freveltaten begingen? Konnte Rache die getöteten Männer wieder zum Leben erwecken? Mit großem Nachdruck versicherte Eric seinen Zuhörern, dass er genau verstehen konnte, wie zornig sie über diese schrecklichen Vorfälle waren. Doch wenn sie jetzt in ihrer Wut die Soldaten töteten, wäre mit einem Schlag jede öffentliche Sympathie verschwunden. Kein Mensch würde mehr Mitleid oder Erbarmen mit ihnen haben, und die Erinnerung an dieses furchtbare Verbrechen würde noch weiterleben, wenn sie alle längst tot waren.

Noch nie zuvor hatte Eric so eindringlich und leidenschaftlich an seine Standesgenossen appelliert und noch nie zuvor hatte er so viel aufs Spiel gesetzt wie heute. Dabei hoffte er inständig, dass er bis zum Schluss durchhalten konnte, denn hier und da glaubte er einige Anzeichen zu erkennen, die darauf hindeuteten, dass die Männer einlenken würden. Hoffentlich verließen ihn seine Kräfte nicht, bevor er die Bergarbeiter davon überzeugt hatte, dass sie ihren furchtbaren Racheplan aufgeben mussten! Auf einmal begann er jedoch zu schwanken, und wenn Stuart und Dr. Saxon ihn nicht mit aller Kraft festgehalten hätten, wäre er umgefallen. Sein ganzer Körper schmerzte, und nun schien die mondüberflutete Szene vor seinen Augen zu verschwimmen. Das eintönige Murmeln der Menschenmenge rauschte in seinen Ohren wie eine weit entfernte Brandung. Plötzlich gehorchte ihm seine Stimme nicht mehr und es kam ihm so vor, als würde seine Zunge am Gaumen kleben. Aber er durfte jetzt einfach noch nicht schlappmachen!

Genau in diesem Moment erklang eine einzelne Stimme, die

sich deutlich vom Raunen der Menschenmenge abhob. Sie kam von den Eingangsstufen des Heilsarmeegebäudes, das ganz in der Nähe des Bahnhofs am Rande des Platzes stand. Es war Rhena Dwight, die mit ihrem wunderbaren, melodischen Sopran ein Lied angestimmt hatte.

Kurz nach ihrer Ankunft hatte die junge Frau festgestellt, dass die Einwohner von Champion Musik über alles liebten. Und Rhena hatte schon oft erlebt, dass empörte Gemüter und aufgewühlte Herzen sich beim Klang ihrer Stimme beruhigt hatten. Die Musik war eine Gabe, die Gott ihr geschenkt hatte, um die Menschen auf das aufmerksam zu machen, was Gott von ihnen wollte. Als Rhena nun bemerkte, dass Eric kurz vor einem Zusammenbruch stand, sprang sie rasch ein und stimmte ein Lied an, das die Aufmerksamkeit der Leute in die richtige Richtung lenken sollte.

Da sie sich an einem günstigen Platz befand und eine sehr klare Aussprache besaß, war es kein Wunder, dass ihre Stimme überall deutlich zu hören war. Doch die eindringliche Warnung, die durch ihr Lied vermittelt wurde, konnte ihr nur Gott selbst in den Mund gelegt haben.

> *Ich weiß, es gibt eine schöne Stadt,*
> *Mit Straßen aus purem Gold;*
> *Ist keiner, der irdische Worte hat*
> *Für all die Schönheit so hold.*
> > *Doch ich weiß es, ich weiß es:*
> > *Ich werde sie seh'n!*

Mit leuchtenden Augen sang Rhena von der himmlischen Stadt, die Gott für die Menschen bereitet, und mit jeder Strophe wurde die aufgebrachte Menge ruhiger, bis schließlich betretene Stille herrschte, als die junge Frau beim letzten Vers angelangt war:

> *Und wer diese Stadt betreten will,*
> *Der trägt ein weißes Gewand.*

Er folgt den Spuren Jesu still
und kämpft für ihn Hand in Hand.
Und ich strebe, ich strebe,
Um dich dort zu seh'n!

Noch nie schien die Musik in irgendeinem Drama oder an irgendeinem Ort auf dieser Welt eine so entscheidende Rolle gespielt zu haben. Bevor das Lied zu Ende war, hatte Eric das Bewusstsein verloren, und sein Gesicht wurde plötzlich so bleich wie die Gesichter der Toten. Rasch legten seine beiden Helfer ihn auf den Boden und taten alles, was in ihrer Macht stand, um seine Lebensgeister zu wecken.

Rhenas Gesang ließ Stuarts Puls schneller schlagen. Diese Stimme übertraf alles, was er in den prächtigen Opernhäusern Europas an berühmten und gefeierten Musikern gehört hatte. Wie konnte man diese Sänger auch mit so einer einzigartigen jungen Frau vergleichen, die ihr Talent einsetzte, um Leben zu retten und Gewalttaten zu verhindern?

Vermutlich legte Stuart an jenem Abend endgültig Rhena Dwight sein Herz zu Füßen. Nachdem er sein ganzes Leben Gott übergeben hatte, schien es beinahe eine natürliche Folge zu sein, dass er dieser außergewöhnlichen jungen Frau seine Liebe schenkte.

Als das Lied zu Ende war, ging ein Aufseufzen durch die versammelte Menge, als ob alle während Rhenas Gesang den Atem angehalten hätten. Dann begannen die Leute zu flüstern und zu tuscheln, und es wurde rasch deutlich, dass die Stimmung umgeschlagen hatte. In den Herzen der rauen Bergarbeiter war eine Saite angerührt worden, die der Zorn über das erlittene Unrecht verschüttet hatte. Die meisten von ihnen waren keine grausamen und brutalen Menschen, sondern besaßen vielmehr ein tiefes religiöses Empfinden. Ihr größtes Anliegen war, dass dieser Streik erfolgreich enden würde, und viele ließen sich nun die Tatsachen durch den Kopf gehen, die Eric ihnen so eindringlich vor Augen gehalten hatte.

Auf der Bühne ergriff jetzt ein älterer Bergarbeiter das Wort. Er wusste, dass die Männer in die Stadt marschiert waren, um das Gesetz selbst in die Hand zu nehmen, und teilte Erics Ansicht, dass dies um jeden Preis verhindert werden musste. Deshalb forderte er die Zuhörer auf, Vernunft anzunehmen, und fragte sie, was sie denn damit erreichen würden, wenn sie das Blut der Soldaten vergossen. Allmählich wurden immer mehr Stimmen laut, die eine Abstimmung der Gewerkschaft forderten.

»Die Gewerkschaft soll die Entscheidung treffen!«, schrie jemand.

»Ja, und nach ihr werden wir uns alle richten«, bekräftigte ein anderer.

Also wurden nun zwei verschiedene Möglichkeiten zur Wahl gestellt: Entweder sollten die Truppen den Behörden ausgeliefert werden, damit sie eine faire Gerichtsverhandlung erhielten, oder die Bergarbeiter würden sich auf ihre eigene Weise an den Soldaten rächen. Die Abstimmung geschah durch Handzeichen, und weniger als ein Viertel der Bergarbeiter stimmten dafür, selbst an den Soldaten Vergeltung zu üben. Die überwältigende Mehrheit entschloss sich hingegen, die ganze Angelegenheit in die Hände der zuständigen Behörden zu übergeben.

Nach dieser Entscheidung stiegen die Bergarbeiter von der Bühne herunter, und Stuart und Dr. Saxon trugen Eric zum Wagen zurück. Zwischendurch kam Eric kurz zu sich und bat darum, in sein eigenes Haus gebracht zu werden. Obwohl seine beiden Freunde ihn lieber wieder zum Haus der Duncans gefahren hätten, gaben sie nach und erfüllten seinen Wunsch. Nachdem sie Eric nach Hause transportiert und sich davon überzeugt hatten, dass es ihm einigermaßen gut ging, kehrte Stuart auf den Marktplatz zurück.

Die Entscheidung der Gewerkschaft wurde in die Tat umgesetzt, indem man die Soldaten samt ihren Offizieren in ein Fördermaschinenhaus brachte und sie dort einsperrte. Mit den Polizisten wurde die Vereinbarung getroffen, dass die Bergarbeiter beim Bewachen der Gefangenen helfen würden. Die Bergarbeiter begründeten ihr Vorgehen damit, dass die Truppen ohne vorherige Warnung auf sie gefeuert hätten, und dass es deshalb gerechtfertigt sei, die Soldaten festzuhalten.

Gleich am nächsten Morgen wurden die Truppen von den zuständigen Behörden wieder zum DeMott-Bergwerk geschickt, und kurz darauf kam die Angelegenheit vor Gericht. Im Laufe der Verhandlung stellte sich heraus, dass nicht genügend Beweise für die Behauptungen der Bergarbeiter vorhanden waren. Aus diesem Grund wurde die Anklage fallen gelassen, nachdem festgestellt worden war, dass beide Seiten in hohem Maße provoziert worden waren. Trotz dieses Urteils hielten die Bergarbeiter an ihrer Aussage fest, dass die Soldaten ein großes Unrecht begangen hätten. In ihren Augen handelte es sich beim Tod der beiden Männer eindeutig um Mord, und sie betrachteten die abgewiesene Anklage gegen den Offizier, der das Kommando zum Schießen gegeben hatte, als einen schrecklichen Justizirrtum.

Als Stuart an diesem unvergesslichen Abend nach Hause kam, wurde ihm bewusst, dass in der Auseinandersetzung zwischen Bergwerksbesitzern und Arbeitern immer noch keine Lösung in Sicht war. Kopfschüttelnd dachte er daran, dass sich dieser ganze Konflikt im Grunde genommen nur um eine geringfügige Lohnerhöhung von wenigen Cents pro Tag drehte. Im Laufe der Auseinandersetzung hatte sich jedoch gezeigt, dass für dieses Anliegen immer wieder Menschenleben riskiert wurden. Stuart hatte keine Ahnung, wie es jetzt weitergehen würde, und er wagte sich kaum vorzustellen, wie alles enden sollte.

Mehrere Tage vergingen, ohne dass etwas Entscheidendes passierte. Nachdem die Miliz wieder aus dem Gebiet zurückgerufen worden war, erkannten die Bergwerksbesitzer, dass es sehr schwierig werden würde, genügend Arbeiter zu holen, um den Abbau des Eisenerzes wieder aufzunehmen. Die wenigen Bergleute aus Champion, die bisher noch im DeMott-Bergwerk gearbeitet hatten, hatten entweder eingewilligt, wieder nach Hause zu gehen, oder damit begonnen, sich nach einer anderen Beschäftigung umzusehen.

Im Stillen fürchteten die Eigentümer, dass die Bergarbeiter die Bergwerke fluten könnten, falls sie ihre Drohung wahr machen und tatsächlich neue Leute einstellen würden. Dazu kam, dass der Preis für das Eisenerz rasch anstieg und die meisten Bergwerksbesitzer über gut gefüllte Erzlager verfügten. Aus diesem Grund behaupteten viele Leute, dass die Bergbaugesellschaften gar kein großes Interesse daran hätten, die Bergwerke wieder zu öffnen, solange sie das bereits geförderte Material mit großem Gewinn verkaufen konnten. Manche glaubten, dass die Unternehmer sogar von dem Streik profitieren würden, selbst wenn er bis zum Frühjahr andauern sollte.

Inzwischen näherte sich jedoch der Winter mit großer Geschwindigkeit, und für die Bergarbeiter in Champion wurde es immer schwieriger, in den Gemischtwarenläden Kredit zu bekommen. Falls sich die Lage nicht rasch änderte, war vorauszusehen, dass viele Menschen bittere Not leiden mussten.

Nun begann Stuart ernsthaft darüber nachzudenken, wie er mit seinen eigenen Mitteln dazu beitragen konnte, diese Katastrophe zu verhindern. Da Eric sich inzwischen so gut erholt hatte, dass er das Bett verlassen konnte, machte Stuart einen Besuch bei ihm, um mit ihm über diese Angelegenheit zu reden. Andrew Burke kam ebenfalls, und die drei Männer setzten sich zusammen und erörterten verschiedene Möglichkeiten, wie sie den Menschen in Champion helfen konnten.

»Ich meine immer noch, dass dieser Streik der falsche Weg ist, um euer Ziel zu erreichen«, sagte Stuart zu seinem Freund. »Meine Geschäftspartner in Cleveland schicken mir ständig Briefe, in

144

denen sie mich drängen, doch meinen Standpunkt aufzugeben und mich der Meinung der anderen Bergwerksbesitzer anzuschließen. Sie behaupten, es sei nicht möglich, die Bergwerke wirtschaftlich zu betreiben, wenn man tatsächlich jedem Bergarbeiter zwei Dollar pro Tag bezahlen würde.«

»Was wirst du jetzt tun?«, erkundigte sich Eric.

»Ich werde weiter abwarten. Gibt es irgendwelche Anzeichen dafür, dass die Gewerkschaft zum Einlenken bereit ist?«, fragte Stuart.

»Bis jetzt noch nicht, doch keiner weiß, was die Zukunft bringen wird«, antwortete Eric seufzend. »Mittlerweile hat sich sogar meine persönliche Einstellung zu diesem Streik geändert. Seit dem Anschlag auf das Davis-Bergwerk und dem Vorfall mit den Truppen habe ich mir viele Gedanken über die Ziele gemacht, nach denen wir streben.«

»Und zu welchem Schluss sind Sie gekommen, Mr Vasall?«, fragte Andrew. »Rechnen Sie mit einem positiven oder einem negativen Ergebnis dieses Konflikts?«

Darauf antwortete Eric nicht sofort, sondern überlegte erst einige Zeit, bevor er erklärte: »Nun, ich habe erkannt, dass die Dinge, auf die ich gehofft hatte, zu meinen Lebzeiten noch nicht eintreffen werden. Der Grund dafür ist die verfluchte Liebe zum Geld. Sie ist so alt wie die Zivilisation selbst und scheint die stärkste und ausdauerndste Kraft zu sein, die das menschliche Herz bewegt. Diese Triebfeder bestimmt das Leben der meisten Menschen und ist die Ursache für fast jeden Streit. Sogar die Kirche hat mit diesem Problem zu kämpfen! Mittlerweile bin ich davon überzeugt, dass nur eine immense finanzielle Krise das Vertrauen der Menschen auf diese trügerische Sicherheit erschüttern kann. Meiner Ansicht nach ist die Liebe zum Geld die eigentliche Ursache für alle selbstsüchtigen Handlungen und Motive.«

»Es besteht kein Zweifel, dass hinter den meisten selbstsüchtigen Motiven die Liebe zum Geld steht«, bestätigte Andrew ernst.

»Doch das Geld kann auch für gute Zwecke eingesetzt werden. Manchmal glaube ich, dass ich womöglich ein besserer Mensch wäre, wenn ich endlich meine Schulden bezahlt hätte und mir alle Rosen kaufen könnte, die ich mir wünsche.«

»Ja, dann könntest du so egoistisch werden wie wir alle«, erwiderte Stuart lächelnd. Doch er wurde schnell wieder ernst und fragte stirnrunzelnd: »Was können wir denn tun, um die Not der Menschen zu lindern? Auch wenn die Bergarbeiter selbst an dieser verhängnisvollen Entwicklung schuld sind, müssen jetzt ihre Frauen und Kinder darunter leiden. An diesem Punkt kommt es nicht mehr darauf an, wer Recht hat und wer nicht.«

»Nun, du besitzt eine Menge Geld«, sagte Eric unverblümt.

»Ja, das stimmt«, antwortete Stuart ruhig, während ihm zum allererstenmal richtig bewusst wurde, welche Macht ihm durch seinen Reichtum zur Verfügung stand. Die beiden anderen Männer beobachteten ihn neugierig – auf Erics Gesicht zeigte sich die skeptische Haltung des Bergarbeiters, und auf Andrews Gesicht stand das freundliche Interesse eines Geistlichen.

»Ich bin bereit, jeden Cent, den ich besitze, zum Wohle anderer Menschen zu verwenden«, erklärte Stuart nun voller Überzeugung. »Und ihr beide sollt mir zeigen, wie ich diese Absicht am besten in die Tat umsetzen kann.«

Um seine Überraschung und Ergriffenheit zu verbergen, stand Eric auf und schlenderte zum Fenster hinüber. Nachdem er wieder zu seinem Stuhl zurückgekehrt war, bemerkte er mit heiserer Stimme: »Du musst tatsächlich eine Bekehrung erlebt haben, wenn du so eine radikale Entscheidung triffst!«

Andrew Burkes Gesicht strahlte, als er sagte: »Wenn du wirklich dazu entschlossen bist, müssen wir uns ausführlich Gedanken machen und einige Pläne schmieden.«

Jetzt erhob sich auch Stuart und ging in dem kleinen Zimmer auf und ab. »Ich habe es genau so gemeint, wie ich es gesagt habe. Als ich Christ geworden bin, habe ich mir fest vorgenommen, mein

146

ganzes Leben und alles, was ich besitze, Jesus Christus zur Verfügung zu stellen. Mir ist auch klar, was das bedeutet. Ich glaube nicht, dass man Christ sein und gleichzeitig am Geld hängen kann. Stattdessen sollte man sich als Verwalter oder Treuhänder betrachten, der die ihm überlassenen Mittel so verwendet, wie Gott es will. Zwar weiß ich nicht genau, wie viel Geld ich tatsächlich besitze«, fügte Stuart hinzu, »doch ich möchte, dass wir drei ein Komitee bilden, das nach konkreten Möglichkeiten sucht, wie wir meinen Reichtum zum Wohle anderer Menschen einsetzen können. Was haltet ihr von diesem Vorschlag?«

Die drei Männer beschlossen, sich am nächsten Tag in Andrews Hotelzimmer zu treffen und dort die ersten Pläne auszuarbeiten. Eric konnte bereits das Haus verlassen, obwohl er immer noch ziemlich schwach war und seine Schulter noch eine ganze Weile nicht belasten durfte.

An diesem Nachmittag sprachen Louise und Tante Royal über eine Gesellschaft, zu der sie die Vasplaines und einige andere Leute aus Champion einladen wollten. Da seit Ross Duncans Tod noch nicht viel Zeit vergangen war, wäre es nicht angebracht gewesen, ein rauschendes Fest zu veranstalten, und aus diesem Grund planten sie, einige Nachbarn zu einem ruhigen Abendessen einzuladen. Wie gewohnt legte Tante Royal großen Wert darauf, dass alle Regeln der Etikette sorgfältig beachtet wurden. Trotzdem schaffte sie es grundsätzlich, ihren eigenen Kopf durchzusetzen. Solange man eine Sache beim richtigen Namen nannte, war man in der Lage, den Anstand zu wahren, und konnte dennoch tun, was man wollte. Gemeinsam mit Louise bereitete sie nun die kleine Gesellschaft vor, zu der etwa fünfundzwanzig bis dreißig Personen aus den angesehensten Familien der Stadt Champion eingeladen werden sollten.

»Tante Royal«, sagte Louise, nachdem sie die Kleiderfrage und das Menü lang und breit erörtert hatten, »was hältst du davon, wenn wir Rhena Dwight ebenfalls einladen würden?«

»Wie bitte?«, rief die ältere Dame entsetzt. »Die Frau von der Heilsarmee? Wie bist du denn auf diese abwegige Idee gekommen, mein Kind?«

»Sie ist eine wunderbare Sängerin«, antwortete Louise gedankenvoll.

»Heißt das, dass du sie nur einladen willst, um unsere Gäste zu unterhalten?«, erkundigte sich Tante Royal ein wenig besänftigt.

»Oh, ich glaube nicht, dass sie zu diesem Zweck hierher kommen würde«, erwiderte Louise mit einem trockenen Lachen.

»Aus welchem Grund willst du sie dann einladen?«

»Ach, es war nur so eine Idee, die mir in den Sinn gekommen ist«, wich Louise aus.

Kurze Zeit später ging Louise zu Fuß in die Stadt. Sie machte gerne Spaziergänge an der frischen Luft und war davon überzeugt, dass die Bewegung ihre Gesundheit und ihr gutes Aussehen förderte.

Rhena Dwight hatte ein Zimmer bei einer älteren Witwe gemietet, die in der Nähe der Heilsarmee eine kleine Pension betrieb. Nachdem Louise eine Zeit lang durch den Park geschlendert war, ging sie zu diesem unscheinbaren Häuschen und fragte nach der Leiterin der Heilsarmee. Sie wurde zu Rhenas Zimmer gebracht, wo ihr die junge Frau selbst die Tür öffnete. Im gedämpften Licht des Flures erkannte Rhena ihre Besucherin nicht sofort, doch nachdem ihr klar geworden war, wer die junge Dame in dem kostbaren Pelzmantel war, errötete sie leicht. Sie bat Louise, hereinzukommen, und schloss hinter ihr die Tür. Draußen begann es inzwischen heftig zu schneien und die Abenddämmerung hüllte die Stadt in ein düsteres Zwielicht.

Gute und böse Pläne

»Vermutlich sind Sie überrascht, mich hier zu sehen, Miss Dwight«, sagte Louise, während sie auf dem angebotenen Stuhl Platz nahm. »Ich bin Louise Duncan, die Schwester von Stuart Duncan.«

»Ja, ich weiß, ich habe Sie einige Male am Gebäude der Heilsarmee vorbeigehen sehen«, antwortete Rhena ruhig. Sie hatte nicht die leiseste Ahnung, was ihr Gast mit diesem Besuch bezweckte.

»Wir geben nächste Woche eine kleine Gesellschaft bei uns zu Hause und würden uns sehr freuen, wenn Sie ebenfalls kommen würden«, sagte Louise ohne Umschweife. »Ich hatte mir gedacht, es wäre netter, wenn ich bei Ihnen vorbeischauen und diese Einladung persönlich überbringen würde.«

Rhena war völlig verblüfft und zögerte einen Augenblick, bevor sie antwortete. Bisher hatte sie Louise Duncan weder persönlich kennen gelernt, noch hatten sich ihre Wege gekreuzt, als Rhena noch zur feinsten Gesellschaft New Yorks gehört hatte. Womöglich glaubte diese junge Dame, dass es Rhena nicht schaden könnte, wieder einmal an ihr früheres Leben erinnert zu werden? Während sie jedoch das abwartende Gesicht unter dem pelzverbrämten Hut musterte, verspürte sie eine eigentümliche Zuneigung zu diesem jungen Mädchen.

»Vielen Dank«, sagte sie freundlich. »Es ist sehr nett von Ihnen, mich einzuladen, doch leider muss ich ablehnen. Seit ich mich der Heilsarmee angeschlossen habe, habe ich solchen Vergnügungen endgültig den Rücken gekehrt.« Sie hielt kurz inne, während einige Erinnerungen an ihr früheres Leben an ihrem inneren Auge vorbeizogen. Schließlich fuhr sie lächelnd fort: »Außerdem habe ich mich verpflichtet, jeden Abend bei den Versammlungen der Heilsarmee mitzuwirken, und ich kann die anderen Mitarbeiter nicht einfach im Stich lassen. Dazu kommt, dass wir sehr viele Leute besuchen müssen. Die Familien der Bergarbeiter leiden große Not und brauchen unsere Hilfe.«

»Es tut mir sehr Leid, dass Sie keine Zeit haben«, sagte Louise, während sie sich beinahe widerwillig zum Gehen erhob. Beiläufig fügte sie noch hinzu: »Mein Bruder spricht immer wieder von Ihnen, und ich dachte, dass er sich freuen würde, wenn Sie kommen könnten.« Bei dieser Bemerkung beobachtete Louise Rhena ganz genau, doch die junge Frau zeigte nicht die geringste Verlegenheit. Daher fuhr Louise fort: »Ich hatte auch gehofft, dass es Ihnen Freude machen würde, an einem Abendessen im kleinen Kreis teilzunehmen. Wir haben die Waltons, die Wymans und die Vasplaines eingeladen. Una und ich werden den Gästen im Musikzimmer etwas vorspielen, und wir wollten Sie eigentlich bitten, ein oder zwei Lieder für uns zu singen.«

»Wer ist Una?«, fragte Rhena.

»Ach so, ich meinte Miss Vasplaine. Da wir praktisch zusammen aufgewachsen sind, nenne ich sie natürlich beim Vornamen«, erklärte Louise mit einem kurzen Lachen. »Und seit sie sich vor kurzem mit meinem Bruder verlobt hat, ist unser Verhältnis noch enger geworden. Nun, es tut mir Leid, dass Sie unsere Einladung nicht annehmen können. Wir hätten die Gelegenheit begrüßt, Ihre wunderbare Stimme zu hören.«

»Trotzdem danke ich Ihnen, dass Sie an mich gedacht haben«, antwortete Rhena höflich, und nicht einmal ihre beste Freundin hätte in ihrer Stimme irgendeine Gefühlsregung entdecken können. Louise, die sich nach ihrer frechen Lüge ein wenig unbehaglich fühlte, war wider Willen beeindruckt von der Haltung dieser jungen Frau. Obwohl Rhena die Uniform der Heilsarmee trug und in einem schäbigen Zimmer wohnte, besaß sie eine besondere Ausstrahlung, die ihrer Besucherin Bewunderung abnötigte. Gerne hätte Louise eine oberflächliche Bemerkung über die schwere Arbeit gemacht, die Rhena freiwillig auf sich genommen hatte, doch irgendetwas an Rhena Dwight verbot so eine herablassende Äußerung. Daher verabschiedete sie sich mit einem förmlichen Händedruck und sagte: »Auf Wiedersehen, Miss Dwight. Es tut mir wirklich Leid, dass Sie unserer Einladung nicht folgen können.«

Nachdem sie wieder auf die Straße hinausgetreten war, murmelte Louise vor sich hin: »Ich war mir ziemlich sicher, dass sie die Einladung ablehnen würde, aber da ich ihr nun diesen Wink bezüglich Una und Stuart gegeben habe, wird sie in Zukunft hoffentlich die Finger von meinem Bruder lassen.« Dann lächelte sie zufrieden wie eine Katze, die den Sahnetopf umgeworfen hat, und machte sich durch den wirbelnden Schnee auf den Heimweg.

Wer Louise Duncan kannte, wäre über diesen Besuch und die damit verbundene Lüge nicht im Geringsten überrascht gewesen, denn dieses intrigante Manöver passte genau zu Louises selbstsüchtigem und hinterlistigem Charakter. In den letzten Tagen hatte die junge Frau ihren Bruder scharf beobachtet und war zu dem Schluss gekommen, dass Stuarts Gefühle für die hübsche Heilsarmee-Offizierin schon sehr tief gingen. Eine Verbindung dieser Art wäre jedoch das Letzte gewesen, was Louise gewünscht hätte.

Aus diesem Grund hatte sie sich einen Plan zurechtgelegt und Rhena Dwight mit voller Absicht angelogen. Und wie sollte die Anführerin der Heilsarmee jemals die Wahrheit herausfinden? Allerdings musste sich Louise widerwillig eingestehen, dass an Rhenas Auftreten nicht das Geringste auszusetzen war. Es bestand kein Zweifel, dass dieses junge Mädchen aus sehr gutem Hause stammte und eine ausgezeichnete Erziehung genossen hatte.

Hätte Rhena Louise schon früher kennen gelernt, hätte sie vielleicht hinter ihrem Besuch eine tiefere Absicht vermutet, doch so war sie davon überzeugt, dass Louise Duncan eine nette und freundliche Person war. Mit dieser Einladung ins Haus der Duncans hatte Louise sogar angedeutet, dass ihr Rhenas Herkunft und soziale Stellung sehr wohl bewusst waren und dass sie die andere gewissermaßen als ihresgleichen betrachtete.

Nachdem Louise den Raum verlassen hatte, blieb Rhena in der Dunkelheit am Fenster sitzen und beobachtete die tanzenden Schneeflocken. Seit das Wetter so stürmisch geworden war, hatte die Heilsarmee ihre regelmäßigen Straßeneinsätze in die Halle verlegt. Als es Zeit war, zur nächsten Versammlung aufzubrechen, schauderte Rhena vor Kälte und betete beinahe unhörbar: »O Lamm Gottes, das die Sünden der Welt wegnimmt, bitte vergib mir und hilf mir!«

An diesem Abend wagten sich nur wenige Leute auf die Straße hinaus, und der Sturm tobte die ganze Nacht lang mit unverminderter Härte. Am nächsten Morgen lag die Stadt Champion unter einer tiefen Schneedecke begraben und der Wind hatte vor vielen Häusern hohe Schneewehen aufgetürmt.

Dennoch stapfte Stuart am Nachmittag durch die verschneiten Straßen, um sich im Hotel mit Andrew und Eric zu treffen. Sie wollten konkrete Pläne schmieden, wie sie den Bergarbeitern am besten helfen konnten, und einige Vorkehrungen treffen, die über die augenblickliche Notlage hinausreichen würden. Trotz seines geschwächten Zustands kämpfte sich auch Eric zielstrebig durch die Schneewehen und behauptete anschließend, die körperliche Anstrengung hätte ihm gut getan. Andrew Burke begrüßte seine beiden Freunde sehr herzlich und begann sofort, über seine geliebten Rosen zu sprechen.

»Seht euch doch einmal dieses Exemplar an! Ist das nicht eine Schönheit? Ich werde dir eine Blüte abschneiden, Stuart. Und für Sie, Mr Vasall ...«

»Eric«, berichtigte dieser den Pfarrer mit einem Lächeln. »Wollen wir beide nicht auch auf die Förmlichkeiten verzichten, jetzt, wo wir mit vereinten Kräften die gleiche Sache vertreten?«

»Einverstanden«, nickte Reverend Burke zufrieden. »Ich heiße Andrew.«

»Also, dann ist diese Sache ja auch geklärt«, bekräftigte Stuart eifrig. Er war in gehobener Stimmung, denn die Aussicht, mit seinem Reichtum etwas wirklich Positives anfangen zu können, hatte ihn in große Begeisterung versetzt. An diesem Nachmittag hatte er das Gefühl, dass nichts mehr unmöglich war und alles bald ein gutes Ende nehmen würde. Ohne dass es ihm richtig bewusst war, waren jedoch alle seine Pläne mit dem Gedanken an die junge Leiterin der Heilsarmee verknüpft. Die Erinnerung an ihr ernstes Gesicht hatte einen besonderen Platz in seinem Herzen eingenommen, und seine Liebe zu ihr wurde mit jedem Tag größer. Zwar hatte Stuart sie seit jener Versammlung nicht mehr gesehen, doch der Gedanke an ihre zierliche Gestalt und ihr entschlossenes Gesicht beschäftigte ihn wie kaum etwas anderes.

Nun schnitt Andrew zwei seiner schönsten Rosen ab und überreichte sie Stuart und Eric.

»Es ist beinahe eine Schande, so wunderbare Blüten abzuschneiden«, bemerkte Eric, als er sich für die Rose bedankte und sie ein wenig unbeholfen in das Knopfloch seines Jackenaufschlags steckte.

»Aber aus diesem Grund züchte ich sie doch«, entgegnete Andrew lächelnd.

Stuart wurde durch das Geschenk des Pfarrers aus seinen Gedanken gerissen und erkundigte sich nun: »Wie kommst du eigentlich mit deiner neuen Gemeinde zurecht?«

»Oh, das kann ich noch nicht genau sagen. Man braucht eine Weile, um sich einzuleben. Sobald ich die Leute jedoch dazu gebracht habe, dass sie mich mögen, werden wir die Arbeit in der Gemeinde mit neuem Schwung vorantreiben. Bisher habe ich noch nie so viele verschiedene Charaktere an einem Fleck getroffen«, meinte der Pfarrer belustigt.

»Gehören wir ebenfalls dazu?«, fragte Eric interessiert.

»Natürlich! Über euch beide könnte ich ein ganzes Buch schreiben, wenn ich nur genügend Talent dafür besäße«, gab Andrew zurück.

»Und welche außergewöhnlichen Persönlichkeiten würdest du sonst noch darin aufführen?«, erkundigte sich Stuart.

»Auf jeden Fall Dr. Saxon. Ich wünschte nur, er würde wenigstens einmal lange genug stehen bleiben, um mir seine Lebensgeschichte anzuvertrauen.«

»Ja, der Doktor ist wirklich ein Unikum«, bestätigte Eric nickend. »Und wer würde außer uns dreien noch in deinem Buch vorkommen?«

»Nun, ganz bestimmt die Mitglieder der Heilsarmee, vor allem diese Miss Dwight«, antwortete Andrew. »Dann würde ich noch einige Bergarbeiter in verfängliche Situationen verwickeln, und schon hätte ich das Grundmuster für eine spannende Erzählung parat. Allerdings müsste ich noch einen guten Schluss finden, und das wäre vielleicht gar nicht so einfach. Leider habe ich noch nie in meinem Leben ein Buch geschrieben, doch hier in Champion wäre zweifellos genügend Stoff dafür vorhanden.«

»Vielleicht wird ja jemand eines Tages eine Geschichte über uns schreiben«, meinte Stuart nachdenklich. »Schließlich ist jedes einzelne menschliche Schicksal wertvoll genug, um für die Nachwelt erhalten zu werden. Seit ich Christ bin, ist mir klar geworden, dass jeder Mensch im Grunde genommen selbst darüber entscheidet, ob sein Leben in einer Tragödie endet oder nicht. Wäre es nicht fantastisch, wenn alle Menschen wie der Apostel Paulus von sich behaupten könnten: ›Darum ist jemand in Christus, so ist er eine neue Kreatur; das Alte ist vergangen, siehe, Neues ist geworden!‹?«

»Nun ja, manchen Leuten könnte eine Erneuerung ganz bestimmt nicht schaden«, bemerkte Eric in scherzhaftem Ton.

»Ich glaube, du verstehst nicht ganz, was ich meine«, sagte Stuart. »Doch wir sollten uns jetzt wohl besser unserer eigentlichen Aufgabe widmen. Bald wird sich herausstellen, ob wir drei genügend gesunden Menschenverstand besitzen, um sinnvolle Pläne auszuarbeiten, wie wir unseren leidenden Mitmenschen helfen können. Sollen wir uns als Erstes mit dem finanziellen Aspekt beschäftigen?«

Stuart machte eine Pause und Andrew schaute ihn nachdenklich an. Jetzt waren alle drei Männer an dem Punkt angelangt, an dem sie sich ernsthaft auf das vor ihnen liegende Problem konzentrierten. Schließlich antwortete Eric mit der für ihn typischen Offenheit: »Da du derjenige von uns bist, der das Geld besitzt, musst du darüber entscheiden, welche Mittel du einsetzen willst.«

»Soviel ich weiß«, fuhr Stuart fort, ohne auf Erics Bemerkung einzugehen, »hat mein Vater mir ungefähr vier Millionen Dollar hinterlassen. Die Hälfte davon steckt in den Bergwerken und den dazugehörigen Maschinen. Vor seinem Tod hat mein Vater sein Vermögen selbst verwaltet und sich aktiv um die Leitung der Bergwerke gekümmert. Du kannst dich ja sicher noch daran erinnern, Eric, wie hart mein Vater gearbeitet hat. Während andere Bergwerke in den Händen von Aktionären und Investoren waren, hat mein Vater sich vom Vorarbeiter des Beury-Bergwerks bis zum alleinigen Geschäftsführer emporgearbeitet. Sein Unternehmen hat großen Gewinn abgeworfen, und daran hat sich seit seinem Tod nichts geändert. Daher könnte ich die Bergwerke unter normalen Umständen für ungefähr zwei Millionen Dollar verkaufen. Darüber hinaus hat mein Vater ein Treuhandvermögen für Louise hinterlassen, das sich auf etwa eine Million beläuft. Die übrige Million steht zu meiner freien Verfügung, und es dürfte nicht weiter schwierig sein, sie mir bar auszahlen zu lassen.«

»Dann kannst du tatsächlich eine Million Dollar ausgeben?«, fragte Andrew Burke ungläubig.

»Ja, so ist es. In die Bergwerke brauche ich nichts mehr zu investieren, da die Einnahmen die anfallenden Kosten decken. Diese Million stellt die Gewinne und aufgelaufenen Zinsen dar, die mein Vater in den vergangenen fünf Jahren erwirtschaftet hat.«

Nun verfielen die Männer wieder in Schweigen und alle drei dachten angestrengt nach. Dann ergriff Stuart wieder das Wort: »Die Frage, die wir uns stellen müssen, lautet: Wie kann dieses Geld am besten dazu verwendet werden, Gott zu ehren? Was

155

würdest du damit machen, wenn es dir gehören würde, Andrew?«
Damit wandte er sich an den Pfarrer, der einen Arm auf dem Tisch
aufgestützt hatte, auf dem eine seiner Lieblingspflanzen stand.

Verwundert starrte Andrew Stuart an und wusste nicht sofort,
wie er darauf antworten sollte. Schließlich rief er: »Das ist wirklich
eine schwierige Frage! Noch nicht einmal in meinen kühnsten
Träumen habe ich mir ausgemalt, jemals eine Million Dollar ausgeben zu können. Bisher habe ich nie mehr als tausend Dollar im
Jahr verdient. Mit einer Million Dollar könnte ich wahrscheinlich
alle Gewächshäuser Amerikas kaufen, und wenn ich an die seltenen Rosensorten denke, die ich mir mit dieser großen Summe leisten könnte, verschlägt es mir beinahe den Atem. Aber ich komme
vom Thema ab, denn so hast du deine Frage natürlich nicht
gemeint. Es geht ja nicht darum, was ich für mich selbst kaufen
würde, sondern wie wir anderen Menschen helfen können. Allerdings neige ich zu der Annahme, dass es manchmal schwieriger ist,
für andere Leute Geld auszugeben als für sich selbst.«

»Da bin ich aber ganz anderer Meinung«, warf Eric plötzlich
ein. »Wenn ich eine Million Dollar besäße, die ich zum Wohle der
Stadt Champion verwenden könnte, wüsste ich schon, was ich
damit anfangen würde.«

»Wunderbar, Eric, dann sag uns, was du tun würdest«, forderte
Stuart seinen Freund auf.

»Nun, zuerst würde ich ein großes Gebäude für die Bergarbeiter
errichten«, erklärte Eric mit leuchtenden Augen. »Ich würde es als
ein Zentrum betrachten, in dem auf verschiedene Weise dazu beigetragen wird, den Horizont der Bergarbeiter zu erweitern und ihre
musischen und kulturellen Interessen zu fördern. Dort müsste eine
Bühne sein, wo die besten Redner, Sänger und Prediger ihre Botschaften weitergeben könnten. Die beiden schönsten Dinge auf dieser Welt – Musik und Blumen – müssten unter diesem Dach vereint
sein und jedem gewöhnlichen Arbeiter zur Verfügung stehen. Oh,
wie oft habe ich mir in meinen schlaflosen Nächten ausgemalt, wie

ich das Geld der Reichen für meine armen Standesgenossen verwenden würde!« Jetzt hielt Eric kurz inne, und auf seinem Gesicht erschien ein Lächeln, das irgendwie traurig wirkte.

»Wie oft habe ich darunter gelitten, dass so viele schöne und wunderbare Dinge für einen gewöhnlichen Bergarbeiter unerreichbar sind. Ja, wenn ich dieses Geld besäße, würde ich den Menschen, die tief unter der Erde arbeiten müssen, die angenehmen Seiten des Lebens nahe bringen. Manche von ihnen fristen ihr Dasein wie Tiere, als ob Gott die Vögel und die Blumen nur für die Reichen geschaffen hätte. Es fällt mir nicht leicht, euch beiden anzuvertrauen, welche Gedanken mich schon oft beschäftigt haben. Ich musste zusehen, wie reiche Müßiggänger riesige Summen für ihr sinnloses Vergnügen ausgegeben haben, während Tausende von Kindern auf den Straßen und in den Bergwerken niemals das Entzücken kennen lernen konnten, das der Klang einer wunderbaren Stimme oder der Geruch einer edlen Rose in uns hervorruft. Diese krassen Unterschiede zwischen Arm und Reich haben mich bitter werden lassen, und das Wissen, dass dieses sorglos verschwendete Geld dafür eingesetzt werden könnte, die Nöte meiner Mitmenschen zu lindern, hat mich fast dazu gebracht, andere Menschen zu hassen. Da ich mich selbst oft so hilflos gefühlt habe und nichts an dieser furchtbaren Situation ändern konnte, habe ich beinahe an Gott und seiner Allmacht gezweifelt. Das Geld ist ein Fluch!« Bei diesen Worten ballte Eric eine Hand zur Faust und schien fast mit den Zähnen zu knirschen.

Sein bleiches Gesicht, dem die Strapazen der vergangenen Wochen noch deutlich anzusehen waren, spiegelte innere Qualen wider, als er fortfuhr: »Wenn ich nur die Summen zur Verfügung hätte, die allein in diesem Winter in Champion für oberflächliche Zerstreuungen ausgegeben werden, könnte ich damit tausend Kinder ihr ganzes Leben lang glücklich machen. Außerdem könnte ich mindestens hundert menschliche Seelen davor bewahren, Gott zu verfluchen und ihn anzuklagen, weil er sie in dieser Welt voller

Ungerechtigkeit aufwachsen ließ. Manchmal kommt es mir so vor, als hätte ich hier schon die Hölle auf Erden erlebt. Aber ... ihr müsst entschuldigen ... ich hatte nicht vor, euch eine Predigt zu halten. Keiner weiß besser als ich selbst, wie oft ich mich irre und wie oft ich unvernünftig und engstirnig denke. Trotzdem bin ich fest davon überzeugt, dass der gerechte Gott eines Tages mit den Menschen abrechnen wird, die ihr Geld für selbstsüchtige Zwecke ausgegeben haben, während andere Geschöpfe Gottes am Rande des Hungertodes dahinvegetieren mussten. Als Gott die Natur mit so vielen schönen Seiten ausgestattet hat, hatte er ganz bestimmt nicht im Sinn, dass nur eine kleine Anzahl von Menschen an seiner Schöpfung Freude hat.«

Erics Worten folgte ein betroffenes Schweigen. In Gedanken versunken schlenderte Andrew zum Fenster hinüber, doch nachdem er einen kurzen Blick auf die Straße geworfen hatte, eilte er plötzlich zum Tisch und schnitt sechs seiner schönsten Rosen ab. Ohne ein Wort der Erklärung wickelte er sie in einen Bogen Papier und verließ das Zimmer. Die beiden anderen konnten hören, wie er mit großen Sprüngen die Treppe hinunterpolterte, und starrten sich verwundert an. Als sie schließlich zum Fenster hinausblickten, entdeckten sie Mrs Binney, die am Tag vor Erics Verletzung in Dr. Saxons Praxis erschienen war und den Arzt um ein Schmerzmittel für ihren Mann gebeten hatte. Dick vermummt gegen die Kälte überquerte sie den kleinen Marktplatz und war offenbar gerade auf dem Heimweg. Der Pfarrer kannte die ältere Frau, da er ihren Mann einige Male besucht hatte.

Eric und Stuart beobachteten, wie Andrew sich durch eine Schneewehe kämpfte, die ihm beinahe bis zur Schulter reichte. Als er Mrs Binney erreicht hatte, gab er ihr den Rosenstrauß, worauf sich die schmächtige kleine Frau bedankte und den Strauß in ihren Korb legte. So schnell er konnte, lief Andrew wieder zum Hotel zurück, rannte die Treppe hinauf, holte rasch eine Kleiderbürste aus dem Schrank und bürstete sich im Flur den Schnee von den

Kleidern. Dann betrat er das Zimmer und sagte atemlos: »Ihr müsst entschuldigen, dass ich so einfach davongerannt bin. Manchmal folge ich einer spontanen Eingebung, doch ich kann euch versichern, dass ich immer noch bei klarem Verstand bin.«

»Wäre es nicht wunderbar, wenn diese Eigenschaft ansteckend wäre?«, meinte Eric mit einem bedeutungsvollen Unterton in seiner Stimme.

Inzwischen war Stuart auf seinen Platz zurückgekehrt und wieder ins Grübeln geraten. »Dieses Problem scheint noch größer zu sein als alle bisherigen Herausforderungen, vor die ich mich gestellt sah«, sagte er schließlich, da die beiden anderen Männer ihn erwartungsvoll anblickten. »Ich muss Gott um sehr viel Weisheit und Einsicht bitten, damit wir das Richtige tun. Sicher stimmt es, wenn Eric behauptet, dass man mit Geld eine Menge erreichen kann. Aber soll ich mich jetzt auf die Bühne dort unten stellen und verkünden: ›Schaut mich an, ihr Einwohner von Champion! Hier steht der große Stuart Duncan – euer Wohltäter! Ich werde dieser Stadt eine Million Dollar spenden, und ihr braucht nur zu sagen, was ihr am nötigsten braucht. Soll ich euch Bibliotheken oder Suppenküchen bauen, möchtet ihr Blumen, Musik oder Vorträge? Ich kann euch alles verschaffen, was euer Herz begehrt, und werde dafür sorgen, dass ihr die echte Zivilisation und die richtige Religion kennen lernt. Ich, der große Stuart Duncan, werde die Ungerechtigkeit beseitigen und alle Unterschiede zwischen Arm und Reich zunichte machen. Ihr braucht nichts dazu beizutragen, denn mit meinem Geld schaffe ich das alles spielend.‹ Ist das wirklich unser Ziel? Wollen wir mit der Hilfe dieser Million das Paradies auf Erden schaffen? Irgendwie habe ich das Gefühl, dass das Ganze nicht so einfach sein wird. Natürlich ist es ein guter Vorschlag, so ein Gebäude zu errichten, wie Eric es beschrieben hat. Aber ich glaube, dass das noch nicht alles sein darf. Bis jetzt bin ich mir nur über eine Sache im Klaren: Ich muss mich selbst davon überzeugen, wie groß die Not der Menschen in Champion ist. Ich habe zwar eine ungefähre Vorstellung davon, doch ich möchte alle Einzelheiten kennen.«

»Es gibt eine Person, die genau darüber Bescheid weiß«, meinte Andrew.

»Wer ist das?«, erkundigte sich Stuart interessiert.

»Miss Dwight«, antwortete der Pfarrer.

Stuart konnte nicht verhindern, dass er errötete, und blickte verstohlen zu dem Gebäude der Heilsarmee hinüber, das er von seinem Platz am Fenster aus gut sehen konnte. Soeben ging Rhena mit einer anderen uniformierten Frau die Eingangsstufen hinauf.

»Ich habe gehört, dass sie mit jeder Notlage hier in Champion vertraut ist«, fuhr Andrew fort, »und meines Wissens hat sie sich sogar schon bis zur Cornish Town auf den Hügeln vorgewagt. Im Winter ist es dort sehr gefährlich, denn es gibt viele ungesicherte Gruben und verlassene Schächte, in die man stürzen kann. Ich persönlich würde mich dort nicht im Dunkeln verirren wollen, vor allem nachdem der Schnee jetzt die gefährlichen Stellen verdeckt hat.«

Stuart gab keine Antwort, denn er beobachtete gerade, wie Rhena mit ihrer Begleiterin wieder aus der Halle herauskam. Beladen mit einigen Bündeln überquerten die beiden Frauen die Straße, bogen um die Ecke des Fördermaschinenhauses und gingen in die Richtung, in der Cornish Town lag.

»Was hast du gesagt?«, fragte Stuart plötzlich, nachdem er sich von den Gedanken an Rhena Dwight losgerissen hatte. Andrew und Eric konnten das Heilsarmeegebäude von ihren Stühlen aus nicht sehen und hatten nicht bemerkt, was Stuarts Aufmerksamkeit gefangen genommen hatte.

»Ich habe gesagt, dass du nie in eines der Löcher in Cornish Town fallen solltest, sonst kannst du es auch gleich Eric und mir überlassen, dein Geld auszugeben«, erwiderte Andrew und grinste spitzbübisch. »Am besten wäre es, wenn du uns dein Geld überschreibst, bevor du in diesem Viertel spazieren gehst, denn es ist nicht besonders wahrscheinlich, dass um diese Jahreszeit jemand nach Erz sucht und dich mit einem Seil heraufholen wird.«

»Können wir wieder zum eigentlichen Thema unserer Besprechung zurückkehren?«, erkundigte sich Stuart, ohne auf die scherzhafte Bemerkung des Pfarrers einzugehen. »Es ist offensichtlich, dass wir diese Angelegenheit nicht hier und jetzt entscheiden können, aber ich glaube fest daran, dass Gott uns in die richtige Richtung führen wird. Bestimmt hat er uns nicht mit gesundem Menschenverstand und mitfühlenden Herzen ausgerüstet, um anschließend zuzulassen, dass wir uns zum Narren machen.«

Die drei Männer diskutierten noch eine Weile und kamen dann zu dem Schluss, dass es längere Zeit dauern würde, bis sie endgültige und ausführliche Pläne ausgearbeitet hatten. Sogar der idealistische Eric musste zugeben, dass man nicht von einem Augenblick auf den anderen zu einer optimalen Lösung kommen konnte. Schließlich wollten sie Maßnahmen treffen, die das Los der Bergarbeiter nicht nur in diesem Winter, sondern auch in den nächsten Jahren erleichtern sollten.

Nach einiger Zeit machte sich Stuart auf den Heimweg und schaute unterwegs in seinem Büro vorbei. Dort ordnete er an, dass Essen und Heizmaterial besorgt und zu einigen Not leidenden Familien gebracht werden sollten. Außerdem gab er die Anweisung, dass man ihn sofort benachrichtigen sollten, wenn im Laufe des Abends noch weitere Hilferufe eintrafen. In den letzten Tagen hatten sich manche Bergarbeiter an ihn persönlich gewandt, und Stuart hatte sich fest vorgenommen, dass er sich um den nächsten Notfall selbst kümmern und sich davon überzeugen würde, wie ernst die Lage war.

Nach dem Abendessen unterhielten sich Tante Royal und Louise über die Gesellschaft, die sie in der kommenden Woche veranstalten wollten. Stuart saß mit den beiden Damen im Wohnzimmer, wo ein prasselndes Feuer brannte und eine angenehme Wärme verbreitete. Die kostbaren Marmorplatten für die prächtige Kaminverkleidung waren extra aus Europa importiert worden. Es war erst sieben Uhr, so dass man noch keine Lampen anzünden musste.

»Wie hast du dir die Dekorationen für unsere Gesellschaft vorgestellt?«, erkundigte sich Louise bei ihrer Tante. Da die ältere Dame sich mit der feinen Gesellschaft so gut auskannte, fragte Louise sie in allen Dingen um Rat und akzeptierte ihre Vorschläge ohne Widerspruch.

»Ich denke, wir sollten das Wohnzimmer mit lachsfarbenen Rosen schmücken und im Esszimmer Sträuße aus weißen Teerosen und Farnzweigen aufstellen. In die Bibliothek würden Nelken am besten passen, und für das Musikzimmer nehmen wir Maiglöckchen. Die Dupreys aus New York haben für ihren letzten Empfang das ganze Haus über und über mit Maiglöckchen geschmückt, und es sah einfach hinreißend aus.«

»Was hat es gekostet, sagtest du?«, fragte Stuart, der nur Bruchstücke von der Unterhaltung mitbekommen hatte und sich aus Höflichkeit an dem Gespräch beteiligen wollte. Seine Tante blickte ihn überrascht an.

»Ich habe nicht von den Kosten gesprochen, doch wie ich gehört habe, waren es etwa tausend Dollar. Für einen Empfang bei den Dupreys ist das allerdings noch eine unbedeutende Summe.«

»Es muss einfach wunderbar gewesen sein!«, sagte Louise begeistert und spielte mit ihrem auffälligen Diamantring, der im Schein des Feuers glitzerte und funkelte.

»Ich finde das einfach schrecklich«, erklärte Stuart ruhig.

»Schrecklich?«, fragte Tante Royal, als ob sie ihn nicht richtig verstanden hätte.

»Ja. Ich meine nicht die Blumen, sondern die Tatsache, dass so viel Geld dafür verschwendet wird, ein einziges Haus zu dekorieren. Die Gäste auf diesem Empfang können sich so viele Maiglöckchen leisten, wie sie wollen, deshalb ist diese Summe sinnlos vergeudet.«

»Also wirklich, Stuart!« Tante Royal war so empört, dass sie keine Worte fand.

Louise lachte spöttisch. »Ach, weißt du, Tante, mein lieber Bruder hat sich vor kurzem in einen Kommunisten oder Sozialisten verwandelt. Hast du nicht gewusst, dass er sich bekehrt hat? Demnächst wird er uns noch verbieten, Rosen zu kaufen, um unser Haus für die Gesellschaft zu dekorieren.«

Stuart schwieg, denn er rief sich Erics Worte ins Gedächtnis, die ihn an diesem Nachmittag tief beeindruckt hatten. Sein Herz wurde schwer, als er daran dachte, wie viele wunderschöne Dinge auf dieser Erde nur für die Reichen zugänglich waren. Hatte Gott die Musik und die Blumen tatsächlich geschaffen, damit nur einige wenige Menschen daran Freude haben konnten? Durfte man so hohe Summen ausgeben, um eine prächtige Kulisse für einige hochnäsige Reiche anzufertigen, während nur ein paar hundert Meter entfernt Hunger und Not regierten? Wenn alle Dinge Gott gehörten und die Menschen nur seine Verwalter waren, war es dann richtig, dieses Geld so zu verwenden?

Seit seiner Bekehrung wurde Stuart immer deutlicher bewusst, dass sich seine Hingabe an Gott auf jeden Bereich seines Lebens ausdehnen musste und auch nicht vor dem Geld Halt machen durfte.

Inzwischen hatte Tante Royal ihre Sprache wieder gefunden. Sie war die letzte Person, die es auf sich sitzen lassen würde, dass man das Wort »schrecklich« im Zusammenhang mit einem ihrer Vorschläge gebrauchte. Daher fragte sie ihren Neffen in einem eisigen Ton: »Willst du damit sagen, dass wir kein Recht dazu haben, unser Haus mit Blumen zu schmücken, wenn wir Gäste einladen?«

Stuart schüttelte ruhig den Kopf. »Nein, das habe ich nicht gemeint.«

»Was wolltest du dann damit sagen?«, forschte die ältere Dame verärgert.

»Ich glaube nicht, dass du und Louise mich verstehen würdet«, äußerte Stuart nach einer kurzen Pause.

»Nein, denn Stuart spricht seit kurzem nur noch in Rätseln. Er findet uns zu hochnäsig und unchristlich«, sagte Louise in so spöttischem Ton, dass Stuart zusammenzuckte.

»Warum sagst du das, Louise? Du weißt genau, dass ich an die vielen armen Familien denke, die gerade jetzt so große Not leiden. Ich bin davon überzeugt, dass wir für diese Menschen ebenso viel tun sollten wie für uns selbst. Wenn wir hundert Dollar ausgeben, um unser Haus mit Blumen zu schmücken, sollten wir mindestens doppelt so viel Geld dazu verwenden, um die Hungrigen satt zu machen. Noch besser wäre es sogar, wenn man das ganze Geld nehmen und dafür Essen kaufen würde.«

»Wie bitte?«, rief Louise wütend. »Wir sollen unser Geld den Leuten schenken, die selbst an ihrem Elend schuld sind? Wären sie nicht in Streik getreten, dann müssten sie jetzt auch keine Not leiden!«

»Aber die Frauen und Kinder können nichts dafür, und sie sind diejenigen, die am stärksten betroffen sind«, erwiderte Stuart ruhig.

»Nun, du kannst ja dein Geld zum Fenster hinauswerfen, wenn du willst, aber ich werde meinen Besitz nicht an Leute verschwenden, die zu dumm sind, sich selbst zu helfen«, erklärte Louise mit kalter Stimme.

Ohne darauf einzugehen stand Stuart auf und stellte sich mit dem Rücken zum Feuer. Die vielen neuen Gedanken, die sein Leben völlig auf den Kopf gestellt hatten, beschäftigten ihn immer wieder und nahmen seine ganze Aufmerksamkeit in Anspruch. Allerdings wurde ihm nun bewusst, dass diese revolutionären Lebensanschauungen im direkten Gegensatz zu den Regeln der feinen Gesellschaft standen und dass er wohl noch manche seiner früheren Freunde vor den Kopf stoßen würde.

Louise und Tante Royal hatten sich wieder ihrem vorigen Gesprächsthema zugewandt und begannen nun, über die Leute zu sprechen, die sie eingeladen hatten.

Stuart blieb in Gedanken versunken vor dem Kamin stehen und schnappte nur ab und zu einige Fetzen von der Unterhaltung auf.

Plötzlich sprach Louise ihn direkt an und fragte:»Stuart, wirst du nächste Woche mit Una ein Duett singen? Du erinnerst dich doch sicher noch an das Lied, das ihr gemeinsam einstudiert habt, bevor du nach Europa gefahren bist, oder?«

»Ja, das kann ich gerne tun, vorausgesetzt, dass ich an jenem Abend zu Hause bin«, antwortete Stuart, wobei er feststellte, dass er mittlerweile das Interesse an den Dingen verloren hatte, die er früher zu seinen Lieblingsbeschäftigungen gezählt hatte. Seine schöne Baritonstimme hatte ihm früher viele Komplimente von seinen Freunden eingebracht.

»Hast du etwa vor, an diesem Abend auszugehen?«, erkundigte sich Louise verärgert.

»Nein, aber solange dieser Streik andauert, kann alles Mögliche geschehen. Unter Umständen muss ich das Haus verlassen und mich persönlich um irgendeine Angelegenheit kümmern«, erklärte ihr Bruder ruhig.

»Aber wir haben die Meltons und die Vasplaines eingeladen, und sie wären schrecklich enttäuscht, wenn du nicht hier sein könntest«, sagte Tante Royal.

»Ich werde tun, was ich kann«, versprach Stuart.

Da stand Louise auf und ging zu ihrem Bruder hinüber. Während sie ihn sorgfältig beobachtete, sagte sie:»Übrigens habe ich auch Miss Dwight eingeladen, Stuart. Leider kann sie nicht kommen, doch ich wette, dass du mich für viel zu hochnäsig gehalten hast, um sie einzuladen!«

Verblüfft schaute Stuart seine Schwester an. Sein Gesicht war ganz rot geworden, und sein Herz klopfte plötzlich viel schneller. »Du wusstest sicher schon vorher, dass sie nicht kommen würde«, antwortete er leise.

Louise zuckte zusammen, so als ob Stuart sie bei ihrer Lüge ertappt hätte. Dann ging sie schweigend zu ihrem Stuhl zurück und setzte sich. Zwar liebte sie es, andere Leute zu provozieren und zu verletzen, doch im Grunde genommen hatte sie keine originellen Einfälle. Es machte ihr lediglich Freude, andere zu erschrecken oder in Erstaunen zu versetzen.

»Ich bin sehr froh darüber, dass sie abgelehnt hat«, brachte Tante Royal nun ihre Genugtuung zum Ausdruck und vergaß völlig, dass sie sich für eine große Diplomatin hielt. »Außerdem hätte sich die junge Frau ganz sicher fehl am Platze gefühlt.«

»Ja, das stimmt«, erwiderte Stuart. Die Bemerkung seiner Tante machte ihn so wütend, dass er sich zu einer Äußerung hinreißen ließ, die eher zu seinem früheren Leben gepasst hätte. »Eine außergewöhnliche junge Dame wie Miss Dwight wäre in dieser Gesellschaft von ungehobelten Hohlköpfen ganz sicher fehl am Platze gewesen!«

Jetzt war Tante Royal sprachlos. Nachdem sie schließlich den ersten Schock überwunden hatte, begann sie mit ihrer sanftesten Stimme zu sprechen: »Ich bin überrascht, Stuart, dass du auf diese Weise von einer dahergelaufenen Heilsarmee ...«

Sie konnte ihren Satz nicht zu Ende bringen, denn Stuart unterbrach sie so energisch, dass beiden Frauen vor Erstaunen der Mund offen blieb. »Ich lasse nicht zu, dass irgendjemand in diesem Haus auch nur ein einziges beleidigendes Wort gegen die Frau sagt, die ich liebe! Ich hoffe von ganzem Herzen, dass Rhena Dwight eines Tages meine Frau wird.«

Nach diesen Worten drehte Stuart sich um und verließ das Zimmer, während seine Tante und seine Schwester nach Luft schnappten, als ob er ihnen einen Eimer kaltes Wasser über den Kopf geschüttet hätte. Auf welche Weise sie ihre Entrüstung zum Ausdruck brachten, nachdem sie sich wieder erholt hatten, hörte Stuart nicht mehr und es kümmerte ihn auch nicht.

Ohne nach rechts oder links zu schauen, ging er in sein Zimmer und setzte sich. Ihm war deutlich bewusst, dass seine scharfe Zurechtweisung die Atmosphäre in diesem Haus unwiderruflich verändert hatte. Allerdings bereute er keineswegs, dass er seine Absichten verkündet hatte, sondern überlegte nur, ob hinter seinen Worten ein falscher Zorn gestanden hatte. War sein alter Jähzorn etwa wieder mit ihm durchgegangen? Nein, beantwortete Stuart sich diese Frage selbst, er war tatsächlich ein neuer Mensch geworden, und das, was er soeben getan hatte, war der beste Beweis dafür. Nun kniete sich Stuart nieder und bat Gott um Vergebung, falls er irgendetwas Unrechtes getan oder gesagt hatte. Er verharrte immer noch auf den Knien, als einer der Dienstboten an seine Tür klopfte und ihm ausrichtete, dass er am Telefon verlangt wurde.

Ein Angestellter aus dem Büro teilte Stuart mit, dass zwei Bergarbeiter gekommen waren und nach ihm gefragt hatten. Stuart ließ den Männern ausrichten, dass er gleich bei ihnen sein würde, und verließ kurz darauf das Haus.

Nachdem er im Büro angelangt war, erfuhr er, dass die beiden Bergarbeiter aus Cornish Town stammten. Aufgeregt erzählten sie, dass ein Freund von ihnen, der am äußersten Ende dieser Siedlung wohnte, schwer krank war und dringend Hilfe benötigte.

Rasch lud Stuart ein paar Decken und Lebensmittel in seinen Wagen und bat einen der beiden Männer, ihm den Weg zu zeigen. Inzwischen war es sehr dunkel geworden und ein paar vereinzelte Schneeflocken fielen lautlos zu Boden. Auf beiden Seiten der Straße türmten sich hohe Schneewehen, und Stuart wusste, dass er nicht die ganze Strecke mit seinem Buggy bewältigen konnte. Bevor er die Stadt verließ, machte er noch vor dem Gebäude der Heilsarmee Halt und sprach einen der Männer an, die auf den Eingangsstufen standen. Obwohl in der Halle Licht brannte, schien keine Versammlung stattzufinden.

»Miss Dwight ist heute Nachmittag nach Cornish Town aufgebrochen und wollte einigen Not leidenden Familien Kleider bringen. Eigentlich müsste sie längst wieder zurück sein, und wir fangen allmählich an, uns Sorgen um sie zu machen«, antwortete der Mann auf Stuarts Frage.

167

Stuart gab seinem Pferd das Kommando zum Weiterfahren, doch in seinem Inneren machte sich eine nagende Unruhe breit. Ihm fiel plötzlich wieder ein, was Andrew Burke über die verlassenen Gruben und Schächte rings um Cornish Town gesagt hatte. Der Gedanke, dass Rhena womöglich in Gefahr sein konnte, ließ sein Herz vor Furcht rascher schlagen, und er trieb die Pferde an, ohne auf den holprigen Weg Rücksicht zu nehmen. Der neben ihm sitzende Bergarbeiter erzählte später seinen Freunden: »Er hat den Buggy genauso waghalsig kutschiert wie Dr. Saxon, deshalb habe ich die ganze Zeit über so inbrünstig gebetet wie alle Leute, die jemals bei dem Doktor mitgefahren sind!«

Als sie das Ende der Straße erreicht hatten, stellte Stuart Pferd und Wagen in einem Schuppen unter, der zu einem kleinen Häuschen gehörte.

Die Bewohner der ärmlichen Hütte hatten Rhena an jenem Nachmittag den Hügel heraufkommen sehen und ihr angeboten, sich bei ihnen ein wenig aufzuwärmen.

Inzwischen schneite es heftig und die Luft war erfüllt von wirbelnden Schneeflocken. Mit großen Schritten eilte Stuart den schmalen Fußweg entlang bis zum letzten Haus an diesem Pfad. Auch hier hatte Rhena einen kurzen Besuch abgestattet und ein Bündel Kleidung dagelassen. Anscheinend hatte sie jedoch seither niemand mehr zu Gesicht bekommen. Besorgt rannte Stuart den Hügel hinunter zum nächsten Haus. Aber keiner hatte die junge Frau auf ihrem Rückweg in die Stadt gesehen, und die beiden Bergarbeiter, die in Stuarts Büro erschienen waren, hatten sie ebenfalls nirgends erspähen können.

Jetzt blieb Stuart auf dem schmalen Fußweg stehen und lauschte angestrengt, während sein Herz immer lauter und unruhiger schlug. Über ihm duckten sich die hohen Kiefern unter der Kraft des heulenden Windes, und durch den wirbelnden Schnee konnte er ab und zu die entfernten Lichter der Stadt Champion aufblitzen sehen.

Noch nie zuvor hatte Stuart so eine tiefe und innige Liebe zu Rhena Dwight gespürt, und gleichzeitig war er wie gelähmt von der entsetzlichen Vorstellung, dass sie sich verirrt haben und in eines der gefährlichen Löcher gestürzt sein könnte. Vielleicht lag sie in diesem Augenblick auf dem Boden eines Schachts im Sterben oder war bereits tot. Voller Verzweiflung schrie Stuart: »Rette sie, mein Gott, rette sie, denn ich liebe sie mehr als alles andere auf dieser Welt!«

Neue Schwierigkeiten

In seiner Kindheit hatte Stuart die Gegend rings um Cornish Town so gut gekannt wie seine Westentasche, und auch heute noch war er mit den vielen verschlungenen Fußwegen vertraut, die kreuz und quer über den Abhang verliefen. Die verlassenen Schächte waren unterschiedlich tief, und in manchen waren die Wände schon lange eingestürzt. Viele waren wie alte Keller oder Zisternen angelegt, auf deren Boden sich mit der Zeit eine Menge Schutt und Unrat angesammelt hatte. Andere verliefen senkrecht nach unten und besaßen eine Tiefe von fünfzehn bis dreißig Metern. Jetzt im Winter waren diese Gruben besonders gefährlich, da überall Gestrüpp wucherte und der Schnee noch dazu beitrug, die zugewachsenen Öffnungen zu verdecken.

Nachdem Stuart sich ein wenig beruhigt hatte und wieder klar denken konnte, kam ihm die Idee, dass Rhena eine Abkürzung in die Stadt genommen haben könnte. Womöglich war sie einem der Fußwege gefolgt, die vom äußersten Ende der Siedlung ins Tal hinunterführten. Da der Schnee der Landschaft ein anderes Gesicht verlieh, konnte sie im Dunkeln vom Weg abgekommen und in einen der Schächte gestürzt sein. Es gab eigentlich keine andere Erklärung für ihr langes Ausbleiben, und so rannte Stuart zu dem Haus zurück, in dem Rhena ihren letzten Besuch abgestattet hatte.

Von den Bewohnern lieh er sich eine Laterne und schlug einen schmalen Pfad ein, den er in seiner ersten Aufregung völlig vergessen hatte. Nach wenigen Metern entdeckte er im schwachen Licht der Lampe einen kleinen schwarzen Gegenstand, der mitten auf dem Weg lag. Stuart blieb stehen, bückte sich und hielt einen mit Pelz verzierten Damenhandschuh in seiner Hand. Sofort erinnerte er sich daran, dass Rhena erst vor wenigen Tagen genau so einen Handschuh getragen hatte. Er steckte ihn in seine Tasche und eilte weiter, während in seinem Inneren die schlimmsten Befürchtungen aufstiegen.

Der Bergarbeiter, der Stuart begleitet hatte, war auf dessen Vorschlag hin in die Siedlung gegangen, um noch mehr Männer für eine Suchaktion zu mobilisieren. So kam es, dass Stuart nun allein unterwegs war durch die unheimlichen Schatten des mit Kiefern bewachsenen Abhangs.

Jeder Schritt auf diesem schlecht markierten Pfad glich einem Schritt in ein unbekanntes Land. Doch obgleich Stuart von den schrecklichsten Vorahnungen geplagt wurde und sich kaum auszumalen wagte, wie dieses unerwartete Abenteuer enden würde, kam ihm plötzlich wieder deutlich in Erinnerung, wie er als zehnjähriger Junge diesen Pfad erkundet hatte. Sogar jetzt schien er noch den kräftigen und aromatischen Duft riechen zu können, den die hohen Kiefern in der Sommerhitze ausgeströmt hatten. Offensichtlich waren heute bereits mehrere Personen diesen Weg entlanggegangen, denn der Schnee war niedergetreten und die verschiedenen Fußspuren waren vom frischen Schnee noch nicht völlig zugedeckt worden.

Nachdem Stuart eine längere Strecke zurückgelegt hatte, kam er zu einem uralten Baumstumpf, der schon viele Jahre an dieser Stelle stand. Der Weg machte einen Bogen darum herum, und während Stuart noch im Stillen flehte, dass Gott ihn an die richtige Stelle führen möge, entdeckte er Rhena. Sie war genauso weiß wie der Schnee und lag so unbeweglich am Boden, dass Stuart vor Schreck den Atem anhielt. Offenbar war sie über einen Brocken Erz gestolpert, der auf den Weg gerollt war, und hatte sich beim Fallen verletzt. Einen Arm hatte sie direkt über der Öffnung des gefährlichsten Schachts in der ganzen Umgebung ausgestreckt. Es hätte nicht viel gefehlt, und sie wäre in ihren sicheren Tod gestürzt!

Mit einem Aufschrei hob Stuart sie hoch. Doch er wagte sich nicht davon zu überzeugen, ob die stille Gestalt in seinen Armen überhaupt noch lebte. Fest stand nur, dass Rhena nicht bei

171

Bewusstsein war. So schnell wie möglich stapfte er den Hügel hinunter, wobei er sich mehr auf seinen Instinkt verließ als auf seine eingeschränkte Sicht. Aus einem unerklärlichen Grund war er jedoch davon überzeugt, dass er mit seiner kostbaren Last in keine Grube stürzen würde. Während er die Augen fest auf die Lichter des nächstgelegenen Hauses gerichtet hielt, kämpfte er sich mit einer Entschlossenheit vorwärts, die weit über seine normale Willenskraft hinausging. Schließlich erreichte er den ursprünglichen Weg, von dem er abgebogen war, als er Rhenas Handschuh entdeckt hatte. Von dieser Stelle aus waren die Lichter nicht mehr sichtbar, denn er befand sich nun in einer Bodensenke, die von den Bergarbeitern früher als Zugang zu einer bestimmten Stelle des Davis-Bergwerks benutzt worden war. Als Stuart diese Vertiefung betrat, bemerkte er, ohne es deutlich sehen zu können, dass der Boden hier frische Spuren aufwies. Vorsichtig stapfte er weiter durch den Schnee, wobei er die bewusstlose Rhena behutsam in seinen Armen hielt.

Plötzlich blieb Stuart stehen, denn er hatte ein Geräusch wahrgenommen, das vom oberen Ende des Abhangs zu ihm gedrungen war. Es klang wie Schlittengeläut, doch weil Stuart seinen Ohren nicht traute, lauschte er noch einmal angestrengt. Schließlich stellte er fest, dass er sich nicht getäuscht hatte: Das helle Bimmeln von Schlittenglocken war unverkennbar. Gespannt spähte er nun durch die Dunkelheit in die Richtung, aus der das Geräusch gekommen war. Da in dieser Bodensenke fast kein Wind wehte, wirbelte der Schnee hier nicht durch die Luft, sondern fiel in dicken Flocken lautlos zu Boden. Nach kurzer Zeit wurde Stuarts Warten belohnt, und er sah ein Pferd wie einen großen Schatten aus dem Nichts auftauchen.

Während er laut schrie, um den Wagen anzuhalten, dachte er, dass es in der ganzen Gegend wohl nur einen einzigen Mann gab, der in so einer Winternacht das Risiko auf sich nehmen würde, über die Hügel zu fahren. Tatsächlich war es Dr. Saxon, der den kranken

Jim Binney besucht hatte und die Abkürzung durch die Bodensenke genommen hatte, um Zeit zu sparen. Die Leute in Champion hatten schon oft behauptet, dass der Doktor auch durch die Hölle fahren würde, falls auf der anderen Seite ein Patient auf ihn wartete.

Dr. Saxons Pferd ähnelte seinem Besitzer in vieler Hinsicht und bewegte sich auf diesen tückischen Pfaden mit der Sicherheit einer Bergziege. Mit großer Ausdauer kämpfte es sich durch die dichtesten Schneewehen, und einer der Bergarbeiter hatte einmal erzählt, er habe beobachtet, wie das Pferd seinem Besitzer half, den umgekippten Buggy wieder aufzurichten.

Ein Schiffbrüchiger auf hoher See hätte für das vertraute Blinken eines Leuchtturms nicht dankbarer sein können als Stuart beim Anblick von Dr. Saxons Wagen. Soeben trottete das Pferd durch eine mit Schnee gefüllte Mulde und hätte um ein Haar den Mann gerammt, der mit seiner kostbaren Last in den Armen abwartend dastand.

»Ho ho! Ganz ruhig, Ajax!«, erklang nun die energische Stimme des Arztes.

»Doktor«, rief Stuart. »Gott sei Dank, dass Sie hier sind! Schnell! Rhena ... ich weiß nicht, was mit ihr ist. Ich habe sie dort oben bewusstlos gefunden.« Mit raschen Schritten war er zum Wagen geeilt und hatte Rhena neben den erstaunten Arzt auf den Sitz gelegt.

»Was du nicht sagst«, meinte Dr. Saxon. »Da liegt unsere Heilsarmee ja schön am Boden. Nicht einmal in diesem entlegenen Winkel kann ich meinen beruflichen Pflichten entfliehen. Du sorgst wirklich dafür, dass ich nicht arbeitslos werde, Stuart. Gibt es noch andere Mitglieder der Heilsarmee, die hier kampfunfähig geworden sind?«

»Machen Sie schnell, Doktor, und kümmern Sie sich um sie! Wird sie sterben? Ist sie schwer verletzt?«, drängte Stuart.

»Hmmm. Also, ich würde sagen, dieses Mädchen hat wirklich Mumm in den Knochen«, antwortete der Arzt. »Sie scheint verletzt zu sein, doch ihr Puls geht regelmäßig.« Während er sich mit Stuart unterhalten hatte, hatte er keine Zeit verloren und Rhena sorgfältig untersucht. »Auf jeden Fall ist sie vollkommen unterkühlt. Wir bringen sie so schnell wie möglich in die Stadt. Los, Stuart, steig ein und halt sie fest. Ich kann nicht gleichzeitig kutschieren und mich um sie kümmern«, befahl der Doktor.

Stuart gehorchte, und nach Dr. Saxons Kommando stürmte das Pferd schneller vorwärts, als er es für möglich gehalten hätte. Im Stillen dachte er, dass der Arzt verrückt sein musste, auf diesem Weg so rasant zu fahren. »Bitte seien Sie vorsichtig, Doktor!«, rief er warnend. »Sie werden uns noch alle umbringen, wenn Sie das Pferd nicht zügeln!« Ihm blieb beinahe die Luft weg, doch er umklammerte Rhena mit beiden Armen und presste sich so fest wie möglich an die Rückwand des Buggys.

»Du hast alle Hände voll zu tun, also überlass mir das Kutschieren«, war die schroffe Antwort des Arztes. Und bevor Stuart noch weiter protestieren konnte, hatten sie schon die trügerische Bodensenke hinter sich gelassen und waren in die Straße eingebogen, die nach Champion hinunterführte. Von diesem Zeitpunkt an schwiegen beide Männer, bis sie vor Rhenas Pension angelangt waren. Dr. Saxon hatte sich entschieden, schnurstracks dorthin zu fahren, anstatt unterwegs vor irgendeinem Häuschen anzuhalten, wo er vermutlich kaum qualifizierte Hilfe erhalten würde. Nun trug der Arzt Rhena in ihr Zimmer hinauf und ließ Stuart beim Wagen zurück. Als er schließlich wieder aus dem Haus trat, brachte er gute Neuigkeiten mit. Rhenas Bewusstlosigkeit rührte von einem schweren Sturz her, doch seiner Meinung nach waren keine schlimmen oder lang anhaltenden Folgen zu befürchten.

Während die beiden Männer noch neben dem Buggy standen und miteinander sprachen, öffnete sich die Haustür und eine Frau rief Dr. Saxon zu: »Oh, Doktor, könnten Sie bitte einmal nachsehen, ob Miss Dwights Handschuh in Ihrem Wagen ist? Sie scheint ihn irgendwo verloren zu haben.«

174

»Stuart, sieh im Wagen nach«, befahl der Arzt, während er seine Laterne hochhielt und den Bürgersteig in der Nähe des Buggys absuchte. »Vielleicht ist er aber auch hier auf den Boden gefallen. Hast du ihn gefunden?« Als er keine Antwort bekam, schrie er zurück: »Hier ist er nicht, Ma'am. Wahrscheinlich liegt er irgendwo im Schnee.« Nachdem die Frau die Tür hinter sich zugeschlagen hatte, wandte sich der Doktor an Stuart: »Steig ein, Stuart, ich werde dich nach Hause fahren.«

Ohne ein Wort kletterte Stuart in den Wagen, doch als der Doktor ebenfalls eingestiegen war und Ajax wie gewöhnlich losgaloppierte, sagte er ruhig: »Rhenas Handschuh steckt in meiner Tasche, und ich habe vor, ihn zu behalten.«

Dr. Saxon zog die Augenbrauen hoch. »Und was willst du damit wohl bezwecken?«

Da der Arzt doppelt so alt war wie er selbst und ihn schon sein Leben lang kannte, gab es keinen anderen Menschen, dem Stuart sein Geheimnis lieber anvertraut hätte. »Eigentlich habe ich vor, den zweiten auch noch zu ergattern«, antwortete er verschmitzt, während er dem Doktor offen ins Gesicht schaute. »Es wird Sie bestimmt überraschen, alter Freund, aber ich bin bis über beide Ohren in Rhena Dwight verliebt! Und es ist das wunderbarste Gefühl, das es gibt!«

Stuart hatte lauter gesprochen als beabsichtigt und dabei völlig vergessen, dass auf dem Bürgersteig viele Fußgänger unterwegs waren. Einige Mitglieder der Heilsarmee gingen gerade zu Rhenas Pension, um sich nach ihrem Befinden zu erkundigen. Obwohl es nicht sehr wahrscheinlich war, dass einer von ihnen Stuarts Bekenntnis gehört hatte, versetzte der Arzt seinem Pferd plötzlich einen Peitschenhieb, wendete den Wagen und fuhr geradewegs zu der Bühne auf dem Marktplatz. Dort hielt er so abrupt an, wie er losgefahren war, und sagte in seinem üblichen schroffen Ton: »Ich werde auf dich warten.«

»Weshalb wollen Sie auf mich warten?«, erkundigte sich Stuart

erstaunt. »Nun, ich dachte, du willst vielleicht auf diese Bühne steigen und der ganzen Stadt verkünden, dass du in dieses Mädchen
verliebt bist,« antwortete der Doktor.

Ein breites Grinsen überzog Stuarts Gesicht, als er sagte: »Ich
habe keinen Grund, mich deshalb zu schämen, meinen Sie nicht
auch? Manchmal würde ich meine Gefühle tatsächlich am liebsten
laut hinausschreien!« Nun lenkte Dr. Saxon den Wagen wieder auf
die Hauptstraße, während Stuart fortfuhr: »Ich bewundere Rhena
so sehr, dass ich die ganze Zeit über sie sprechen könnte, doch vermutlich sollte ich mich ein wenig zurückhalten. Schließlich darf
man den Ereignissen nicht vorgreifen. Sagen Sie, Doktor, werden
Sie mir in dieser Angelegenheit auch Ihren Segen erteilen, wie Sie
es schon so oft getan haben?«

»Ja, natürlich, Stuart! Ich kann von ganzem Herzen sagen: Gott
segne dich! Deine Liebe zu Rhena Dwight erscheint mir wie eine
Fügung des Himmels. Du hast dir die beste und tapferste Frau von
ganz Champion ausgesucht, wenn nicht sogar aus unserem ganzen
Staat. Aber ich wusste natürlich längst Bescheid. Bestimmt hast du
geglaubt, dass ich viel zu beschäftigt bin, um zu bemerken, was
sich vor meiner Nase abspielt. Meine Augen sind jedoch immer
noch so scharf wie früher, und so schnell entgeht mir nichts!« Jetzt
machte der Doktor eine kurze Pause und fügte anschließend hinzu:
»Wenn ich an deiner Stelle wäre, Stuart, würde ich diesen Handschuh allerdings nicht so lange behalten. In diesem kalten Wetter
benötigt ihn die junge Dame dringend.«

»Ja, Doktor, darüber habe ich auch schon nachgedacht«, antwortete Stuart, der mit einem Mal sehr nachdenklich wurde. Das heutige Erlebnis hatte ihm deutlich gezeigt, wie groß seine Liebe zu
Rhena war. Daher sah er sich auf einmal vor eine neue Entscheidung gestellt, die große Auswirkungen auf all die anderen Probleme haben würde, für die er angestrengt nach einer Lösung suchte.
Als sie vor dem Haus der Duncans angekommen waren, wünschte
Stuart dem Doktor eine gute Nacht und ging in Gedanken versun-

ken in sein Zimmer. Allmählich wurde ihm klar, dass es von Rhenas Verhalten abhing, welche Richtung sein zukünftiges Leben nehmen würde.

Während er noch darüber nachdachte, wie stark und innig seine Gefühle für diese junge Frau waren, ging ihm plötzlich auf, dass er keine Ahnung hatte, was sie für ihn empfand. Würde sie eine Beziehung zu ihm überhaupt in Erwägung ziehen, oder hielt sie die Unterschiede zwischen ihnen für unüberwindlich? Auch wenn Stuart selbst an dem Punkt angelangt war, an dem ihm alle Standesunterschiede belanglos erschienen, so konnte er doch nicht davon ausgehen, dass sie genauso dachte. Rhenas Leben drehte sich mittlerweile um die Heilsarmee und deren Ziele, und sie hatte ganz bewusst allen Annehmlichkeiten des Lebens den Rücken gekehrt. Er selbst gehörte jedoch immer noch zu der Klasse der Reichen und Vornehmen, und daher schien zwischen ihnen eine tiefe Kluft zu bestehen. Allerdings gab es ein starkes Band, das sie miteinander verknüpfte, nämlich der Glaube an Jesus Christus. War diese Gemeinsamkeit nicht wichtiger als alles andere? Zählten unterschiedliche Lebensstile oder von Menschen geschaffene Normen, wenn zwei Jünger Jesu durch den Heiligen Geist miteinander verbunden waren? Dieser letzte Gedanke tröstete Stuart und ließ ihn an jenem Abend beruhigt einschlafen.

Als Stuart am nächsten Morgen seiner Schwester und seiner Tante begegnete, erzählte er den beiden nichts von seinem nächtlichen Abenteuer. Seine Aussage bezüglich Rhena Dwight hatte eine feindselige Atmosphäre hervorgerufen, die sich zwar nicht in Worten äußerte, aber trotzdem deutlich spürbar war. Louise war wütend darüber, dass ihr sorgfältig ausgeklügeltes Täuschungsmanöver mit größter Wahrscheinlichkeit umsonst gewesen war. Und obwohl Tante Royal das Thema mit keinem Wort anschnitt, war nicht zu übersehen, dass sie Stuarts Gefühle für die Heilsarmee-Offizierin aus tiefstem Herzen missbilligte. Sie hatte überhaupt kein Verständnis für ihren Neffen, doch Stuart war so sehr mit seinen eigenen Plänen und Problemen beschäftigt, dass er kaum darauf achtete. Wieder einmal wurde ihm deutlich bewusst, wie groß der Gegensatz zwischen seinem früheren und seinem jetzigen Leben war.

Zwei Tage später trafen sich Stuart, Eric und Andrew erneut, um einige Dinge miteinander zu besprechen. Dieses Mal kamen Stuart und Andrew zu Eric nach Hause. Rhena hatte sich bereits so weit erholt, dass sie ihre Arbeit zumindest teilweise wieder aufgenommen hatte, denn als Stuart sie besuchen wollte, war sie nicht zu Hause gewesen. Stuart konnte das Gefühl nicht unterdrücken, dass ein Gespräch zwischen ihnen beiden von großer Bedeutung sein würde. Von seinem Vater hatte er eine große Willenskraft und Entschlossenheit geerbt, und obwohl er diesen Wesenszug – wie auch alles andere – bei seiner Bekehrung unter die Kontrolle des Heiligen Geistes gestellt hatte, war Stuart immer noch ein Mensch, der Entscheidungen nicht auf die lange Bank schieben wollte. Als sich der Saulus der Bibel in einen Paulus verwandelt hatte, hatte er dabei keineswegs sein cholerisches Temperament eingebüßt, und in gleicher Weise neigte auch der neue Stuart dazu, alle notwendigen Entscheidungen so schnell wie möglich zu treffen. Allerdings besaß Stuart inzwischen eine neue Perspektive und handelte nach anderen Maßstäben als früher.

Als sich die drei Männer zusammensetzten, nahmen sie sich fest vor, zu einem konkreten Ergebnis zu kommen. Mit jedem Tag wurde das Elend der Menschen in Champion größer, und es gab immer noch keine Anzeichen dafür, dass die Gewerkschaft zum Einlenken bereit war. Der Winter hatte die Stadt fest im Griff, und es sah so aus, als würden die Bergwerke bis zum Ende der kalten Jahreszeit geschlossen bleiben. Stuart konnte sich noch an einen früheren Winter erinnern, in dem die Bergwerksbesitzer die Gruben einen Monat lang stillgelegt hatten, weil sie den Preis für das Eisenerz in die Höhe treiben wollten. Damals war er ein kleiner Junge gewesen, doch er wusste noch genau, dass diese Maßnahme die Menschen in große Not gebracht hatte. In diesem Jahr war die Lage jedoch noch weitaus schlimmer.

»Eric, es gibt niemanden, der mehr Einfluss auf die Bergarbeiter hat als du. Kannst du die Gewerkschaft nicht davon überzeugen, dass sie etwas unternehmen muss, damit endlich eine Einigung herbeigeführt wird?«, fragte Stuart. Obwohl ihm tausend verschiedene Fragen im Kopf herumschwirrten, begann er jetzt ganz allgemein über die missliche Lage zu sprechen.

Eric sah seinen Freund fragend an. »Was soll ich denn tun? Die Bergwerksbesitzer sind doch diejenigen, die einen Entschluss fassen müssen. Kannst du sie nicht doch dazu überreden, dass sie unseren Forderungen nachgeben und ebenfalls zustimmen, zwei Dollar pro Tag zu bezahlen?«

»Wie es aussieht, habe ich keinen großen Einfluss auf die anderen Vorsitzenden der anderen Bergbaugesellschaften«, erwiderte Stuart. »Du solltest ein paar von den Briefen lesen, die ich aus Cleveland bekommen habe. Die Eigentümer wollen nicht nachgeben, die ganze Situation ist hoffnungslos festgefahren. Manchmal glaube ich tatsächlich, dass bei manchen Leuten das Gehirn aussetzt, wenn der gesunde Menschenverstand gefordert ist. Welches Recht hat ein Drittel oder ein Viertel der Männer, die anderen Bergleute am Arbeiten zu hindern, nur weil sie nicht alle dieselben Löhne bekommen können?«

»Sie sehen das eben ganz anders. Für sie geht es um das grundsätzliche Prinzip, und sie bestehen – ob zu Recht oder zu Unrecht – auf zwei Dollar Lohn pro Tag. Allerdings habe ich euch ja neulich schon gesagt, dass ich diesen Streik mittlerweile in einem anderen Licht betrachte. Ich muss zugeben, dass es keine besonders gute Methode ist, um für gerechtere Verhältnisse zu sorgen. Die Männer werden den Verlust, den sie durch diese lange Arbeitslosigkeit erlitten haben, nie wieder aufholen können.«

Eric hatte sich erhoben und ging jetzt zum Fenster hinüber. Nachdenklich schaute er auf die schneebedeckten Hügel hinaus, bevor er sich wieder an Stuart wandte: »Aber sag mir, Stuart: Welche anderen Möglichkeiten haben wir denn, wenn die Bergwerksbesitzer nicht einmal bereit sind, unsere Bitten anzuhören oder mit uns zu verhandeln? Sollen wir uns auf Dauer mit solchen Hungerlöhnen zufrieden geben, nur weil wir nichts dagegen unternehmen können? Natürlich sehe ich die ganze Angelegenheit aus der Sicht der Bergarbeiter. Die Männer wollen im Grunde genommen nur erreichen, dass die Gewinne aus der Eisenerzindustrie gerechter verteilt werden. Von diesen Bodenschätzen sollten alle Leute profitieren können, statt dass nur einige wenige durch sie unglaublich reich werden.«

»Glaubst du, dass es Reiche gibt, die sich trotz ihres Wohlstands nicht wohl fühlen?«, erkundigte sich Andrew mit einem bedeutungsvollen Lächeln.

»Du wirst nicht lange nach so jemandem Ausschau halten müssen, denn einer von ihnen sitzt genau neben euch«, erklärte Stuart nüchtern. »Was nützt mir mein ganzes Geld in so einer verfahrenen Situation? Ich stehe genauso hilflos da wie alle anderen.«

»Nein, das stimmt nicht«, protestierte Eric. »Mit Geld kann man vieles erreichen, und du kannst damit große Not lindern.«

»Aber Eric, denk doch nur über die augenblickliche Lage nach. Fünftausend Bergarbeiter befinden sich im Streik, und einem Fünftel von ihnen wurden die Bedingungen gewährt, die sie verlangt haben. Trotzdem lehnen diese tausend Männer es ab, wieder an die Arbeit zu gehen, weil sie sich mit den übrigen viertausend solidarisch erklären. Aber sie werden ihr Ziel niemals erreichen, denn ich kann die anderen Gesellschaften nicht dazu zwingen, das zu tun, was ich für richtig halte. Jetzt müssen die Arbeiter befürchten, dass sie verhungern oder zumindest große Not leiden werden. Soll ich etwa zu ihnen sagen: ›Ich habe Geld und werde euch in Zukunft ernähren – wenigstens solange mein Geld reicht‹? Meiner Meinung nach sollten wenigstens diese tausend Männer wieder an die Arbeit gehen, nachdem ihre Forderungen akzeptiert wurden. Wie denkst du darüber, Andrew?«

»Ich stimme dir zu. Ich halte diesen Streik ebenfalls für einen großen Fehler«, erklärte Andrew. »Allerdings haben die Bergarbeiter – und vielen Menschen in anderen Industriezweigen geht es ebenso – keine andere Möglichkeit, sich zu wehren. Das wird sich erst ändern, wenn wir ein neues System gefunden haben, wie die Auseinandersetzungen zwischen der arbeitenden und der wohlhabenden Bevölkerung geregelt werden können. Kann man den Bewohnern von Champion nicht vorübergehend eine andere Arbeit verschaffen, damit sie ihr Geld nicht fürs Nichtstun bekommen?«

»Was können Bergarbeiter anderes tun als unter Tage arbeiten? Wer kann in dieser Gegend, wo sich die gesamte Wirtschaft um eine einzige Industrie dreht, plötzlich Arbeitsplätze herbeizaubern? Außerdem ... aber verrate uns, was du auf dem Herzen hast, Eric«, unterbrach sich Stuart, als er bemerkte, dass sein Freund sich nervös auf die Lippen biss.

»Ich weiß einfach nicht, was ich sagen soll!«, platzte Eric heraus. »Diese ganze Situation ist zum Verrücktwerden! Einerseits haben die Männer Recht, und andererseits sind sie im Unrecht. Auch wenn ihre Methoden, wie sie für Gerechtigkeit sorgen wollen, falsch sind, so bin ich trotzdem fest davon überzeugt, dass ihr Wunsch nach Gerechtigkeit gut und richtig ist. Aber was erwarten wir denn? Wer hat in den vergangenen Jahren an die vielen Menschen gedacht, die aus den Bergwerken das Erz heraufgeholt haben? Kümmern sich die Eigentümer in Cleveland tatsächlich um diese Männer und ihr Wohlergehen? Oder sind sie für die da oben nicht nur Mittel zum Zweck, um an das Erz zu kommen, das ihnen jeden Luxus verschafft und ihr Leben bequem und sorglos macht?

Was wir jetzt ernten, sind die Früchte der Selbstsucht, die über viele Jahre hinweg gesät wurde. Nun frage ich euch beide, die ihr in wohlhabenderen Familien aufgewachsen seid als ich: Was hat die Liebe zum Geld letztendlich für Auswirkungen? Stimmt es nicht, dass die Arbeiter im Vergleich zu den Wohlhabenden, Mächtigen und Gebildeten dieser Welt die kleineren Sünden begangen haben? Damit will ich nicht behaupten, dass die Arbeiter niemals etwas Unrechtes tun oder dass nur reiche Leute selbstsüchtig sind. Aber ich bin davon überzeugt, dass wir uns mit diesen Problemen nicht auseinander setzen müssten, wenn diejenigen, die durch den Schweiß der Bergarbeiter reich geworden sind, sich wie echte Christen verhalten hätten. Wie viele Bergwerksbesitzer haben sich versammelt und Gott um Weisheit angefleht, damit dieser Konflikt friedlich geregelt werden kann? Meines Wissens hat das kein Einziger außer Stuart getan.«

Eric warf seinem Freund einen dankbaren Blick zu, bevor er fortfuhr: »Allerdings glaube ich, dass es keinen Menschen gibt, der eine optimale Lösung für dieses Problem weiß. Überall auf der Welt existieren dieselben krassen Gegensätze zwischen den Männern, die mit Hilfe ihrer Muskeln arbeiten, und den Menschen, die das Geld und die Macht besitzen. Heute Morgen haben die Zeitungen mit großen Schlagzeilen verkündet, dass in fünf verschiedenen Ländern riesige Streiks im Gange sind: England, Frankreich, Deutschland, Australien und Amerika. In diesem Augenblick befinden sich über hunderttausend Menschen im Streik.

Auf der Seite der Arbeiter herrscht große Unzufriedenheit, und manche behaupten, dass sie die Männer zu törichten Entscheidungen verleitet. Vielleicht stimmt das, aber wir leben eben in einer sehr unruhigen Zeit. Die Wurzel des Übels liegt darin, dass viele Leute ihren Mitmenschen nicht die geringste Beachtung schenken, sondern nur daran interessiert sind, um jeden Preis reich zu werden. Die Liebe zum Geld hat ganze Weltreiche zugrunde gerichtet und wird auch unsere Zivilisation vernichten, falls ...« Jetzt hielt Eric abrupt inne und schlug in einer verzweifelten Geste die Hände vors Gesicht.

Stuart klopfte ihm tröstend auf die Schulter und sagte schlicht: »Eric, Gott ist größer als alles. Wir sollten auf seine Verheißungen vertrauen, denn sie haben sich durch viele Jahrhunderte hindurch als richtig erwiesen.«

182

Einen Augenblick lang war es ganz still im Zimmer, dann ergriff Andrew das Wort: »Ich glaube, dass es für alle diese Schwierigkeiten nur eine geistliche Lösung geben kann. Nur auf diesem Weg werden die Arbeiter tatsächlich ihr Ziel erreichen können. Die Lebensbedingungen der Armen werden sich erst dann verbessern, wenn sich viele Menschen zu Jesus Christus bekehrt haben. Er ist der Einzige, der einen dauerhaften Frieden zwischen den verschiedenen Klassen unserer Gesellschaft herstellen kann. Die eigentliche Frage lautet also: Wie können wir sowohl die Bergwerksbesitzer als auch die Bergarbeiter dazu bringen, sich wie echte Christen zu verhalten? Zwischen euch beiden, Stuart und Eric, könnte niemals ein solcher Konflikt entstehen, weil ihr in wahrer Freundschaft miteinander verbunden seid. Daran erkennen wir, dass die Liebe zum Nächsten das Allerwichtigste ist. Sie ist die einzige Macht, die die Unterschiede zwischen Arm und Reich und alle anderen gesellschaftlichen Gegensätze überwinden kann.«

»Ja, das glaube ich auch«, sagte Stuart, während er in dem kleinen Zimmer auf und ab ging. »Ich habe keinen Zweifel daran, dass zuletzt die Liebe und die Gerechtigkeit siegen werden, dass es die neue Erde geben wird, von der die Bibel spricht. Doch noch ist es nicht so weit. Vorerst müssen wir uns noch mit unseren gegenwärtigen Problemen herumschlagen.«

»Wir dürfen auf keinen Fall zulassen, dass Frauen und Kinder Not leiden«, erklärte Andrew, »und wir müssen uns beeilen, damit unsere Maßnahmen nicht zu spät kommen. Was mich besonders beunruhigt, ist die Tatsache, dass immer mehr Männer anfangen zu trinken. Sie nehmen ihre letzten Ersparnisse und verschleudern sie für Alkohol.«

»Verflucht seien alle Kneipen auf dieser Welt! Sie verursachen das schlimmste Herzeleid, das man sich vorstellen kann!«, rief Eric voller Leidenschaft. Stuart und Andrew waren überrascht über seinen heftigen Gefühlsausbruch, doch Eric achtete nicht auf ihre erstaunten Gesichter, sondern fuhr mit großem Nachdruck fort:

»Jeden Sonntag gehen wir in die Kirche und hören uns eine Predigt über die Liebe Gottes an. Wir beten für Frieden und Freiheit und segnen die kleinen Kinder, aber für die Versuchungen, denen unsere Nächsten ausgesetzt sind, sind wir blind. Wir müssen den Menschen Hoffnung geben, statt zuzusehen, wie sie ihre Hoffnungslosigkeit mit Schnaps herunterspülen. Die Kneipen in Champion haben den Bergarbeitern mehr Schaden zugefügt als irgendetwas anderes.«

Stuart schwieg betroffen. Zum ersten Mal verstand er, weshalb Eric so fanatisch wurde, wenn es um das Thema Alkohol ging. Es beschämte ihn, dass er sich nie Gedanken darüber gemacht hatte, welche verheerenden Folgen der Missbrauch alkoholischer Getränke haben konnte.

»Nun, wir können den Leuten nicht verbieten, dass sie sich betrinken. Und an die Kneipenbesitzer zu appellieren, scheint mir ziemlich aussichtslos. Sie betreiben legale Geschäfte und haben das Recht, ihren Alkohol an die Leute zu verkaufen, die ihn haben wollen«, schloss Stuart traurig. »Aber wir sollten darüber nachdenken, wie wir sinnvolle Alternativen schaffen können. Doch zuallererst müssen wir dafür sorgen, wie Andrew schon sagte, dass die Frauen und Kinder keine Not leiden. Ich habe eine Idee, die sich vielleicht rasch in die Tat umsetzen lässt. Dabei müssten die Männer arbeiten und würden ihr Geld nicht umsonst erhalten. Doch ich brauche noch ein wenig Zeit, um mir alles genau zu überlegen. Inzwischen sollten wir uns an Dr. Saxon und an den Stadtrat wenden und sie fragen, welches der beste Weg wäre, um ...«

In diesem Augenblick klopfte es an der Tür und Dr. Saxon trat ein. »Ich kann nur einen Augenblick bleiben«, sagte er zur Begrüßung. »Da ich gehört habe, dass ihr hier seid, wollte ich kurz vorbeischauen und euch mitteilen, dass soeben der Typhus ausgebrochen ist. Bisher habe ich noch nie erlebt, dass im Winter Typhus-Fälle auftreten, doch der Grund dafür liegt in dem verseuchten Wasser. Jim Binney und die beiden Sanders-Mädchen hat es bereits erwischt, und in Kürze wird wohl ganz Cornish Town auf dem Krankenbett liegen. Es ist eine Schande, dass alle meine Warnungen bezüglich der Abwässer in den Wind geschlagen wurden. Erst jetzt habe ich herausgefunden, dass die Leute während des ganzen Herbstes das verschmutzte Wasser getrunken haben. Man sollte mir eine Kompanie Soldaten zur Verfügung stellen, damit ich diese Dummköpfe daran hindern kann, sich ihr eigenes Grab zu schaufeln.«

Dr. Saxon war sichtlich bemüht, seine Empörung im Zaum zu halten, doch er konnte seinen Zorn nicht unterdrücken, als er fortfuhr: »Und wenn sie dann immer noch nicht gehorchen, sollte man sie auf der Stelle erschießen, damit auf diese Weise wenigstens die Arztkosten gespart werden! Ich sage dir, Stuart, ich werde den Bergwerksgesellschaften bald eine gesalzene Rechnung schicken über all die Krankenbesuche, für die ich bisher keinen müden Cent erhalten habe. Allmählich habe ich wirklich genug davon! Seit einem Monat fahre ich jeden Tag in die Hügel hinauf, und heute Nachmittag ist mein Buggy umgekippt, als ich auf dem Weg zurück über die buckeligen Straßen musste. Ich saß bis zum Hals in einer Schneewehe, und wenn ich etwas auf den Tod nicht ausstehen kann, dann ist es Schnee in meinem Kragen!« Während er seinem Herzen Luft machte, schüttelte er seinen schneebedeckten Mantel über dem Ofen aus, der auf diese nasse Ladung mit lautem Zischen reagierte. »Aber das war das letzte Mal, dass ich für diese undankbaren Hohlköpfe solche Touren durch Wind und Wetter unternehme ...«

Dr. Saxons Redeschwall wurde abrupt unterbrochen von einem Klopfen an der Tür. »Ist der Doktor hier?«, fragte eine Stimme durch den schmalen Türspalt.

»Ja, was ist denn los?«, erkundigte sich Eric.

»Lew Trethven hat sein Bein gebrochen. Er ist oben in Cornish Town in einen Schacht gefallen und bittet den Doktor, so schnell wie möglich zu ihm zu kommen.«

»Hört euch das an, ist das nicht die Höhe!«, rief Dr. Saxon, dem kein einziges Wort entgangen war. »Seit ich in dieser Stadt praktiziere, hat Trethven seine beiden Beine schon dreimal gebrochen. Wenn er sechs Beine besäße, würde er es auch schaffen, jedes einzelne davon zu brechen. Und natürlich fällt er immer gerade dann in ein Loch, wenn ich am anderen Ende der Stadt bin und wirklich keine Zeit habe, mich um ihn zu kümmern. Inzwischen habe ich ihn schon so oft zusammengeflickt, dass seine Knochen eigentlich von selbst heilen müssten.«

»Sagen Sie, Doktor, werden Sie gleich heraufkommen?«, drängte der Mann, nachdem er den Arzt erkannt hatte.

»Nein. Ich habe seit dem Frühstück keinen Bissen gegessen und bin hundemüde. Richten Sie Trethven aus, er soll bis morgen warten. Mittlerweile müsste er ja daran gewöhnt sein, ein gebrochenes Bein zu haben, und er kann sich den Bruch auch allein schienen. Sagen Sie ihm, ich sei krank, oder sagen Sie ihm ...«

Eric schloss die Tür, und Dr. Saxon sah durchs Fenster, wie sich der Mann zögernd auf den Heimweg machte.

»Ach, entschuldigt mich«, murmelte er, »ich habe vergessen, Ajax eine Decke überzulegen.« Darauf verließ er eilig das Zimmer, und Stuart beobachtete, wie er um die Ecke rannte und den Boten aus Cornish Town aufhielt. Das Pferd Ajax stand immer noch angeschirrt vor dem Buggy, und Dr. Saxon drängte den Mann, in seinen Wagen zu steigen. Anschließend sprang der Doktor auf den Kutschbock und ließ wie üblich einen Fuß aus dem Buggy heraushängen. Er ließ sein Pferd so rasch wenden, dass sein Begleiter durch das ruckartige Manöver beinahe aus dem Buggy katapultiert wurde. Wenig später galoppierte Ajax davon und das Gefährt verschwand hinter einer großen Schneewehe.

Als Stuart an diesem Nachmittag nach Hause kam, trug er eine schwere Last mit sich herum, die ihn beinahe zu erdrücken schien. Bisher hatte er immer noch keine Möglichkeit gefunden, wie er seinen Reichtum zum Wohle anderer Menschen einsetzen konnte. Es sah beinahe so aus, als wollten sich die Leute gar nicht helfen lassen! Eigentlich sollte es ihn gar nicht wundern, überlegte er. Hatte nicht Jesus selbst die gleiche Erfahrung gemacht, als er auf dieser Erde war? Nicht einmal zu ihm waren die Menschen gekommen, obwohl er ihnen ewiges Leben bot.

Auf seinem Heimweg durch die Hauptstraße von Champion kam Stuart an mindestens zehn verschiedenen Lokalen vorbei. Früher waren sie ihm nie so deutlich aufgefallen, doch heute hatte er beobachtet, wie aus einer Kneipe lärmende Männer herausgetorkelt waren und Lieder gegrölt hatten. Der eine oder andere schien jedoch verlegen zu werden, als er Stuart erkannte, und machte sich danach rasch aus dem Staub.

Während Stuart am Gebäude der Heilsarmee vorbeiging, konnte er den Gedanken an Rhena nicht unterdrücken, die ständig in so einer Umgebung lebte und sich mit diesen rauen und teilweise verwahrlosten Menschen abgab. Allerdings musste er zugeben, dass viele Bergarbeiter sich bis jetzt von den Kneipen fern gehalten hatten. Stuart verlangsamte seine Schritte und hoffte im Stillen, irgendwo einen Blick auf Rhena werfen zu können. Nachdem sie jedoch nirgends zu sehen war, blieb ihm nichts anderes übrig, als nach Hause zu gehen.

Die nächsten Tage waren sehr unruhig, denn die Vorhersage des Doktors stellte sich als richtig heraus. Eine schreckliche Typhusepidemie wütete in Cornish Town. Niemand konnte sich daran erinnern, dass in diesem Viertel jemals so eine schreckliche Seuche geherrscht hatte. Stuart forderte auf eigene Kosten einige erfahrene Krankenschwestern aus Chicago an und stellte Dr. Saxon zwei Assistenten zur Seite. Außerdem versprach er dem Doktor, dass er ihm während des gesamten Streiks das vereinbarte Honorar für die Behandlung der Bergarbeiter bezahlen würde.

Einerseits dankte Stuart Gott für die Hilfe, die er mit seinem Geld herbeiholen konnte, doch er sah auch, dass diese Maßnahmen nur ein Tropfen auf dem heißen Stein waren. Er besuchte die Familien der Bergarbeiter und lernte ihre ärmlichen und primitiven Verhältnisse kennen. Ab und zu traf er bei seinen Besuchen auch Rhena an, doch sie war jedes Mal sehr beschäftigt und hatte kaum ein Wort für ihn übrig. Stuart nahm an, dass sie ihm aus dem Weg gehen wollte, denn ihr Verhalten war ganz anders als früher. Im Stillen fragte er sich, ob Rhena wohl wusste, dass er sie in jener Nacht im Schneesturm gefunden und nach Hause gebracht hatte.

Unaufhörlich beschäftigte sich Stuart damit, wie er den arbeitslosen Männern helfen konnte, und je mehr er darüber nachdachte, desto unfähiger fühlte er sich, dieses komplizierte Problem zu lösen. Champion war eine reine Bergarbeiterstadt, in der es keine zusätzlichen Industriezweige gab, die den Männern Arbeitsplätze verschaffen konnten. Früher hatte man einmal geplant, in diesem Gebiet eine Schmelzerei anzusiedeln, doch das Unternehmen war gescheitert, weil die Kosten für das Brennmaterial zu hoch waren. Dazu kam noch, dass die Männer für keine andere Beschäftigung als die Arbeit unter Tage ausgebildet waren und deshalb nicht einfach andere handwerkliche Tätigkeiten übernehmen konnten.

Natürlich versuchte Stuart weiterhin, die Männer dazu zu überreden, seine Bedingungen zu akzeptieren und wieder in die Bergwerke zurückzukehren. Während er mit den Bergarbeitern verhandelte, fühlte er sich jedoch ein wenig unbehaglich. Obwohl er die Sache anders sah als sie, bewunderte er die Streikenden für ihre Standhaftigkeit und respektierte ihre Argumente, wenn sie erklärten: »Es wäre nicht richtig, Ihr Geld anzunehmen, solange alle anderen Männer keine Arbeit haben, weil die Eigentümer ihnen die gerechteren Löhne nicht bezahlen wollen.« Was die Gewerkschaft anging, so befand sich der Streik in einer Sackgasse.

Darüber hinaus sah Stuart sich noch vor eine völlig neue Herausforderung gestellt: Er versuchte, die Lehren Jesu auf die schwierigen Verhältnisse in der Geschäftswelt anzuwenden. Obwohl er selbst bereit war, den Geboten Jesu zu gehorchen, wurde ihm bald klar, dass sowohl Arbeiter als auch Bergwerksbesitzer weit davon entfernt waren, seinem Beispiel zu folgen. Er konnte jedoch nichts daran ändern, dass er nach wie vor zu diesem System gehörte, und musste sich mit dieser Tatsache abfinden.

Trotz allem, was er bereits für die Not leidenden Einwohner von Champion getan hatte, hatte er das Gefühl, dass seine Bemühungen bisher wenig Erfolg gezeigt hatten. Vermutlich lag es daran, dass er noch keine Übung darin besaß, sein Geld zum Wohle anderer zu verwenden, und häufig hatte er keine Ahnung, wie er den Menschen am besten helfen konnte.

Die Zeit verging, und schließlich kam der Tag heran, an dem die Gesellschaft im Haus der Duncans stattfinden sollte. Stuart sah diesem Ereignis mit Schrecken entgegen, denn ihm war absolut nicht nach oberflächlicher Zerstreuung zumute. Es erschien ihm grausam und zynisch, ein festliches Essen zu veranstalten, während ganz in der Nähe kleine Kinder im Sterben lagen. Ständig musste er an die vielen armen Menschen in ihren primitiven Häusern denken, die unter dem schrecklichen Typhusfieber litten. In Cornish Town hatte der Todesengel bereits an fast jede Haustür geklopft und einen Menschen aus der Mitte seiner Lieben gerissen.

Den ganzen Tag über war Stuart damit beschäftigt, Not leidende Familien zu besuchen, und an manchen Orten traf er auch Andrew, Rhena und Eric an. Jeder Einzelne von ihnen war müde und erschöpft und litt darunter, nicht mehr für die Kranken tun zu können. Vor allem Rhena schien sehr mitgenommen zu sein, und Stuart war nahe daran, sie zu bitten, sich nicht zu viel zuzumuten. Falls er tatsächlich den Mund aufgemacht hätte, hätte er ihr sicher im selben Atemzug seine Liebe erklärt, aber er konnte sich gerade noch zurückhalten.

Als Stuart an diesem Abend nach Hause kam, war er sehr deprimiert, denn er hatte den ganzen Tag lang versucht, durch seine Hilfeleistungen einen Ausgleich zu dem vor ihm liegenden Abend zu schaffen. Am Nachmittag war Jim Binney gestorben, und er war gerade noch rechtzeitig eingetroffen, um Rhena am Bett des Verstorbenen knien zu sehen. Ihr eindringliches Gebet, das verzweifelte Schluchzen der Witwe, die Schreie der Kinder, die elende Hütte mit den armseligen Möbeln und der grausame Ernst des Todes beschäftigten Stuarts Gedanken unaufhörlich. Er konnte diese Erinnerungen auch nicht verscheuchen, als er die Treppe hinunterging und die festlich geschmückten Räume betrat. Während er die kunstvoll gearbeiteten Girlanden und die süßlich duftenden Blumen betrachtete, wurde sein Herz noch schwerer.

Die Gäste waren nach der neuesten Mode gekleidet, und die Unterhaltung plätscherte leicht und angenehm dahin. Ein Außenseiter hätte glauben können, dass es auf der ganzen Welt kein Leid und keine Sorgen gab. Die Lieder, mit denen die Gäste unterhalten wurden, handelten ausschließlich von der Liebe, der Schönheit und den Blumen. Für Stuart schien diese Musik aus lauter hohlen und sentimentalen Phrasen zu bestehen, und zum ersten Mal in seinem Leben erfüllte ihn diese Art der Zerstreuung mit unglaublichem Abscheu. Es kam ihm vor, als würden die Anwesenden auf einem Friedhof über frisch aufgeworfenen Gräbern tanzen, ohne sich darum zu kümmern, dass die beschwingten Walzerklänge an so einem Ort überhaupt nicht angebracht waren.

Später konnte Stuart nicht mehr sagen, wie er diesen Abend überstanden hatte. Wie versprochen sang er mit Una Vasplaine ein Duett und bedankte sich anschließend für den begeisterten Beifall. Una trug ein sehr hübsches Kleid und richtete ihre großen dunklen Augen häufig auf Stuart. Sie ist ganz anders als Rhena, schoss es ihm durch den Kopf. Er gab sich große Mühe, an den Gesprächen der anderen Gäste teilzunehmen, doch es fiel ihm schwer, sich über so viele oberflächliche und belanglose Themen zu unterhalten.

Im Stillen wunderte er sich, dass diese scheinbar so glücklichen und zufriedenen Menschen nichts Besseres zu tun hatten, als sich auf diese Weise die Zeit zu vertreiben. Sie schienen sich jede Woche zu ähnlichen Gelegenheiten zu treffen, wo sie in den teuersten und elegantesten Anzügen erschienen und auserlesene Speisen zu sich nahmen. Die Lieder, die sie sangen, enthielten keine edlen Werte, sondern drehten sich nur um leere Gefühle, und in ihren oberflächlichen Gesprächen tauchten niemals solche Worte wie Opferbereitschaft, Nächstenliebe oder Menschlichkeit auf. Stattdessen saßen diese Leute stundenlang an kleinen Tischen und spielten Karten, ohne auch nur einen einzigen Gedanken daran zu verschwenden, dass es viele Menschen auf dieser Welt gab, die ein jämmerliches Dasein fristeten. In den frühen Morgenstunden gingen sie dann nach Hause und verbrachten den darauf folgenden Vormittag im Bett, um sich für das nächste Fest gebührend auszuruhen. Selbstverständlich glaubte jeder Einzelne dieser sorglosen Reichen, dass er das einzig richtige Leben führte und keinen Grund hatte, seine Gewohnheiten zu ändern.

In dieser Gesellschaft gab es keinen Platz für störende Elemente. Alles musste reibungslos ablaufen, und solch peinliche Begriffe wie Elend, Unrecht oder Opferwille durften nicht einmal erwähnt werden. Man benutzte Sprache nur, um höfliche Komplimente auszutauschen, und verbrachte seine Zeit damit, das Geld entweder zu verdienen oder es auszugeben. Ohne elegante Kleider, kostbaren Schmuck und duftende Blumen auszukommen wäre einfach undenkbar gewesen, denn nach einem Dasein voller Mühe und Arbeit hatte hier niemand Verlangen! Um jeden Gedanken an solche Dinge zu unterdrücken, wies man die Musik an, noch lauter zu spielen, und ließ die tanzenden Füße noch rascher übers Parkett gleiten. Hätte man nach einem Motto für dieses bunte Treiben gesucht, so hätte es lauten müssen: Lasset uns essen, trinken und fröhlich sein, denn morgen sind wir tot!

Doch musste diese feine Gesellschaft nicht im Recht sein? Menschen wie Louise und Tante Royal wussten doch sicher, was gut und richtig im Leben war! Aber falls sie sich irren sollten, würde das Jüngste Gericht es ihnen vor Augen führen. So unangenehme Ereignisse wie den Tod und das Jüngste Gericht verdrängte man selbstverständlich so gut es ging, denn falls man darüber nachdachte, kam man womöglich zu unbequemen Schlussfolgerungen, und das wäre für alle Anwesenden äußerst peinlich gewesen.

In solchen Bahnen verliefen Stuarts Gedanken, während sich der Abend quälend langsam dahinschleppte. Um elf Uhr brachen die meisten Gäste auf, denn Tante Royal hatte beschlossen, dass die Gesellschaft einen gewissen Respekt vor dem Tod ihres Bruders zeigen müsse. Die Vasplaines hatten ihren Kutscher nach Hause geschickt, um noch einen Spaziergang an der frischen Luft zu machen, wie sie es häufig taten, wenn sie bei den Duncans zu Besuch waren.

»Es ist ein wunderbarer Abend, möchten Sie uns nicht begleiten?«, fragte der jüngere Mr Vasplaine, als die Gäste in der Eingangshalle standen und auf die schneebedeckten Hügel hinaussahen. Im Mondlicht bot die Umgebung von Champion einen herrlichen Anblick.

»O ja! Du kommst doch mit, Stuart?«, rief Louise begeistert.

Da Tante Royal zufrieden nickte, wurde Stuart zu Unas Begleiter erkoren, bevor er protestieren konnte. Achselzuckend fügte er sich und dachte, dass es keinen Zweck hatte, wegen dieser Kleinigkeit einen Streit aufkommen zu lassen. Daher lauschte er Unas Geplauder mit freundlicher Miene, während hinter ihnen Louise und Hal Vasplaine nebeneinander herspazierten.

Als sie den kleinen Park im Zentrum der Stadt erreicht hatten, hörten sie lauten Gesang aus der Halle der Heilsarmee dringen. Das Gebäude war immer noch hell erleuchtet und die abendliche Versammlung schien noch nicht beendet zu sein. In der stillen Nachtluft war jedes einzelne Wort deutlich zu hören:

Ja, Jesus kam zu uns herab
Aus Liebe, aus Liebe.
Sein Leben er für Menschen gab
Aus Liebe, aus Liebe.

Mancher Musikliebhaber hätte vielleicht seine Nase gerümpft über die einfache Melodie und die schlichten Worte, doch Stuart traf das Lied wie ein Blitz aus heiterem Himmel. Es schien mit erbarmungsloser Deutlichkeit aufzuzeigen, welch tiefe Kluft zwischen diesen Gläubigen und den selbstzufriedenen Reichen bestand, in deren Gesellschaft Stuart diesen Abend verbracht hatte.

Gerade als Stuart und Una vor den Eingangsstufen der Halle angelangt waren, öffnete sich die Tür und einige Leute kamen heraus. Und genau in dem Augenblick, als Stuart seiner attraktiven Begleiterin höflich den Arm bot, damit sie nicht über den Bordstein stolperte, erschien Rhena Dwight an der Tür. Sie war nur wenige Schritte von ihnen entfernt, und für einen flüchtigen Moment trafen sich Stuarts und Rhenas Blicke. Dann schaute Rhena auf Una, schloss die Tür, und die Passanten gingen schweigend weiter.

Enttäuschungen

Das Haus der Vasplaines war etwa einen Kilometer vom Gebäude der Heilsarmee entfernt, aber Stuart konnte sich hinterher nicht mehr erinnern, worüber er unterwegs mit Una gesprochen hatte. Seine Gedanken kreisten ständig um Rhena, denn der Ausdruck auf ihrem Gesicht hatte große Hoffnungen in ihm geweckt. Wäre sie in diesem Moment an seiner Seite gewesen, hätte er ihr sofort sein Herz und seine Zukunft zu Füßen gelegt.

Stattdessen musste er sich damit abfinden, Unas angeregtem Geplauder zu lauschen. Je näher sie allerdings der Villa der Vasplaines kamen, desto stiller wurde seine Begleiterin, und schließlich wurde ihre Haltung geradezu abweisend. Una schien zu spüren, dass Stuarts verändertes Benehmen mit der jungen Frau am Eingang des Heilsarmeegebäudes zusammenhing, und es passte ihr überhaupt nicht, dass ihr alter Schulkamerad, den sie früher so leicht beeindrucken konnte, sich nun nicht mehr für ihre Schönheit zu interessieren schien. Mit kühler Stimme wünschte sie ihm eine gute Nacht und ließ ihn wie einen lästigen Handelsvertreter vor der Tür stehen.

Als kurz darauf Louise und Hal Vasplaine eintrafen, ging Stuart mit raschen Schritten die Eingangsstufen hinunter und sagte brüsk: »Louise, wir sollten gleich wieder aufbrechen. Gute Nacht, Vasplaine.«

»Gute Nacht, Mr Duncan. Gute Nacht, Louise«, kam die höfliche Antwort.

Auf dem Rückweg gingen die Geschwister einige Minuten schweigend nebeneinander her, bis Stuart plötzlich das Wort ergriff.

»Seit wann nennt Vasplaine dich eigentlich Louise?«, fragte er.

»Seit wir zusammen im Sandkasten gespielt haben«, erwiderte

Louise spöttisch. Sie wirkte an diesem Abend sehr angeregt und erschien ihrem Bruder hübscher als je zuvor.

»Aber seine Stimme klang ganz eigenartig, als er deinen Namen sagte«, meinte Stuart, während er das Gesicht unter dem pelzverbrämten Hut musterte.

Louise erwiderte seinen Blick, ohne mit der Wimper zu zucken, und antwortete ein wenig kühl: »Hal hat mich gebeten, ihn zu heiraten.«

»Und was hast du ihm geantwortet?«

»Ich habe Ja gesagt«, erklärte Louise, und in ihrer Stimme lag so etwas wie Triumph.

Während der darauf folgenden Stille war nur das Knirschen des Schnees unter ihren Füßen zu hören.

»Liebst du ihn denn wirklich?«, fragte Stuart nun vorsichtig.

»Oh, ich kann ihn ganz gut leiden. Er ist ...«

»Hör auf, Louise!«, unterbrach Stuart sie ärgerlich. »Ich kann es nicht ertragen, dich so leichtfertig über die Ehe sprechen zu hören. Weißt du eigentlich, was für ein Mann Vasplaine ist?«

Jetzt wurde Louise zornig. Sie vergrößerte den Abstand zwischen ihnen und entgegnete: »Nein, glaubst du denn, ich spioniere ihm nach, um seinen Charakter zu überprüfen? Ich vermute, dass er genauso ist wie alle anderen jungen Männer. Was hat das schon zu sagen? Wie kannst du dir erlauben, ein Urteil über ihn zu fällen?«

Ihre heftige Reaktion überraschte Stuart, und er überlegte einen Augenblick, wie er Louise am besten beschwichtigen konnte. Dann sagte er sanft: »Louise, ich liebe dich doch. Du bist meine Schwester. Ich sage das nur, weil ich dir helfen will. Leider kenne ich Vasplaine gut genug, um zu wissen, dass du sehr unglücklich werden würdest, falls du ihn heiratest. Louise, hör mir doch zu!« Stuart war so aufgeregt, dass er ganz vergessen hatte, welche Probleme ihm bis zu diesem Moment durch den Kopf gegangen waren. Eindringlich fuhr er fort: »Dieser Mann würde dein Leben zerstören, da bin ich ganz sicher! Er ist ...«

»Das reicht jetzt!«, unterbrach Louise ihn mit kalter Stimme. »Ich habe bereits mein Versprechen gegeben, ihn zu heiraten. Bisher konnte ich ihn ganz gut leiden, und vielleicht werde ich ihn sogar lieben, nachdem du ihn so grässlich verleumdet hast. Glaubst du, du hättest als Einziger das Recht, jemanden zu heiraten, der dir nicht das Wasser reichen kann? Falls du meinst, Hal sei nicht gut genug für mich, dann brauchst du ja nur vor deiner eigenen Tür zu kehren!«

Stuart hatte das Gefühl, als hätte ihm jemand einen Schlag mit der Faust verpasst. Im Laufe der Unterhaltung war er stehen geblieben und hatte seiner Schwester ins Gesicht geblickt. Jetzt fuhr er sich mit einer Hand über die Augen und sagte leise: »Lass uns nach Hause gehen. Wir werden einander wohl nie richtig verstehen.«

Ohne noch ein Wort zu äußern, folgte Louise seiner Aufforderung, und sie gingen schweigend weiter. Als sie im Zentrum der Stadt angelangt waren, brannten nur noch einige wenige Lichter in den Häusern, in denen jemand krank war oder im Sterben lag. Die stille Winternacht hatte sich über Champion gesenkt und eine weiße Decke über die Stadt gebreitet. In der Dunkelheit wirkte die ungestrichene Halle der Heilsarmee wenig einladend, doch aus Rhenas Pension drang ein warmer Lichtschein. Während sie an dem unauffälligen Haus vorbeigingen, fürchtete Stuart, Louise könnte eine höhnische Bemerkung äußern. Doch beide schwiegen, bis sie zu Hause angekommen waren.

Tante Royal war noch auf und wartete auf sie. »Ihr müsst flott marschiert sein, wenn ihr jetzt schon wieder zurück seid«, meinte sie und blickte die Geschwister forschend an.

»Ja, das stimmt«, antwortete Stuart. »Es ist eine kalte Nacht.«

Er ging in die Bibliothek, wo ein Feuer im Kamin brannte und eine behagliche Wärme verbreitete. Die Luft war immer noch erfüllt vom Duft der unzähligen Rosen und Nelken. Nachdem Louise einige Worte mit ihrer Tante gewechselt hatte, betraten die beiden Frauen ebenfalls das Zimmer. Tante Royal war plötzlich so aufgeregt, dass nicht mehr viel von ihrer sonst so würdevollen Haltung zu sehen war.

»Louise hat mir gesagt, dass du etwas dagegen hast, dass sie Hal Vasplaine heiratet«, sprach sie Stuart nun direkt an.

Stuart war überrascht, denn er hatte nicht erwartet, dass Louise ihrer Tante sofort alles erzählen würde. Doch Louise war wütend, und es hätte nicht zu ihrer impulsiven Natur gepasst, ihren Ärger lange für sich zu behalten. Außerdem erschien es ihr ganz natürlich, sich der älteren Dame anzuvertrauen, da sie in dieser Angelegenheit mit Tante Royals voller Unterstützung rechnete.

»Ja, das stimmt, ich habe etwas dagegen«, bestätigte Stuart ruhig, wobei er seiner Tante offen ins Gesicht schaute.

»Aus welchem Grund?«, wollte die ältere Dame wissen.

»Ich kenne seinen Charakter.«

»Seinen Charakter?« Tante Royal schüttelte verständnislos den Kopf. »Weißt du denn nicht, dass die Vasplaines seit vielen Generationen zu den angesehensten Familien zählen? Wird Hal Vasplaine nicht überall voller Respekt behandelt?«

»Es ist gut möglich, dass in der feinen Gesellschaft Reichtum und Herkunft wichtiger sind als ein guter Charakter. Ich habe das schon früher beobachtet«, erwiderte Stuart mit einem traurigen Lächeln.

»Warum hast du dann überhaupt zugelassen, dass die Vasplaines unser Haus betreten, wenn sie so abscheuliche Menschen sind?«, erkundigte sich Louise. Sie hatte sich in einem der gepolsterten Sessel niedergelassen und hielt ihre Füße in die Nähe des Feuers.

Stuart gab keine Antwort. Stattdessen ließ er den ganzen Abend noch einmal vor seinem inneren Auge Revue passieren. Ihm war klar geworden, dass seine neuen Ziele und Ideale nun auch sein häusliches Leben beeinflussten. Immer deutlicher zeichnete sich ab, dass seine eigenen Vorstellungen in krassem Gegensatz zu den Ansichten seiner Schwester und seiner Tante standen, und er war beinahe sicher, dass ihr Leben zukünftig in entgegengesetzten

Bahnen verlaufen würde. Es hatte keinen Zweck, diese Diskussion fortzusetzen, und er hätte am liebsten sofort das Zimmer verlassen.

Louise hatte jedoch keineswegs vor, Stuart so leicht davonkommen zu lassen, und schoss noch einen letzten Pfeil auf ihn ab. »Tante Royal, ich habe Stuart gesagt, dass er sich nicht über meine Wahl beklagen darf, solange ich seine eigene Herzensdame nicht kritisiere. Allerdings glaube ich nicht, dass wir die Schmach erdulden müssen, dass eine Angehörige der Heilsarmee in unsere Familie hineinheiratet. Miss Dwight hat heute Abend Una Vasplaine und ihren charmanten Begleiter gesehen, und nach ihrem Gesichtsausdruck zu urteilen, hielt sie die beiden für ein schönes Paar.«

Stuart wurde tiefrot und spürte, wie sein alter Jähzorn plötzlich wieder in ihm aufstieg. Es fehlte nicht viel und er hätte Louise ein für alle Mal die Meinung gesagt. Früher hatte Louise es oft geschafft, ihren Bruder durch boshafte Äußerungen in Rage zu bringen.

Stattdessen holte Stuart nun tief Luft und lockerte seine geballten Fäuste. Er warf seiner Tante einen kurzen Blick zu und wandte sich danach in ruhigem, beherrschtem Ton an seine Schwester.

»Louise, du hast keine Ahnung, wie sehr du mich verletzt hast. Ich habe vor, um Rhena Dwights Hand anzuhalten, doch ich würde sie niemals in dieses Haus bringen, wo sie solchen Demütigungen ausgesetzt wäre ...«

An dieser Stelle hielt er abrupt inne und verließ das Zimmer. Er hatte das Gefühl, dass er die Beherrschung verlieren würde, wenn er diese Unterhaltung noch weiter fortsetzte. Tante Royal und Louise blieben jedoch noch lange in der Bibliothek, um über diese unerfreulichen Zukunftsaussichten zu sprechen. Beide stimmten überein, dass die Situation einfach unerträglich war und dass Stuart sich unmöglich benahm.

»Was ist, wenn er diese Frau tatsächlich heiratet und hierher bringt?«, fragte Tante Royal.

»Dann werde ich das Haus verlassen! Aber ich habe große

Zweifel daran, dass Rhena ihn jemals heiraten wird«, antwortete Louise.

Den beiden Frauen blieb nichts anderes übrig als abzuwarten, denn sie konnten im Augenblick nichts gegen Stuarts Pläne unternehmen. Am nächsten Morgen erschien Stuart nicht zum Frühstück, sondern ließ den Damen ausrichten, dass er etwas Dringendes im Büro zu erledigen habe.

Stuart hatte beschlossen, dass es höchste Zeit war, Rhena seine Liebe zu erklären. Louises Bemerkung über die zufällige Begegnung an der Tür des Heilsarmeegebäudes beunruhigte ihn, und er wollte unbedingt herausfinden, wie Rhena tatsächlich über ihn dachte.

Er verbrachte den Vormittag in seinem Büro, wo es genügend für ihn zu tun gab. Die Typhusepidemie und die Nöte der Bergarbeiterfamilien waren grausame Realität geworden. Nicht nur in Champion, sondern auch auf den umliegenden Hügeln spürten die Menschen die furchtbaren Auswirkungen dieser doppelten Katastrophe. Hunderte von Kindern starben an der schrecklichen Krankheit. Stuart versuchte zu helfen, indem er Medikamente und andere dringend notwendige Dinge besorgte, doch das Ergebnis war entmutigend. Zwar konnte er manche Not lindern, aber insgesamt schienen alle seine großzügigen Bemühungen nur ein Tropfen auf den heißen Stein zu sein. Er versuchte sich jedoch immer wieder daran zu erinnern, dass auch die kleinste Hilfe zählte.

Am frühen Nachmittag erhielt er die Nachricht, dass am äußersten Ende von Cornish Town ein Kind im Sterben lag. Eigentlich unterschied sich dieser Fall nicht von den vielen anderen traurigen Schicksalen, doch aus irgendeinem Grund fühlte sich Stuart gedrängt, dort einen Besuch zu machen. Und so fuhr er gegen zwei Uhr den Hügel hinauf in Richtung Cornish Town und stellte seinen Wagen bei demselben Haus unter, wo er ihn in jener Nacht im Schneesturm zurückgelassen hatte.

Während er den schneebedeckten Fußweg entlangging, rief er

sich ins Gedächtnis zurück, wie er Rhena gefunden hatte. Der Himmel war wolkenlos und es war sehr kalt. Hinter ihm lag die Stadt Champion in lauter weiße Hügel eingebettet und bot einen geradezu friedlichen Anblick. Alles, was auf Not und Elend hinwies, war unter der dicken Schneedecke verborgen, so dass sich ihm ein Bild wie auf der Leinwand eines Künstlers bot.

Nachdem Stuart sein Ziel erreicht hatte, klopfte er leise an die Haustür und wurde zu seiner Überraschung von Rhena Dwight empfangen. Als sie ihn erkannte, errötete sie leicht und bat ihn mit einer Handbewegung, hereinzukommen.

Dr. Saxon kniete am Bett des zehnjährigen Mädchens, das im Sterben lag. Ohne ein Wort stellte sich Stuart ans Fußende des eisernen Bettgestells, während Rhena sich neben dem Arzt niederließ. Der Vater des Kindes hatte einen Unfall gehabt und lag im angrenzenden Zimmer, doch die Mutter des Mädchens kniete neben dem Doktor.

»Wird sie ... wird sie jetzt sterben, Doktor? Sagen Sie, dass es nicht wahr ist! Sie ist doch noch viel zu jung, um uns zu verlassen!«, flehte sie mit tränenerstickter Stimme, wobei sie sich über das Bett beugte und in das schmale Gesicht blickte.

»Bald wird sie nicht mehr leiden müssen«, antwortete Dr. Saxon in sanfterem Ton, als Stuart ihm jemals zugetraut hätte. Im Angesicht des Todes war nichts mehr von der schroffen Natur des Arztes zu spüren. Er bemühte sich bis zur letzten Sekunde, das Unausweichliche zu verhindern, und behandelte die weinenden Angehörigen so liebevoll wie eine Mutter.

Als das Ende nicht mehr weit war, rief der Vater des Kindes aus dem angrenzenden Raum, dass er seine Tochter noch einmal sehen wolle. Stuart bot an, den Mann herüberzutragen. Nachdem Dr. Saxon zustimmend genickt hatte, ging Stuart ans Bett des Verunglückten und schaffte ihn mit Rhenas Hilfe ins Nebenzimmer. Dort setzten sie ihn vorsichtig in einen Stuhl, so dass er sein Kind betrachten konnte. Große Tränen rollten über die rauen Wangen.

Doch gleich darauf gab der Doktor dem Mann ein Zeichen. Er wischte sich die Tränen gerade noch rechtzeitig aus den Augen, um zu erkennen, wie ein letztes flüchtiges Lächeln über das Gesicht seiner Tochter huschte. Dann seufzte sie leise, und es war vorüber. Behutsam legte Dr. Saxon das schmale Handgelenk aufs Bett zurück und bestätigte: »Sie ist tot.« Er wandte sein Gesicht ab, und Stuart war erstaunt über die tiefe Niedergeschlagenheit, die sich auf seinen Zügen abzeichnete. Der Arzt stand seinem größten Feind gegenüber, gegen den er unaufhörlich ankämpfte, und der ihn trotzdem immer wieder besiegte.

Wenig später wandte sich Dr. Saxon der Mutter des Kindes zu, die sich laut weinend über die reglose Gestalt ihrer Tochter geworfen hatte. Seit dem Ausbruch der schrecklichen Epidemie hatte er viele solcher Szenen miterleben müssen. Vorsichtig hob er die Frau hoch und brachte sie ins angrenzende Zimmer, wo er sie auf eine Couch bettete. In diesem Augenblick benahm sich der schroffe Arzt so fürsorglich und liebevoll, als wäre er ein Engel Gottes. Als er zurückkehrte, deckte er die leblose Gestalt mit einem weißen Laken zu und verließ das Haus. Zum Schlafen oder Ausruhen kam Dr. Saxon in diesen Tagen so gut wie überhaupt nicht, und es war zu befürchten, dass er weit über seine Kräfte hinausgehen würde.

Rhena blieb noch ein wenig länger und versuchte zu helfen, so gut sie konnte. Unterdessen schickte Stuart einen Nachbarjungen zum örtlichen Bestattungsunternehmen und versprach dem trauernden Vater, dass er alles für die Familie tun würde, was in seiner Macht stand. Gemeinsam mit Rhena verabschiedete er sich schließlich, und kurz darauf gingen die beiden ausgerechnet den Weg entlang, auf dem Stuart Rhena in jener außergewöhnlichen Nacht gefunden hatte. Da sie noch einige andere Familien in Cornish Town besuchen wollte, hatte Rhena beschlossen, diese Abkürzung zu nehmen.

Stuart hatte Rhena nicht gefragt, ob er sie begleiten dürfe, und er konnte an ihrem Gesichtsausdruck nicht erkennen, ob sie sich über seine Anwesenheit freute oder lieber allein sein wollte. Im Moment hatte er völlig vergessen, dass er sein Pferd und den Wagen an einem anderen Ort untergestellt hatte. Rhena wirkte nachdenklich und traurig, und auch Stuart hing seinen Gedanken nach. Die Szene, die sie soeben miterlebt hatten, hatte sie beide tief bewegt. Obwohl der Tod inzwischen schon zum Alltag gehörte, hatte er nichts von seinem Schrecken verloren.

Der schmale Weg bot nicht genug Platz für sie beide, so dass Stuart hinter Rhena gehen musste. Ab und zu tauschten sie einige Neuigkeiten über weitere Patienten aus, doch die meiste Zeit schwiegen sie. Schließlich erreichten sie den großen Baumstumpf, um den der Pfad einen Bogen machte, und als sie die Stelle passierten, an der Rhena unbeweglich im Schnee gelegen hatte, räusperte sich Stuart verlegen. Er hatte das Gefühl, dass ihm die wichtigste Unterredung seines Lebens bevorstand. Nachdem er jedoch die erste Hürde überwunden hatte, hatte er sich wieder einigermaßen unter Kontrolle.

»Miss Dwight, ich möchte Ihnen gerne etwas sagen, was mir schon lange auf der Seele brennt. Werden Sie mich anhören?«

Auf Rhenas Gesicht erschien ein überraschter Ausdruck, und ihre Lippen bewegten sich, als wollte sie etwas sagen, doch dann tat sie es nicht. Trotzdem fuhr Stuart fort, denn jetzt verfolgte er sein Ziel mit der hartnäckigen Entschlossenheit, die er von seinem Vater geerbt hatte.

»Ich glaube, ich liebe Sie seit dem Augenblick, als ich Sie zum ersten Mal gesehen habe. Sicher wissen Sie es längst, da ich ein schlechter Schauspieler bin und meine Gefühle bestimmt nicht verbergen konnte. Allerdings hatte ich auch keinen Grund dazu, und inzwischen bin ich an dem Punkt angelangt, an dem ich nicht länger schweigen kann. Ich liebe Sie mit der aufrichtigen Liebe eines Mannes, der Ihnen sein Herz und seine Zukunft zu Füßen legt. Würden Sie mich heiraten, Miss Dwight?«

Endlich hatte er die Worte herausgebracht, doch sie hatten ganz anders geklungen, als er es sich vorgestellt hatte. Auf Rhenas Reaktion war er allerdings überhaupt nicht vorbereitet.

Wie üblich trug sie die Uniform der Heilsarmee. Ihr Gesicht unter der blauen Mütze schien sich in keiner Weise von den anderen Mitgliedern dieser Organisation zu unterscheiden, aber Stuart hatte trotzdem während dieses Gesprächs das Gefühl, dass die hoch angesehene Tochter von Allen Dwight, dem New Yorker Millionär, vor ihm stand. Gleichzeitig aber schien die Tatsache, dass Rhena zur Heilsarmee gehörte, eine tiefe Kluft zwischen ihnen zu bilden. Als Rhena antwortete, war ihr Gesicht ganz bleich.

»Mr Duncan«, sagte sie, während sie sich mit einer Hand auf dem Baumstumpf abstützte, »wie können Sie mir Ihre Liebe erklären, nachdem ich letzte Nacht beobachten konnte, dass Sie ...«

»Wie bitte?«, rief Stuart, wobei eine tiefe Röte sein Gesicht überzog. »Meinen Sie etwa, dass Sie mich zusammen mit Una Vasplaine gesehen haben? Wir sind alte Schulfreunde und praktisch zusammen aufgewachsen. Ich habe sie lediglich nach einer gesellschaftlichen Zusammenkunft nach Hause begleitet. Sie bedeutet mir nicht mehr als jede andere flüchtige Bekanntschaft.«

»Aber man hat mir gesagt, Sie beide seien verlobt.« Rhenas Stimme klang verunsichert.

»Wer hat das behauptet?«, entfuhr es Stuart voller Empörung. Er trat einen Schritt auf Rhena zu.

»Ihre Schwester!«, antwortete Rhena ruhig, wobei sie ihm offen ins Gesicht blickte.

»Das hätte ich mir denken können! Sie hat gelogen, Miss Dwight. Meine Beziehung zu Una Vasplaine ist niemals über die Grenzen einer oberflächlichen Bekanntschaft hinausgegangen, das müssen Sie mir glauben!« Nachdem Stuart diese Feststellung getroffen hatte, schaute er Rhena abwartend an.

»Ja, ich glaube Ihnen«, sagte sie schließlich, und Stuarts Herz machte vor Freude einen Sprung.

»Dann glauben Sie mir auch, wenn ich sage, dass ich Sie liebe? Sie ...«

»Ja, ich glaube Ihnen. Ich bin davon überzeugt, dass Sie ein aufrichtiger Mensch sind, aber trotzdem ist eine Heirat zwischen uns unmöglich.«

Stuart gab sich große Mühe sich zu beherrschen, denn er hatte das Gefühl, dass er an diesem kritischen Punkt auf keinen Fall die Nerven verlieren durfte. Allmählich fürchtete er, dass er das Herz dieser außergewöhnlichen jungen Frau doch nicht für sich gewinnen würde.

»Weshalb ist das unmöglich?«, fragte er mit so ruhiger Stimme, dass er über sich selbst erstaunt war.

»Wir leben in zwei verschiedenen Welten«, erwiderte Rhena fest. »Ich habe meinem früheren Leben für immer den Rücken gekehrt und werde diese Entscheidung nicht wieder aufheben. Die Lebensaufgabe, die ich mir ausgesucht habe, steht in krassem Gegensatz zu allen Vergnügungen der Gesellschaft, der Sie angehören. Wenn ich in mein altes Leben zurückkehren wollte, müsste ich meine tiefsten und heiligsten Überzeugungen verraten. Ich kann nicht mehr das sein, was ich einmal war.«

Darauf antwortete Stuart nicht sofort, sondern ließ seinen Blick über das Tal schweifen, bis er sein eigenes Haus auf dem gegenüberliegenden Abhang entdeckte. Sogar aus dieser Entfernung wirkte es äußerst eindrucksvoll und vornehm.

»Aber ich habe dieser Welt ebenfalls den Rücken gekehrt und möchte in Zukunft anderen Menschen dienen. Wollen Sie mich einzig und allein aufgrund meiner sozialen Stellung verurteilen? Ich verachte den Egoismus und die Hartherzigkeit der Gesellschaft ebenso sehr wie Sie. Im Augenblick würde ich alles dafür geben, um aus meiner Haut schlüpfen zu können. Wenn das der einzige Grund ist, der Sie davon abhält ...«

Er konnte den Satz nicht zu Ende bringen. Rhena fiel auf, dass er sie nicht gefragt hatte, ob sie seine Liebe erwiderte, ja, sie nicht einmal mit dem Vornamen angeredet hatte. Offensichtlich wollte er so zurückhaltend wie möglich sein und sie nicht zu irgendetwas überreden, das sie womöglich später bereuen würde. Seine rücksichtsvolle Haltung bewegte Rhena tief, und als sie ihm antwortete, schöpfte Stuart wieder ein wenig Hoffnung.

»Ich glaube Ihnen, dass auch Sie anderen Menschen dienen wollen, Mr Duncan. Davon bin ich überzeugt, seit Sie in der Halle der Heilsarmee von Ihrer Bekehrung erzählt haben. Ich war sehr erstaunt, dass Ihre Geschichte so viele Ähnlichkeiten zu meiner eigenen Bekehrung aufweist. Vor einigen Jahren hatte ich auf dem Rückweg von einem festlichen Ball eine göttliche Vision. Es war eine sehr einschneidende Erfahrung, und als ich am nächsten Tag das Haus meines Vaters verließ, hatten meine Familie und meine Freunde mich für immer verstoßen. Trotzdem habe ich diesen Schritt seither kein einziges Mal bereut. Doch auch wenn wir einige Gemeinsamkeiten haben, trennen uns doch zu viele Unterschiede. Falls ich Ihre Frau würde«, Rhena schien Schwierigkeiten zu haben, diese Worte auszusprechen, »so würde dies auf Kosten meiner Lebensaufgabe geschehen. Es wäre ...«

An dieser Stelle hielt sie inne, als ob sie befürchtete, dass ihre Stimme versagen könnte. Stuart schaute zur Seite, um sie nicht in Verlegenheit zu bringen, und richtete seinen Blick auf die bewaldeten Hügel. »Aber unser Glaube bildet doch eine gute Grundlage, um anderen Menschen zu dienen. Können wir gemeinsam nicht mehr vollbringen als jeder für sich?« Am liebsten hätte Stuart ganz direkt gefragt, was sie für ihn empfand, doch er wollte sie auf keinen Fall bedrängen.

Rhena antwortete ruhig: »Ich kann nicht. Leider kann ich Ihnen nicht einmal gebührend dafür danken, dass Sie mir die größte Ehre erwiesen haben, die ein Mann einer Frau erweisen kann. Ich bin nicht gut genug für Sie.«

»Nein!«, rief Stuart, indem er sich ihr zuwandte. »Ich liebe Sie. Erlauben Sie mir, Ihnen das zu sagen, auch wenn es vielleicht das letzte Mal ist.« Dann tat er etwas, was er eigentlich nicht geplant hatte. Da er jedoch das Gefühl hatte, dass er Rhena doch nicht gleichgültig war, wollte er sie nicht gehen lassen, ohne sein ganzes Herz vor ihr ausgeschüttet zu haben.

Er nahm Rhenas Handschuh aus seiner Tasche und streckte ihn ihr entgegen. »Sehen Sie, was ich hier habe? In einer ganz besonderen Nacht bin ich diesen Weg hier entlanggegangen und habe Sie dort auf dem Boden gefunden. Sie lagen direkt neben diesem gefährlichen Schacht, und ich hob Sie schnell auf und brachte Sie in Sicherheit. Während ich Sie bewusstlos in meinen Armen hielt, waren Sie ganz und gar mein und konnten meine Liebe nicht zurückweisen!« An dieser Stelle versagte Stuarts Stimme.

Vor lauter Überraschung musste Rhena tief Luft holen, und sie wurde noch ein wenig bleicher. »Aber man hat mir doch gesagt, Dr. Saxon hätte mich gerettet. Warum hat man mir nicht die Wahrheit erzählt? Weshalb hat Dr. Saxon mir nicht gesagt, was passiert ist? Dann verdanke ich Ihnen also mein Leben!«

Stuart nickte schweigend und sah ihr in die Augen. Er wollte ihre Betroffenheit nicht ausnutzen, und so sagte er schließlich nur leise: »Ich würde den Handschuh gerne behalten. Darf ich?«

Als Rhena keine Antwort gab, steckte er ihn wieder in seine Tasche und wagte noch eine letzte Frage. »Glauben Sie mir, dass ich Sie liebe?«

»Ja, ich glaube Ihnen«, antwortete sie beinahe unhörbar.

»Ich werde Sie immer lieben.« Stuart nahm seinen Hut ab, um ihr seinen Respekt zu bezeugen, und verneigte sich zum Abschied. Dann fügte er hinzu: »Eines Tages, wenn ich Ihre Liebe gewonnen habe, werden wir noch einmal über alles sprechen.« Danach wandte er sich um und ging den Pfad hinunter, ohne noch einmal zurückzublicken.

Als Stuart hinter einer Gruppe von Tannenbäumen verschwunden war, ließ Rhena sich neben dem alten Baumstumpf auf die Knie fallen und legte den Kopf auf ihre verschränkten Arme. Ihr

Gebet klang ganz ähnlich wie an jenem Abend, als Louise Duncan sie in ihrer Pension besucht hatte. Nach einiger Zeit stand sie auf und ging den Pfad hinunter, doch sie war nicht mehr dieselbe Frau wie vorher. Zum ersten Mal in ihrem Leben hatte die Liebe eines wunderbaren Mannes ihr Herz bis ins Innerste erschüttert.

Plötzlich ertappte sie sich bei einem merkwürdigen Gedanken: Wenn er mich Rhena genannt hätte, hätte ich Stuart zu ihm sagen können, und vielleicht hätte ich dann nicht länger standhaft bleiben können. Dann fiel ihr der verlorene Handschuh ein, und ihr wurde bewusst, dass sie Stuart ihr Leben verdankte. Sie begann heftig zu zittern, und ungeahnte Gefühle ergriffen von ihr Besitz. Falls Stuart in diesem Augenblick zurückgekommen wäre, hätte sie zu ihm gesagt: »Ich liebe dich und möchte bei dir bleiben!«

Als Rhena sich schließlich erhob und sich auf den Weg zum Haus der nächsten bedürftigen Familie machte, leuchtete in ihren Augen ein neuer Glanz, und in ihrem Herzen brannte eine Hoffnung, die sie nicht unterdrücken konnte.

Stuart war nach Champion zurückgekehrt, doch er war weder niedergeschlagen noch entmutigt. Zwar hatte er Rhena noch nicht dazu bewegen können, seinen Heiratsantrag anzunehmen, aber immerhin hatte er ihr endlich seine Liebe gestanden. Er bereute kein einziges Wort, das er gesagt hatte, und konnte das Gefühl nicht unterdrücken, dass ihre Absage nicht endgültig war. Natürlich würde er sie keinesfalls bedrängen oder um ihre Liebe betteln. Voller Zuversicht sagte er sich, dass irgendwann der richtige Zeitpunkt kommen würde, an dem sie zueinander finden würden. Mit dieser großen Hoffnung stürzte sich Stuart in eine der wichtigsten und ausgefülltesten Wochen seines Lebens.

An diesem Sonntag wurde er offiziell in die Gemeinde von St. Johannes aufgenommen. Zwei Wochen zuvor hatte er sich mit Andrew getroffen und ihm die Geschichte seiner Bekehrung erzählt. Stuart schien es die einzig logische Schlussfolgerung zu sein, sich auch öffentlich zu der Gemeinschaft der Christen zu bekennen. Er wollte dazugehören, mit allen Rechten und Pflichten. Es war ein denkwürdiger Tag in seinem Leben, als Andrew ihn bat, vor der ganzen Gemeinde aufzustehen und seine Zugehörigkeit zum Leib Christi zu bezeugen.

Die Nachricht, dass Stuart Duncan der Kirche beitreten würde, hatte die Neugier der Leute geweckt, und aus diesem Grund hatte sich an jenem Morgen eine große Menschenmenge eingefunden. Bisher hatte Andrew noch nicht erlebt, dass so viele Leute zum Gottesdienst erschienen waren. Die Gemeinde bestand hauptsächlich aus Bergarbeitern und ihren Familienangehörigen, und Stuart war der Einzige, der bei diesem Abendmahlsgottesdienst in die Gemeinde aufgenommen wurde. Als Andrew ihn bat, sich zu erheben, strahlte sein Gesicht vor Freude.

Als Stuart schließlich die Taufe empfing, mit der er volles Mitglied der Kirche wurde, zitterte Andrews Stimme ein wenig bei den Worten: »Ich taufe dich, Stuart, im Namen des Vaters, des Sohnes und des Heiligen Geistes.« Mancher der Zuhörer hatte bei dieser eindrücklichen Szene Tränen der Rührung in den Augen. Als beim Abendmahl das Brot weitergereicht wurde, erhielt Stuart es von einem Arbeiter, der in den Bergwerken von Champion gearbeitet hatte, seit Stuart ein kleiner Junge war. Der ältere Mann war Diakon in dieser Gemeinde, und Stuart würde den Ausdruck auf seinem Gesicht nie vergessen, als er ihm den Teller mit dem Brot reichte. Beinahe die Hälfte der Gemeinde kannte Stuart seit seiner Kindheit und würde sich noch lange an diesen Tag erinnern.

Während Stuart zum ersten Mal in seinem Leben am Abendmahl teilnahm, wurde ihm bewusst, dass ihn nun eine ganz besondere Gemeinschaft mit diesen Männern verband, die so hart für seinen Vater gearbeitet hatten. Sicher konnte man sie als rau und ungebildet bezeichnen, und darüber hinaus waren sie im Augenblick in einen Machtkampf mit den Eigentümern der Bergwerke verwickelt. Doch obwohl Stuart ihre Ansichten nicht uneingeschränkt teilen konnte, hatte er mittlerweile einen anderen Standpunkt in dieser Auseinandersetzung eingenommen. Zum größten Teil waren die Mitglieder dieser Gemeinde aufrichtige und ernsthafte Gläubige, die großzügig verschenkten, was sie besaßen. Stuart konnte nicht wissen, dass der Diakon Sam Penryck, der ihm das Brot und den Wein gereicht hatte, am selben Morgen einer bedürftigen Familie in Cornish Town ein Drittel seiner Ersparnisse gegeben hatte. Dieses Geld hatte er mühsam gespart, um seiner eigenen Familie während dieses Streiks durch den Winter zu helfen.

An diesem Vormittag dachte Stuart nicht über die Unterschiede nach, die ihn von allen diesen Menschen trennten, sondern er freute sich darüber, dass sie als Glieder eines Leibes miteinander verbunden waren. Seit dem Tod seines Vaters war in ihm die Überzeugung gewachsen, dass er für seine Mitmenschen verantwortlich war und sie nicht einfach ignorieren durfte. Seine Bekehrung und das Erlebnis von Taufe und Abendmahl hatten noch dazu beigetragen, diese Erkenntnis zu vertiefen. Als Andrew für Stuart betete, schnitt er genau dieses Thema an, und auch die Predigt handelte davon, dass jeder Gläubige dazu berufen ist, anderen Menschen zu dienen.

Gegen Ende des Gottesdienstes fragte Stuart, ob er einige Worte an die Zuhörer richten dürfe. Dann gab er ein schlichtes Zeugnis und bat die Gemeinde, für ihn zu beten. Er erklärte, dass er viel Weisheit und Kraft benötige, um echter Jünger Jesu zu werden. Man sah den Zuhörern an, dass sie bewegt waren von den schlichten und doch eindringlichen Worten, und gleichzeitig staunten sie darüber, dass Stuart trotz seiner Jugend bereits so große Reife zeigte.

Trotz des großen Einflusses, den Stuart mittlerweile auf die Bergarbeiter gewonnen hatte, hielt die Gewerkschaft hartnäckig an ihren ursprünglichen Forderungen fest und machte keinerlei Anstalten nachzugeben. Die Heilsarmee trug weiterhin dazu bei, die Bergarbeiter im Zaum zu halten, doch mit der Zeit suchten immer mehr Männer ihre Wut und ihre Hoffnungslosigkeit im

Alkohol zu ertränken. Die einzige Möglichkeit für eine Einigung sah Stuart darin, dass die Bergwerksbesitzer vor Ende des Winters gezwungen sein könnten, sich geschlagen zu geben. In den vergangenen Wochen war die Nachfrage nach Eisenerz ständig gestiegen. Allerdings erwartete Stuart nicht, dass die Bergarbeiter alle ihre Forderungen durchsetzen würden, denn er wusste, dass bisher nur wenige große Streiks Erfolg gehabt hatten. Doch er hoffte, dass die Bergwerksbesitzer mit den Arbeitern einen Kompromiss vereinbaren würden, so dass die Männer endlich ihre Arbeit wieder aufnehmen konnten.

Die folgende Woche sollte für die Bewohner von Champion unvergesslich bleiben. Die schreckliche Epidemie schien ihren Höhepunkt erreicht zu haben und raffte hauptsächlich Kinder hinweg. Die Zahl der Toten war beängstigend, und Andrew, Eric, Dr. Saxon, Rhena, Stuart, die Krankenschwestern und alle freiwilligen Helfer aus den Kirchen der Stadt bildeten eine gemeinsame Front gegen diesen erbarmungslosen Feind. Sie taten alles, was in ihrer Macht stand, um so viele Leben zu retten, wie nur irgend möglich war.

Stuart und Rhena begegneten sich in dieser Woche mehrmals, und meistens trafen sie sich am Bett eines sterbenden Kindes. Beide waren sehr schweigsam und schienen darauf zu warten, dass der andere die Initiative ergriff. Rhena sah abgekämpft und müde aus, doch in ihren Augen leuchtete ein neuer Glanz, den sie nicht vor Stuart verbergen konnte.

Als ob die Typhusepidemie noch nicht genug gewesen wäre, forderte nun auch der Winter seinen Tribut von den Familien der Bergarbeiter. In der Stadt Champion konnte man sich nicht daran erinnern, jemals so hohe Schneewehen und eine so bittere Kälte erlebt zu haben. In der Nacht fegten eisige Winde von den Hügeln in die Stadt hinunter, und nachdem der Abendzug in Richtung Westen davongefahren war, schien Champion von Gott und den Menschen verlassen zu sein. Jede Verbindung zur Außenwelt war abgeschnitten, und die Hügel schienen noch näher an die Stadt heranzurücken, wenn eine neue, grausame Nacht anbrach. Für die Lebenden und die Sterbenden waren diese Nächte ein endloser Kampf gegen Schmerzen und Not, und die Erinnerung an den großen Streik und die furchtbare Epidemie sollte sich in den Herzen der Kinder, die vom Fieber verschont blieben, für immer einprägen.

Eines Abends kam Stuart sehr spät nach Hause. Er war vollkommen erschöpft, bis auf die Knochen durchgefroren und geradezu betäubt von der schweren Bürde der Verantwortung. In seinem Herzen schrie er zu Gott: »Herr, wie lange noch? Wie lange noch?« Ohne mit irgendjemandem zu reden, ging er zu Bett und fiel sofort in einen tiefen Schlaf. Doch zwischen zwei und drei Uhr früh erwachte er von dem unbestimmten Gefühl, dass irgendetwas nicht in Ordnung war. Dieser innere Drang war so stark, dass er aufstand, sich ankleidete und zum Fenster ging.

Die Nacht war bitterkalt und ein eisiger Sturm tobte durch das Tal. Sogar in dem massiven Haus der Duncans, das mit der besten und teuersten Heizanlage ausgestattet war, spürte man die Kälte durch alle Ritzen dringen.

Von seinem Fenster aus konnte Stuart die ganze Stadt überblicken, und plötzlich entdeckte er am unteren Ende von Cornish Town einen schwachen Lichtschein. In dieser Gegend waren die Häuser der Bergarbeiter alle aus Holz und standen sehr dicht beieinander. Während Stuart seinen Blick auf diese Ecke gerichtet hielt, schoss das Licht auf einmal in die Höhe und breitete sich aus. Stuarts Herz setzte einen Schlag aus, als ihm klar wurde, dass eines der ärmlichen Häuser in Flammen stand. Zuerst war er wie gelähmt vor Schreck, doch eine Minute später stürzte er schon die Treppe hinunter, warf seinen Mantel über und schlug die Haustür hinter sich zu.

Als er den Marktplatz in der Mitte der Stadt erreichte, waren viele Fenster hell erleuchtet. Irgendjemand hatte Feueralarm gegeben, so dass die Leute aus ihren Betten gesprungen waren. Bis Stuart in Cornish Town ankam, hatten sechs weitere Häuser Feuer gefangen. Die Bergarbeiter waren auf die Straßen geeilt und kämpften mit großer Verbissenheit gegen die Flammen an. Doch die bittere Kälte, der starke Wind und die dicht aneinander gedrängten Häuser machten alle Bemühungen zunichte.

Rasch befahl Stuart, man solle alle kranken und gebrechlichen Leute aus den gefährdeten Häusern herausbringen, und dann begann er selbst mit anzupacken. Unglücklicherweise gab es nirgends Wasser, obwohl die Feuerwehr verzweifelt versuchte, nach Cornish Town zu gelangen. Die riesigen Schneewehen und der schlechte Straßenzustand machten ein Durchkommen unmöglich. Die einzige Waffe, die den Bergarbeitern zur Verfügung stand, war der Schnee, und die Leute schaufelten ihn eifrig auf die niedrigen Dächer der noch unversehrten Häuser. Auf diese Weise gelang es ihnen tatsächlich, einige Wohnungen zu retten. In der Richtung, in die der Wind blies, wurde jedoch alles vom Feuer verzehrt, und so gingen die Bergarbeiter nun dazu über, wenigstens die Menschen vor den Flammen zu bewahren.

Stuart half gerade einem anderen Mann, ein sterbendes Kind aus einer Hütte zu tragen, als ein brennender Holzbalken von einer starken Windböe durch die Luft geschleudert wurde. Der Balken flog direkt über die Krankentrage und traf Stuart mit voller Wucht, so dass dieser zu Boden stürzte. Der Bergarbeiter, der am Fußende des Bettes gestanden hatte, bekam ebenfalls einen Stoß und verlor das Gleichgewicht. Als er jedoch bemerkte, dass Stuart nicht wieder aufstand, schrie er laut nach dem Doktor, der soeben aus der angrenzenden Hütte eilte. Sofort rannte Dr. Saxon in die Gefahrenzone, hob Stuart hoch und trug ihn wie einen kleinen Jungen den Pfad hinunter zu Erics Haus. Wenn die Leute später von diesem Ereignis berichteten, erzählten sie, das Gesicht des Doktors habe im Flammenschein die heilige Entschlossenheit widergespiegelt, seinen Freund um jeden Preis zu retten.

Glücklicherweise blieb Erics Haus in dieser Nacht von Wind und Feuer verschont, und so legte Dr. Saxon den bewusstlosen Stuart behutsam auf eine Couch. In diesem Augenblick stürzte eine junge Frau zur Tür herein und warf sich neben der regungslosen Gestalt auf die Knie. Es war Rhena, die mit angstvoll geweiteten Augen ausrief: »Stuart! Stuart! Ich bin es! Ich liebe dich! Doktor, er ist doch nicht tot, oder? Sagen Sie, dass es nicht wahr ist! Ich liebe ihn doch so sehr!«

»In diesem Fall«, meinte Dr. Saxon grimmig, »werden wir wohl eine zweite Bühne auf dem Marktplatz errichten müssen.« Dann blickte er Stuart an, der ganz still dalag und nicht hören konnte, dass er endlich das Herz der Frau gewonnen hatte, die er liebte. Der Gesichtsausdruck des Doktors war sehr ernst und besorgt.

Eine Diskussion unter Freunden

Zwei Wochen nach dem Brand lag Stuart immer noch in Erics Haus. Sein Zustand war so ernst, dass Dr. Saxon nicht einmal in Erwägung gezogen hatte, ihn an einen anderen Ort zu bringen. In diesen sorgenvollen Tagen und Nächten war Eric kaum von Stuarts Seite gewichen. Obwohl Andrew angeboten hatte, ebenfalls an seinem Bett zu wachen, hatte Eric darauf bestanden, diese Aufgabe selbst zu übernehmen.

Dabei gab es noch eine Person, die nichts lieber getan hätte, als seinen Platz einzunehmen, und die seine Krankenpflege genauestens überwachte. Oft schlüpfte Rhena zur Tür herein, während Dr. Saxon einen Besuch machte, und wartete mit klopfendem Herzen auf das Ergebnis der Untersuchung. Der Ausdruck in ihren Augen zeigte deutlich, wie groß ihre Liebe zu Stuart war, und in ihrem Herzen brannte die Sehnsucht nach ihm. Eigentlich kam es ihr so vor, als müssten ihre intensiven Gedanken ihn förmlich dazu zwingen, wieder das Bewusstsein zu erlangen. Rhena hatte es längst aufgegeben, ihre Gefühle zu verbergen. Eines Tages kam Dr. Saxon leise zur Tür herein, als Eric vor Erschöpfung auf seinem Stuhl eingeschlafen war. Rhena hatte sich vor Stuarts Bett auf die Knie geworfen und flehte Gott inbrünstig an, Stuart zu heilen. Ihr Gebet brachte deutlich zum Ausdruck, wie sehr sie sich wünschte, dass Stuart wieder gesund wurde.

»Oh, Herr, mein Gott, rette ihn! Was hat er denn getan, dass er sterben muss? Ich kann einfach nicht sagen: ›Dein Wille geschehe‹! Noch nie habe ich jemanden so geliebt wie ihn. Bitte verschone ihn doch, mein Gott! Er wird hier auf der Erde noch so dringend gebraucht! Sicher gibt es viele andere, die weniger wichtig sind ... aber was fällt mir nur ein. Ich liebe ihn eben so sehr. Und er weiß es nicht einmal!«

»Ich bitte um Entschuldigung!«, unterbrach sie Dr. Saxon.
»Aber in diesem Punkt irren Sie sich, Miss Dwight. Er weiß es
ganz genau, doch Sie können es gerne noch vier- oder fünfmal
wiederholen.«

Jetzt wandte Rhena den Kopf und schaute Stuart an. Zum
ersten Mal seit vielen Tagen hatte er die Augen geöffnet und war
bei vollem Bewusstsein. Auf seinem Gesicht stand ein Lächeln,
das Rhena herrlicher erschien, als wenn sich über ihr der Himmel
geöffnet hätte. Rasch beugte sie sich über Stuarts Hand und küsste
sie, und danach fiel sie zur Überraschung des Arztes in Ohnmacht.

»Es erstaunt mich immer wieder, was für Sachen sich die Frauen
einfallen lassen, um einen Mann zu überrumpeln!«, murmelte der
Arzt kopfschüttelnd. Dann hob er Rhena hoch und trug sie zu einer
Couch am anderen Ende des Raumes.

Eric erwachte aus seinem kurzen Schläfchen, während Stuart
seine Augen schloss und wieder in die Bewusstlosigkeit zurück-
glitt. Um seine Lippen spielte immer noch dasselbe glückliche
Lächeln.

»Also, wenn irgendein Mädchen das Recht hat, in Ohnmacht zu
fallen, dann sind Sie es«, meinte der Doktor, als Rhena allmählich
wieder zu sich kam. »Werden Sie noch einmal umkippen, junge
Frau? Es steht Ihnen jederzeit frei. Oder wollen Sie ein wenig weinen? Kommen Sie schon! Weinen Sie ruhig, das tut Ihnen gut. Falls
Sie ein Taschentuch brauchen, kann ich Ihnen meins zur Verfügung
stellen.«

Jetzt setzte Rhena sich auf und griff aufgeregt nach Dr. Saxons
Hand. »O Doktor, er wird wieder gesund werden, oder nicht? Geht
es ihm schon besser? Es besteht doch Hoffnung, nicht wahr? Einen
Augenblick lang hat er mich erkannt! Glauben Sie, dass Gott mein
Gebet erhören wird?« Vor lauter Nervosität und Erschöpfung
begann sie zu weinen. Die vergangenen zwei Wochen hatten ihre
Spuren hinterlassen.

»Mir ist zu Ohren gekommen, dass schon schlechtere Gebete erhört wurden«, sagte der Doktor in seiner trockenen Art.

»Aber glauben Sie ... oh, Doktor, es wäre mein Tod, wenn er tatsächlich ... Sagen Sie mir doch, was Sie denken! Wird er es überstehen?«

Dr. Saxon runzelte die Stirn, und Rhena sah ihn ängstlich an. Dabei krampfte sie ihre Finger so fest um die Faust des Doktors, dass seine raue Hand unter ihrem harten Griff schmerzte. Schließlich antwortete der Arzt langsam: »Ich denke ... ja, inzwischen bin ich beinahe sicher, dass er eine gute Chance hat, wieder auf die Beine zu kommen. Nachdem er weiß, dass er Ihnen nicht gleichgültig ist, wird er seine ganze Willenskraft aufbieten, um wieder gesund zu werden.«

»Nicht gleichgültig?«, wiederholte Rhena mit einem Lächeln, das das Herz des Arztes endgültig zum Schmelzen brachte. »Dr. Saxon, waren Sie jemals verliebt?«

»Nein«, entgegnete er. »Aber wenn das tatsächlich einmal geschehen sollte, müssen wir noch eine dritte Bühne in der Stadt aufstellen. Für drei so törichte Idealisten wie Stuart, Sie und mich würde das gerade ausreichen.«

»Was erzählt Dr. Saxon denn da für einen Unsinn?«, wollte Eric wissen, der vom anderen Ende des Raumes herübergekommen war.

»Das ist kein Unsinn«, antwortete Rhena. Zum ersten Mal seit Stuarts Heiratsantrag färbten sich ihre Wangen leicht rot und die unnatürliche Blässe verschwand aus ihrem Gesicht. Nun ging sie zu Stuarts Bett hinüber und beobachtete ihn aufmerksam. Sie hatte neue Hoffnung geschöpft und wartete darauf, dass sein Zustand sich bessern würde. Tatsächlich sollte sich Dr. Saxons Vorhersage erfüllen, denn Rhenas Liebe gab Stuart zusätzliche Kraft, gesund zu werden.

»Ich habe einmal gehört, dass man ohne Essen auskommen kann, wenn man verliebt ist«, bemerkte der Doktor. »Es ist wirklich ein Glück, dass Stuart aufgewacht ist und Ihr inbrünstiges

216

Gebet gehört hat. Falls er nicht erfahren hätte, wie Sie zu ihm stehen, hätte ich sicher in Kürze auf zwei weitere Beerdigungen gehen müssen. Allerdings habe ich euch Frauen noch nie verstanden. Einen Augenblick lang lagen Sie leblos auf dieser Couch, und im nächsten Moment sind Sie so quicklebendig wie ein Fisch im Wasser. Wenn ich diese Sache, die man Liebe nennt, in Flaschen abfüllen und meinen Patienten verschreiben könnte, hätte ich vermutlich ein Mittel gegen nahezu alle Krankheiten auf dieser Erde gefunden.«

Nachdem Dr. Saxon bestätigt hatte, dass Stuart endgültig außer Gefahr war, verbreitete sich eine festliche Stimmung in Erics Haus. Andrew feierte das Ereignis, indem er seine schönsten Rosen mitbrachte und in zwei Vasen stellte, so dass Stuart sie von seinem Bett aus sehen konnte. Anschließend legte er eine weiße Nelke auf die Bettdecke und erklärte: »Das ist die Einzige, die ich in diesem Winter zum Blühen bringen konnte. Ist sie nicht wunderschön? Es ist eine neue Sorte, und ich habe mir die Freiheit genommen, sie ›Rhena Dwight‹ zu nennen.«

Als Rhena wenige Minuten später zur Tür hereinkam, gaben Andrew und Eric vor, am anderen Ende des Raumes in ein lebhaftes Gespräch vertieft zu sein. Stuart hob die weiße Nelke auf und sagte leise: »Diese Blume heißt ›Rhena Dwight‹. Zumindest hat Andrew das behauptet. Wirst du sie als Zeichen meiner Liebe annehmen?«

Mit leuchtenden Augen nahm Rhena die Nelke und küsste sie. Dann strich sie mit der zarten Blüte über Stuarts Lippen und legte sie wieder zwischen seine Finger.

»Nein«, antwortete sie, »behalte Rhena, denn ich liebe dich mehr als alles andere auf dieser Welt.«

Es wunderte niemanden, dass Stuart sich von da an in großen Schritten erholte. Eine Woche später war er fast völlig wiederhergestellt und konnte sich erneut an den Treffen beteiligen, in denen nach einer Lösung für die vielen Probleme gesucht wurde.

Obwohl Eric es gerne verhindert hätte, wurde das Krankenzimmer über Nacht zum Konferenzraum, wo Stuart mit seinen Freunden mögliche Hilfsmaßnahmen erörterte. Die vergangenen drei Wochen, an die sich Stuart nicht mehr erinnern konnte, hatten den Bergarbeitern in der ganzen Umgebung viel Not und Elend gebracht. Das Feuer in Cornish Town hatte dazu geführt, dass fast vierhundert Menschen obdachlos geworden waren. Zwar forderte die Typhusepidemie in Champion nicht mehr so viele Opfer wie bisher, doch dafür erlagen jetzt immer mehr Menschen in DeMott dieser schrecklichen Krankheit. Da es überall an warmer Kleidung, Heizmaterial und Lebensmitteln fehlte, herrschte in den Familien der Bergarbeiter unbeschreibliche Not. Die strenge Kälte hatte nicht nachgelassen, und die Gewerkschaft blieb weiterhin starrköpfig, obwohl das Geld, mit dem sie ihren Mitgliedern durch den Winter helfen wollte, längst aufgebraucht war. In der Woche, in der Stuart aus der Bewusstlosigkeit erwachte, kam jedoch das Gerücht auf, dass nun bald ein Umschwung zu erwarten sei.

Stuart fühlte sich wieder gesund und munter und besaß genügend Energie, um sich allen neuen Herausforderungen zu stellen. Er war entsetzt, als er erfuhr, dass sich die katastrophalen Zustände in Champion in den vergangenen drei Wochen noch verschlimmert hatten. Trotzdem strahlte sein Gesicht vor Freude, weil er Rhenas Herz nun endlich für sich gewonnen hatte. Er wusste, dass sie mit ihm am selben Strang zog, wenn er versuchte, die Not der Menschen zu lindern, und dass sie seine Bemühungen sehr schätzte. Deshalb stürzte er sich mit neuem Elan in die vor ihm liegenden Aufgaben und ließ es sich nicht nehmen, Rhena immer wieder um Rat zu fragen. Auch Andrew und Eric erkannten rasch, dass sie in der jungen Frau eine wertvolle Verbündete besaßen, wenn sie über wichtige Angelegenheiten diskutierten. Bald zeigte sich, dass Rhenas Weisheit und weibliche Intuition in nicht geringem Ausmaß dazu beitrugen, praktische Lösungen für schwierige Probleme zu finden. Aus der Runde der drei befreundeten Männer war sie längst nicht mehr wegzudenken.

»Es muss dringend etwas unternommen werden, um den Menschen zu helfen, die ihr ganzes Hab und Gut durch das Feuer verloren haben«, eröffnete Andrew die Unterhaltung, nachdem sich die kleine Gruppe in Erics Zimmer versammelt hatte. Er selbst setzte sich auf einen Stuhl. Stuart hatte es sich auf der Couch bequem gemacht und Rhena an seine Seite geholt, während Eric rastlos in dem kleinen Zimmer auf und ab ging.

»Wie ich gehört habe, sind alle Leute vorläufig untergebracht worden. Allerdings weiß ich nicht, ob die Bewohner von Champion schon irgendwelche Schritte einleiten konnten, um die zerstörten Häuser wieder aufzubauen«, sagte Stuart. Er blickte Andrew abwartend an, der sich während Stuarts Krankheit um die notwendigen Hilfsaktionen gekümmert hatte.

»Gott allein weiß, wie das alles zugegangen ist«, antwortete Andrew. »Das Gebäude der Heilsarmee wurde in eine behelfsmäßige Unterkunft umgewandelt, und Miss Dwight kann uns erzählen, wie viel die Heilsarmee für diese Menschen getan hat.«

»Wir hätten gerne noch viel mehr getan, wenn wir nur genügend Mittel zur Verfügung gehabt hätten«, erklärte Rhena traurig.

»Was hattet ihr euch denn vorgestellt?«, fragte Stuart, dem erst allmählich bewusst wurde, welche katastrophalen Auswirkungen dieses Feuer nach sich gezogen hatte.

»Ich fürchte, es hat keinen Zweck, darauf einzugehen«, meinte Rhena bedrückt.

»Vergiss nicht, wie viel Geld ich besitze«, entgegnete Stuart. »Schließlich ist es dazu da, dass man es ausgibt. Warum habt ihr es nicht genommen, um die große Not zu lindern, während ich krank war?«, wandte er sich nun vorwurfsvoll an Eric, der immer noch schweigend im Zimmer auf und ab ging.

»In meinen Gedanken habe ich alles Geld der Reichen ausgegeben, das kannst du mir glauben«, erwiderte Eric mit ungewohnter

Bitterkeit in der Stimme. »Aber die Wirklichkeit sieht leider ganz anders aus. Im Augenblick ist die Not so groß, dass ich gar nicht wüsste, wo ich anfangen soll. Welches Recht haben die Reichen, ihr Geld so sinnlos zu verschwenden, während andere Leute bittere Not leiden?«

Er blickte Andrew fragend an, und der Pfarrer war nicht um eine Antwort verlegen: »Frag den Teufel, der kennt sich damit besser aus als ich.«

»Und dann ist da noch die Kirche«, fuhr Eric fort. Nachdem er wochenlang an Stuarts Bett gewacht hatte, war er vor lauter Erschöpfung reizbar und nervös. »Unternimmt die Kirche auch nur annähernd so viel, wie man von ihr erwarten könnte? Vor einiger Zeit hast du mich gefragt, Stuart, weshalb ich der Heilsarmee beigetreten bin. Ich kann dir sagen warum: Es gab keinen anderen Ort, an dem ich meine wahren Überzeugungen in die Tat umsetzen konnte. Die Gemeinde von St. Johannes ist eine merkwürdige Mischung aus Geschäftsleuten und Arbeitern, in der auch hin und wieder einige Reiche auftauchen. Ich bedaure, das sagen zu müssen, aber bevor Andrew hierher kam, schien der ganze Zweck dieser Kirche darin zu bestehen, schöne Versammlungen abzuhalten und hochtrabende Reden zu schwingen. Alle Energie schien in klangvollen Chorälen und frommen Gebeten zu verpuffen, denn außerhalb der Kirchenmauern hat niemand einen Finger gerührt, um den Bedürftigen auf ganz praktische Weise zu helfen.

Ich will hier nicht den Lebenswandel dieser Gläubigen verurteilen – ich bin sogar davon überzeugt, dass viele Mitglieder von St. Johannes bessere Menschen sind als ich. Aber die Gemeinde als Ganzes hat bisher keinen großen Eindruck auf die Stadt Champion gemacht. Wenn zwei gleich starke Männer zusammen einen Baum fällen und einer von ihnen eine stumpfe Axt benutzt, während der andere ein scharfes Werkzeug zur Verfügung hat, werden sie zu einem unterschiedlichen Ergebnis kommen, obwohl sie beide gleich stark sind. Mir ist klar geworden, dass ich der Kirche nicht viel Erfolg zutraue, weil sie ein stumpfes Instrument ist. Deshalb habe ich mich der Heilsarmee angeschlossen, denn ich glaube, dass die Mitglieder dieser Organisation wirklich bereit sind, anderen zu dienen, so wie Christus es verlangt.

Wenn wir ein Beispiel suchen, brauchen wir nur die St. Peters-Kirche hier in Champion anzuschauen. In der Zeitung wird sie oft als moderne und zeitgemäße Gemeinde gepriesen, und nach ihrer letzten Jahresversammlung hat sich unser Stadtanzeiger in lobenden Tönen über sie geäußert. Aber was wissen die Mitglieder dieser Kirche schon von dem wahren Geist Christi, der auf die Herrlichkeit Gottes verzichtete und so arm wurde wie wir, um eine verlorene Menschheit zu retten? Ich weiß, dass ich mir anmaße, über andere Menschen zu richten, und dass Gott mich eines Tages dafür zur Rechenschaft ziehen wird. Doch wenn ich ein Katholik wäre, wäre ich bereit, das schlimmste Fegefeuer zu erdulden, nur damit ich das Recht habe, diese vornehme und aristokratische Kirche zu kritisieren! Und St. Peter ist nur eine von Tausenden von Kirchen in unserem ganzen Land. Gehorcht die Kirche als Institution tatsächlich dem Gebot Jesu, in dem es heißt, dass wir uns selbst verleugnen, unser Kreuz auf uns nehmen und ihm nachfolgen sollen? Macht sie sich auch nur einen Gedanken darüber, was Jesus tun würde?«

Jetzt blieb Eric stehen und blickte Andrew eindringlich an. Stuart und Rhena konnten sehen, wie ernst Andrews heiteres und gutmütiges Gesicht plötzlich geworden war. Offensichtlich hatten ihn Erics Anschuldigungen tief getroffen.

»Wenn ich diese Frage richtig beantworten wollte, würde ich Stunden brauchen, um sie von allen Seiten zu beleuchten«, sagte Andrew schließlich, während er sich bemühte, ganz ruhig zu bleiben. »In der Kirche heute gibt es sowohl ernsthafte und aufrichtige Gläubige als auch oberflächliche Mitläufer, die sich nur um ihre eigenen Interessen kümmern. Manche Gemeindeglieder dienen Christus von ganzem Herzen und befolgen seine Gebote, während andere nur an den äußeren Formen festhalten, ohne auf die Inhalte zu achten. Es gibt viele egoistische Heuchler, die den Pharisäern in der Bibel aufs Haar gleichen. Wenn Jesus heute auf diese Erde käme, würden sie ihn genau wie damals ans Kreuz nageln, weil sie es nicht ertragen könnten, dass er ihre Falschheit und Bosheit ans Licht bringt. Gleichzeitig würde jedoch genau wie damals eine große Anzahl von treuen Jüngern aufstehen, die ihm bis in den Tod folgen würden. Irgendwann bin ich zu dem Schluss gelangt, dass die Kirche eine sehr merkwürdige Position zwischen zwei völlig verschiedenen Gruppen einnimmt und dass sie diese Spannung aushalten muss.

In vielen Kirchen wächst die Hoffnung, dass uns eine tief greifende Erneuerung bevorsteht und dass die Kirche Jesu Christi bald einen grundlegenden Wandel erleben wird. Doch zweifellos leistet die Kirche auch heute schon einen großen Beitrag, um die Nöte der Armen und Bedürftigen zu lindern. Wenn man irgendeiner zivilisierten Stadt vorschlagen würde, sie solle auf einen Schlag auf alle kirchlichen Institutionen verzichten, würden als Erstes die Leute protestieren, die sich um den Glauben keinen Deut kümmern. Dann würde rasch sichtbar werden, wie viel die Kirche für unsere Gesellschaft tut.

Aber ich kann deine Frage nicht in vollem Umfang beantworten, Eric. Natürlich glaube ich an die Kirche – auch an ihre Opferbereitschaft –, sonst würde ich sie nicht zu meiner Lebensaufgabe machen. Ich könnte auch aus der Kirche austreten und von einer anderen Basis aus arbeiten. Doch ich glaube fest daran, dass die Kirche Jesu Christi die einzige Macht darstellt, die die Welt tatsächlich verändern kann.«

Nun hielt Andrew inne, und die anderen blickten ihn aufmerksam an. »Die Kirche ist die einzige Organisation, die Jesus Christus jemals erwähnt hat. In der Bibel steht ausdrücklich, dass er seine Kirche liebt. Allerdings ist damit keine besondere Denomination gemeint, sondern die Gesamtheit der Jünger Jesu, die in Liebe mit-

222

einander verbunden sind und Jesus Christus als ihren Herrn anerkennen. Und wenn erst einmal die Blütezeit derjenigen Kirchen
vorbei ist, die ein schlechtes Bild von unserem Herrn und Hei-
land vermitteln, wenn Prunk und feierliche Zeremonien längst Geschichte sind, wird irgendwann die wahre Kirche sichtbar werden. Nachdem sie alle Kälte, Oberflächlichkeit und Selbstsucht
von sich abgeschüttelt hat, wird sie der Welt das Lamm Gottes zeigen, das sein Leben für die verlorene Menschheit geopfert hat. Ja,
ich glaube an ›die heilige christliche Kirche‹ insofern, als ich
davon überzeugt bin, dass sogar in dieser erstarrten Form noch der
ursprüngliche Sauerteig vorhanden ist, der zuletzt den ganzen Teig
durchsäuern wird. Übrigens – die Heilsarmee wäre nicht gegründet
worden, wenn die Kirche nicht gewesen wäre.«

»Meinst du damit, dass die Kirche so hohl und leer geworden ist,
dass die Heilsarmee einspringen und den Auftrag der Kirche übernehmen musste?«, fragte Eric ironisch.

»Nein, ich meine damit, dass die Männer und Frauen, die die
Heilsarmee aufgebaut haben, ihre ersten Glaubensschritte innerhalb der Kirche gemacht haben. Die Kirche hat sie gelehrt wie eine
Mutter, und nachdem sie flügge geworden sind, haben sie ein Werk
getan, das sie ohne diese Grundlage niemals hätten vollbringen
können«, erklärte Andrew.

»Aber ist die Heilsarmee nicht auch eine Kirche im biblischen
Sinne, so wie alle anderen Gruppen, die sich im Namen Jesu versammeln?«, fragte Rhena nachdenklich.

Andrew nickte. »Ja, davon bin ich überzeugt.«

»Ich werde den Beweis antreten, indem ich mich beiden Organi-
sationen anschließe«, verkündete Stuart nun, indem er seinen Blick
auf Rhena richtete.

»Wenn du das tust, musst du alle eigenen Wünsche aufgeben
und dich dazu verpflichten, deinem Vorgesetzten zu gehorchen«,
meinte Rhena verschmitzt.

»Wie ich gehört habe, gilt in der Heilsarmee die Regel, dass ein normaler Gefreiter nicht heiraten darf, ohne seinen zuständigen Offizier um Erlaubnis zu fragen. Ist es nicht so, Miss Dwight?«, sagte Andrew augenzwinkernd.

»Ich habe die Zustimmung meines Vorgesetzten bereits erhalten, und er hat sogar ausdrücklich angeordnet, dass ich sofort heiraten soll, sobald ich mich von meiner Krankheit erholt habe«, behauptete Stuart grinsend.

»Das ist ja gar nicht wahr!«, protestierte Rhena, und als Andrew und Eric in lautes Gelächter ausbrachen, fügte sie errötend hinzu: »Kommen wir nicht von unserem ursprünglichen Thema ab? Stuart wollte doch wissen, was er mit seinem Geld anfangen soll. Es wäre doch wirklich eine Schande, wenn keiner von uns dazu einen Vorschlag machen könnte.«

»Ich wüsste ein Projekt, für das einige Tausend Dollar benötigt werden«, äußerte Eric. Nachdem er endlich einmal ausgesprochen hatte, was er über die Kirche dachte, kamen wieder die weniger heftigen Seiten seiner Natur zum Vorschein. Eigentlich war er ein ruhiger, nachdenklicher Mensch, der hilfsbereit war und große Stärken besaß, auch wenn sein Charakter noch nicht völlig ausgereift war.

»Heraus mit der Sprache!«, rief Stuart.

»Die Bergarbeiter in Cornish Town brauchen neue Häuser. Meiner Ansicht nach gäbe es für zehn- oder zwanzigtausend Dollar keine bessere Verwendung, als damit hundert Häuser zu errichten, die den Menschen ein echtes Zuhause bieten«, fuhr Eric fort.

»Was hältst du davon?«, wandte sich Stuart ganz selbstverständlich an Rhena.

»Ich glaube, das ist eine gute Idee«, stimmte sie zu. »Aber es gibt noch mehr zu tun. Ich denke dabei nicht nur an die notwendigen Wohnungen, sondern auch an die Menschen, die darin leben sollen. Diese Männer, Frauen und Kinder mussten viele Jahre in äußerst primitiven Behausungen zubringen. Was kann man schon von einer Familie erwarten, die in einer Hütte mit gerade einmal drei Räumen lebt? Wie sollen sich diese Leute für Bildung und Kultur interessieren, wenn es ihnen am Nötigsten fehlt? Stuart, du solltest in dieser ganzen Siedlung eine richtige Kanalisation anlegen und ...«

»Das wird sofort erledigt!«, rief Stuart begeistert. »Und die Häuser sollen so schnell wie möglich gebaut werden. Warum lasst ihr mich hier die ganze Zeit faul herumliegen, wenn so viel getan werden muss?«

In diesem Augenblick erschien Dr. Saxon auf der Bildfläche. Nachdem er auf seine charakteristische Weise an die Tür geklopft hatte, kam er unaufgefordert herein und sagte: »Ich bin es, der Doktor.«

Kaum hatte er den Raum betreten, da begann Stuart schon, ihn mit Vorwürfen zu überschütten. »Ich werde Sie nicht bezahlen, Doktor, wenn Sie nicht auf der Stelle dafür sorgen, dass ich dieses Bett in ein oder zwei Tagen verlassen kann. Wenn Sie das nicht fertig bringen, verklage ich Sie wegen schlechter Behandlung.«

»Nur zu, dann werde ich von deiner Firma die halbe Million eintreiben, die sie mir für die ärztliche Versorgung der Bergarbeiter schuldet. Wenn ich vor Gericht Recht bekomme, kann ich mich nach diesem Winter endgültig zur Ruhe setzen. Aber du kannst morgen ruhig aufstehen, Stuart. Das Einzige, was dir noch fehlt, hat mit deinem Herzen zu tun, und diese Krankheit kann ich nicht kurieren. Allerdings ist dein Zustand sehr bedenklich!«

Dr. Saxon schaute Rhena an, und dann verzogen sich seine ernsten Züge zu einem vergnügten Grinsen. Es kam nicht oft vor, dass er lächelte, doch in diesen seltenen Fällen wirkte der raue Arzt plötzlich jung und fröhlich. Jetzt wandte er sich schon wieder zum Gehen, denn er war in großer Eile und hatte auf seinem Weg nach Cornish Town nur angehalten, um kurz nach Stuart zu sehen.

»Halt! Warten Sie bitte noch einen Moment!«, rief Stuart. »Sie dürfen noch nicht aufbrechen, Doktor, bevor Sie uns einen Rat gegeben haben. Wir schmieden gerade Pläne, wie wir den Opfern der Brandkatastrophe am besten helfen können und ...«

»Ach, lasst mich bloß mit euren albernen Hilfsaktionen in Ruhe!«, murrte Dr. Saxon in seinem üblichen schroffen Ton. »Mit diesen bockbeinigen Dummköpfen habe ich kein Mitleid mehr. Je mehr Geld man ihnen gibt, desto undankbarer werden sie. Ich rate dir, Stuart, behalte dein Geld lieber für dich! Du wirst es noch brauchen können, wenn du erst einmal ein eigenes Heim gegründet hast. Deine Frau wird jedes Mal, wenn du in die Stadt gehst, verlangen, dass du ihr etwas mitbringst. Weiß der Himmel, was die Frauen immer alles brauchen. Ich werde jetzt gehen, und wenn mich jemand aufhalten will, werde ich ihn zum Fenster hinauswerfen.«

Mit diesen Worten stürzte der Doktor zur Tür hinaus und schlug sie hinter sich zu. Gleich darauf öffnete sie sich jedoch noch einmal und Dr. Saxon spähte durch den Spalt ins Zimmer. In ernsterem Ton fügte er hinzu: »Wenn ihr tatsächlich vorhabt, in dieser Gegend etwas Sinnvolles zu tun, werde ich euch ein oder zwei Tipps geben, sobald ich einen Augenblick verschnaufen kann.«

Gleich darauf war er verschwunden, und Stuart konnte von dem kleinen Fenster aus beobachten, wie Ajax den Hügel hinaufgaloppierte.

»Ich frage mich, ob Dr. Saxon sich jemals Zeit für sich selbst nimmt«, überlegte Andrew. »Was wird er nur tun, wenn er einmal in Gottes goldene Stadt kommt und es dort keine Tränen und Schmerzen mehr gibt?«

»Es ist schwer vorstellbar, was er dann anfangen wird, denn es passt einfach nicht zu ihm, sich auf eine Wolke zu setzen und die Beine auszustrecken«, meinte Stuart. »Aber ich nehme an, dass Gott besondere Vorkehrungen treffen wird, damit sich der Doktor im Himmel wohl fühlt.«

»Glaubst du, dass wir dort genauso beschäftigt sein werden wie hier auf der Erde?«, fragte Rhena.

»Natürlich«, antwortete Andrew. »Allerdings werden wir genug Zeit zur Verfügung haben, um alles so gründlich zu tun, wie wir es gerne möchten. Ich male mir häufig aus, dass ich im Himmel unendlich viele Rosensorten züchten und mir dafür tausend Jahre Zeit nehmen kann, ohne ständig im Hinterkopf zu haben, dass ich jetzt eigentlich eine Predigt vorbereiten oder ein Mitglied meiner Gemeinde besuchen müsste.«

»Glaubst du wirklich, dass es im Himmel Rosen geben wird?« Eric sah den Pfarrer zweifelnd an.

»Wieso denn nicht?«, rief Andrew. »Was wäre der Himmel ohne Rosen und kleine Kinder?«

»Ich erhebe ja gar keine Einwände, im Gegenteil, mir gefällt diese Vorstellung«, erwiderte Eric. »Ich hoffe ebenfalls, dass es im Himmel Rosen geben wird, nur sollten sie keine Dornen haben. Inzwischen leben wir allerdings immer noch in Champion, und hier gibt es mindestens doppelt so viele Dornen wie Rosen. Aber wenn wir es geschafft haben, dieses Stück Erde dem Himmel ein wenig ähnlicher zu machen, sind wir vielleicht besser auf die zukünftige Welt vorbereitet.«

»Daran besteht kein Zweifel«, bestätigte Stuart nachdrücklich. Er war voller Energie und konnte es kaum erwarten, endlich etwas zu unternehmen. »Und da ich weiß, dass Gott meinen sterblichen Leib eines Tages auferwecken wird, will ich mich als guter Verwalter erweisen und mein Geld so verwenden, wie es Gott gefällt. Also an die Arbeit, Freunde! Eric und Andrew, könntet ihr beide das Projekt in die Hand nehmen? Diese Häuser sollten so rasch gebaut werden, wie man es mit Geld möglich machen kann. Und wenn wir schon dabei sind, sollten wir auch die übrigen armseligen Hütten abreißen und durch neue Häuser ersetzen. Mir ist jetzt klar, was wir tun müssen, und ich bin davon überzeugt, dass diese Menschen unsere Hilfe dringend benötigen.«

»Wie steht es mit dem öffentlichen Gebäude für die Arbeiter?«, fragte Eric lächelnd.

»Das kommt dran, sobald die Wohnhäuser fertig sind«, bestätigte Stuart. »Allerdings meine ich, dass dieses Gebäude nicht nur für die Bergarbeiter, sondern für alle Einwohner von Champion da sein sollte. Aus eigener Erfahrung kann ich dir sagen, Eric, dass die reichen Leute noch mehr Überzeugungsarbeit benötigen als die armen. Die Wohlhabenden müssen lernen, welche Verantwortung an ihre Privilegien geknüpft ist. Wir werden dieses Gebäude bauen, doch es soll der ganzen Stadt Champion zur Verfügung stehen. Jedes kulturelle Programm, das darin geboten wird, soll den Menschen zeigen, dass sie alle zu einer Familie gehören, die von Gott geschaffen wurde. Innerhalb dieser Mauern sollen lauter positive und ermutigende Veranstaltungen stattfinden, die den Horizont unserer Mitbürger erweitern. Ihr seht also, dass ich mir auch ein paar Gedanken über dieses Thema gemacht habe, seit ich wieder auf dem Wege der Besserung bin. Aber zuerst sollten wir die Häuser für die Bergarbeiter bauen. Rhena, in diesem wichtigen Projekt brauchen wir auch deine Unterstützung!«

Voller Begeisterung nahm Rhena einen Bogen Papier und begann in groben Strichen einen Plan zu zeichnen. Im Laufe der nächsten Wochen stellte sich heraus, dass sie viele vernünftige und praktische Vorschläge zur Anordnung und Einteilung der Häuser machen konnte. Ihr gesunder Menschenverstand und ihr Sinn fürs Praktische machten sie zu einer wertvollen Partnerin in diesem Projekt, und Eric und Andrew waren sehr froh über ihre Hilfe.

Zwei Tage nach dieser Besprechung kehrte Stuart nach Hause zurück und hatte noch am selben Abend eine wichtige Unterredung mit Tante Royal und Louise. Die beiden Frauen hatten ihn in den vergangenen Wochen mehrmals in Erics Haus besucht, und Stuart wusste, dass sie seine Zukunftspläne niemals billigen würden. Er beschloss deshalb, gar nicht erst um den heißen Brei herumzuschleichen, und eröffnete das Gespräch, indem er die bevorstehende Hochzeit erwähnte.

»Wir werden so schnell heiraten, wie Rhenas Arbeit es erlaubt«, kündigte Stuart an. Er dachte an die zahlreichen Pflichten seiner zukünftigen Frau innerhalb der Heilsarmee und ihre Mitarbeit bei dem Bauprojekt.

»Vermutlich lässt deine Braut ihr Hochzeitskleid aus Paris kommen?« Louise verzog spöttisch den Mund. »Ich wollte immer schon mal eine Heilsarmee-Uniform nach der neuesten Mode sehen.«

»Fehlt nur noch, dass ihr in der Halle der Heilsarmee heiratet!«, ergänzte Tante Royal mit einem frostigen Blick auf ihren Neffen.

Ohne auf diese Bosheiten einzugehen, antwortete Stuart freundlich und bestimmt: »Ich möchte einen Punkt von vornherein klarstellen: Meine Frau wird die unbestrittene Herrin hier im Haus sein. Was Bildung, Benehmen und Schönheit betrifft, so kann sie es mit jeder Frau in der Umgebung aufnehmen – und was ihren Charakter und ihre selbstlose Haltung angeht, so können ihr die verwöhnten Damen der feinen Gesellschaft nicht einmal das Wasser reichen. Habe ich mich deutlich genug ausgedrückt?«

»Du hast also vor, sie hierher zu bringen?«, fragte Louise mit undurchdringlichem Gesichtsausdruck.

»Wo sollten wir wohl sonst nach unserer Hochzeit wohnen?«, gab Stuart zurück und warf Louise einen scharfen Blick zu.

»Ich dachte nur, dass Miss Dwight es vorziehen würde, in einem einfacheren Heim zu leben, nachdem sie so viel Aufhebens davon gemacht hat, allem sündigen Luxus zu entsagen. Falls sie sich jedoch tatsächlich entschließt, in Zukunft wieder die Annehmlichkeiten des Lebens zu genießen, werde ich meine Konsequenzen ziehen. Weißt du, was ich dann tun werde?«

Stuart antwortete nicht, aber die Genugtuung in Tante Royals Miene machte ihn misstrauisch.

»Ich werde dieses Haus verlassen«, fuhr Louise fort, »da ich nicht gewillt bin, mit Rhena Dwight unter demselben Dach zu leben und mich von ihr herumkommandieren zu lassen.«

Jetzt machte Stuart Anstalten, etwas zu sagen, doch Louise ließ ihn nicht zu Wort kommen. »Du brauchst gar nicht zu versuchen, mich davon abzubringen, denn ich bin fest entschlossen. Außerdem kann ich gut auf mich selbst aufpassen. Ich werde bei Tante Royal wohnen, bis ich heirate, und freue mich schon darauf, endlich nach New York zu kommen. Dieser schreckliche Winter, in dem über nichts anderes als diesen grässlichen Streik gesprochen wird, hängt mir schon lange zum Hals heraus. Wegen mir brauchst du deine Hochzeit also ganz bestimmt nicht zu verschieben, Stuart.«

»Louise, ich würde gerne einen Augenblick unter vier Augen mit dir reden. Würdest du uns bitte entschuldigen, Tante Royal, wenn Louise und ich einen Augenblick in die Bibliothek gehen?«, fragte Stuart höflich.

»Selbstverständlich«, antwortete Tante Royal, die sich nach außen hin kühl und gelassen gab, innerlich jedoch vor Wut schäumte, dass ihr Neffe sie so deutlich in die Schranken verwies.

Nach anfänglichem Zögern folgte Louise ihrem Bruder ins Nebenzimmer. Wenn Stuart diesen entschlossenen Ausdruck auf seinem Gesicht hatte, hatte es sowieso keinen Sinn, ihm lange Widerstand zu leisten.

»Louise«, begann Stuart, während er seine hübsche Schwester offen anblickte, »ich möchte nicht, dass es zu einem Bruch zwischen uns kommt.« In seiner Stimme schwang aufrichtige Zuneigung, als er fortfuhr: »Glaubst du nicht, dass du und Rhena Freundinnen werden könntet?«

»Nein, das ist völlig undenkbar«, erwiderte Louise schroff, und sie dachte daran, wie sie Rhena damals absichtlich angelogen hatte. Selbst wenn ihre zukünftige Schwägerin bereit sein sollte, dieses Täuschungsmanöver zu verzeihen, so bestand nach Louises Ansicht immer noch eine tiefe Kluft zwischen ihnen. Außerdem war Louise keineswegs mit Stuarts neuen Lebenszielen und seiner absurden Neigung zur Wohltätigkeit einverstanden.

»Nun, Louise, wenn du glaubst, dass das nicht möglich ist, muss ich noch einmal auf ein anderes Anliegen zurückkommen. Es geht um dein Versprechen, Hal Vasplaine zu heiraten. Bitte glaub mir, Louise, dass ich nur versuche, dir zu helfen, wenn ich sage, dass ich dich lieber tot sehen würde als verheiratet mit diesem ...«

»Hast du mich aus diesem Grund hierher zitiert?«, unterbrach seine Schwester ihn zornig, wobei ihre Stimme ganz schrill wurde. »Ich werde mir kein einziges Wort mehr zu diesem Thema anhören, und ich nenne dich einen Feigling, weil du hinter seinem Rücken über Hal herziehst.«

Stuarts Gesicht wurde bleich und er antwortete gefasst: »Ich kann dir versichern, Louise, dass mich nur meine brüderliche Liebe und Verantwortung zu solchen Äußerungen treiben. Es tut mir sehr Leid, dass du meine Absicht missverstehst.« Da plötzlich vor der Tür Tante Royals Schritte hörbar wurden, fügte er rasch hinzu: »Wenn du es dir jemals anders überlegen solltest, dann denk bitte daran, dass dir mein Haus immer offen stehen wird.«

Ohne ein Wort wandte sich Louise ab, und die Unterhaltung war beendet. Dieses Gespräch war für Stuart ein weiterer Beweis dafür, dass zwischen seinem alten und seinem neuen Leben eine tiefe Kluft bestand. Nun verstand er die Bedeutung des Verses: »Des Menschen Feinde werden seine eigenen Hausgenossen sein«. In dem Augenblick, in dem er sich für Jesus Christus entschieden hatte, hatte er unter sein bisheriges Leben einen Schlussstrich gezogen, und die Auseinandersetzungen mit seiner Tante und seiner Schwester zeigten nur, wie weit er sich bereits von ihren Ansichten entfernt hatte. Stuart begriff ganz genau, welche Ursache diesem Konflikt zugrunde lag. Er konnte nicht auf der einen Seite Jesus Christus nachfolgen und auf der anderen Seite mit seiner Schwester in die entgegengesetzte Richtung marschieren. Dieser Vorfall war jedoch nur ein weiterer Prüfstein für seinen Charakter, denn am Ende dieser Woche sollte ihm eine noch viel schwierigere Entscheidung bevorstehen.

Der Bau der neuen Häuser ging so zügig voran, wie die Umstände es zuließen. Zwischendurch wurde die Arbeit von einem mächtigen Sturm unterbrochen, und auch der tiefe Schnee bot kein geringes Hindernis. Zudem war es nicht leicht, Bauarbeiter zu finden, die gewillt waren, bei diesen eisigen Temperaturen zu arbeiten. Die obdachlosen Familien waren solange an verschiedenen Orten in Champion untergebracht worden. Sogar das große Hotel hatte einige Unterkünfte zur Verfügung gestellt, nachdem Stuart sich bereit erklärt hatte, die Rechnung zu übernehmen. Die Heilsarmee leistete ihren Beitrag zur Versorgung der Bedürftigen, und auch einige andere Bewohner von Champion halfen mit, so gut sie konnten. Trotz dieser Bemühungen griff die Not in den überfüllten Quartieren immer weiter um sich, und Stuarts großzügige Geldspenden brachten nur eine geringfügige Erleichterung.

Am Ende dieser Woche war Stuart gerade dabei, die behelfsmäßigen Unterkünfte im Gebäude der Heilsarmee zu inspizieren, während Rhena sich am anderen Ende der Halle mit einigen Frauen unterhielt. Plötzlich wurde die Tür aufgerissen und Eric stürzte herein.

»Aus DeMott gibt es schlechte Neuigkeiten!«, rief er atemlos. »Die Bergarbeiter haben gedroht, die Pumpen aus den Bergwerken zu reißen. Sie haben nichts mehr zu essen und sind kurz vor dem Verhungern!«

»Ich kann nicht alle Bergleute in unserem Staat ernähren, Eric«, erwiderte Stuart mit leichter Schärfe.

»Das weiß ich.« Frustriert ließ sich Eric auf eine Bank fallen und vergrub das Gesicht in beiden Händen.

Sofort bereute Stuart seine gefühllosen Worte und sagte rasch: »Verzeih mir, Eric, dass ich so ärgerlich reagiert habe. Ich werde alles tun, was ich kann, um den Bewohnern von DeMott zu helfen.«

»Darum geht es gar nicht«, antwortete Eric düster. »Die Männer sind nicht mehr bereit, auf mich zu hören, und wollen ihr Schicksal selbst in die Hand nehmen. Ich habe jede Autorität über sie verloren!«

»Unsinn!«, entgegnete Stuart, doch er hatte das dumpfe Gefühl, dass Eric die Wahrheit sagte.

»Nein, es stimmt«, bestätigte Eric bitter. »Es gibt nichts Undankbareres als eine wütende Menschenmenge, die sich gegen ihren früheren Anführer auflehnt. Ich kann nichts mehr ausrichten.«

In diesem Augenblick kam Andrew zur Tür herein. »Habt ihr schon das Neueste gehört?«, fragte er aufgeregt. »In der Stadt wird erzählt, dass die Männer aus DeMott in großen Scharen zum Queen-Bergwerk marschieren, um dort die Pumpen zu zerstören. Und das soll erst der Anfang sein! Anschließend wollen sie sich ein Bergwerk nach dem anderen vornehmen, bis sie alle Gruben in der ganzen Umgebung ruiniert haben. Sie haben den Bergwerksbesitzern noch zwei Stunden Zeit gegeben, um ihre Forderungen zu akzeptieren.«

Stuart überlegte kurz und sagte dann: »Wenn sie diesen Plan tatsächlich durchführen, wird er viele Menschenleben fordern. Die Eigentümer in Cleveland haben dafür gesorgt, dass die Miliz in Hancock in Alarmbereitschaft bleibt, weil sie mit einem Anschlag in dieser Art rechnen. Die Männer müssen verrückt sein, wenn sie glauben, dass die Bergwerksbesitzer nach dieser langen Zeit einlenken werden.«

»Dieser Rachefeldzug wird der Gewerkschaft und allen ehrlichen Zielen der Bergarbeiter endgültig den Todesstoß versetzen«, stöhnte Eric. »Und ich muss zuschauen und kann nichts dagegen unternehmen! Wenn ich nur ...« Plötzlich brach er ab, und seine kräftige Gestalt wurde von heftigem Schluchzen geschüttelt.

Stuart dachte fieberhaft nach, während er auf Erics gebeugte Gestalt starrte.

»Es gibt noch einen Mann in der Stadt, der großen Einfluss auf die Männer in der ganzen Umgebung besitzt«, sagte Andrew nun leise.

Forschend blickte Stuart ihn an, wobei er aus seinen Augenwinkeln erkennen konnte, dass Rhena vom anderen Ende der Halle zu ihnen herüberkam. In seinem Kopf überschlugen sich die Gedanken. Noch nie hatte er sich auf etwas so sehr gefreut wie auf seine gemeinsame Zukunft mit Rhena, und jetzt sollte er womöglich alles aufs Spiel setzen? Wenn er sich in diese Auseinandersetzung einmischte, würde er mit Sicherheit sein Leben riskieren. War er denn wirklich für alle seine Mitmenschen verantwortlich?

»Du bist dieser Mann«, fuhr Andrew fort.

»Dann glaubst du also, dass ich dorthin gehen sollte?«, fragte Stuart.

»Diese Entscheidung kannst nur du allein treffen«, erwiderte Andrew langsam.

»Worüber redet ihr denn?«, wollte Rhena wissen, als sie zu der kleinen Gruppe trat.

»Rhena«, sagte Stuart, »wie es aussieht, muss ich vielleicht heute Abend noch nach DeMott fahren. Anscheinend hat dieser Streik zu einer neuen Krise geführt, und heute Nacht könnten sich womöglich einige dramatische Dinge ereignen.«

Rhena musterte die drei Männer mit durchdringendem Blick. »Ihr verschweigt mir doch etwas«, meinte sie schließlich.

»Ja«, rief Eric, indem er den Kopf hob, »die Männer aus DeMott wollen die Pumpen des Queen-Bergwerks herausreißen. Ich habe meinen Einfluss auf sie verloren, und falls Stuart wirklich dorthin geht, um die wütende Menge zu beruhigen, setzt er sein Leben aufs Spiel. Viele Bergarbeiter sind betrunken und benehmen sich wie wahre Teufel. Sie werden jeden in Stücke reißen, der sie an ihrem Vorhaben hindern will, und würden nicht einmal auf einen Engel in Menschengestalt Rücksicht nehmen. Bitte halte Stuart davon ab, sich einzumischen, Rhena. Es wäre sein sicherer Tod. Außer sein eigenes Leben zu riskieren, würde er nichts erreichen.«

Rhena schwieg betroffen, und Stuart blickte Andrew an, als hoffte er, dass der Pfarrer Eric beipflichten würde. Doch Andrew

234

sagte kein Wort. Mit unsicherem Blick wandte sich Stuart wieder an Rhena, und dabei schoss ihm der Gedanke durch den Kopf, dass er sie noch nie so sehr geliebt hatte wie in diesem Augenblick.

»Rhena«, sagte er leise, »ich glaube, ich sollte nach DeMott fahren. Bestimmt ist die Situation nicht so gefährlich, wie Eric sie darstellt. Und wenn ich tatsächlich der Einzige bin, der genug Einfluss auf die Männer hat, um sie an diesem Vorhaben zu hindern, bin ich doch dazu verpflichtet, alles zu tun, was in meiner Macht steht, nicht wahr?«

»Nein! Ich will nicht, dass du gehst!«, rief Rhena ängstlich und ging einen Schritt auf Stuart zu. Dann schien sie jedoch einen Entschluss zu fassen und zögerte kurz, bevor sie fortfuhr: »Aber ich würde dich niemals darum bitten, dass du dich vor einer Verantwortung drückst, nur um mir einen Gefallen zu tun. Wenn du also wirklich gehen musst ...«

»Ja, ich glaube schon«, sagte Stuart. »Gott schütze dich, mein Liebling.« Rasch beugte er sich vor und küsste sie, und dann ging er ohne ein weiteres Wort zum Ausgang der Halle und riss die Tür auf.

»Ich werde aus dem Stall des Hotels ein Pferd für dich holen«, rief Andrew ihm nach, doch genau in diesem Augenblick fuhr Dr. Saxon in seinem Buggy vor.

Er kommt wie gerufen, dachte Stuart und eilte auf den Doktor zu, um ihm die ganze Geschichte zu erzählen.

»Also los, steig ein«, forderte ihn Dr. Saxon auf. »Sicher werde ich bald ein paar Schussverletzungen zu verbinden haben, also kann ich auch jetzt gleich hinüberfahren.«

Inzwischen war Rhena ebenfalls an den Wagen getreten, und die scharfen Augen des Doktors entdeckten sofort, dass sie sehr blass war und am ganzen Körper zitterte. »Sie brauchen keine Angst zu haben, Miss Dwight«, flüsterte er ihr zu, »der Herr beschützt sogar Betrunkene und Narren, die nicht genügend Verstand haben, um zu Hause zu bleiben.«

Dann wandte er sich seinem Pferd zu und rief so abrupt: »Hü, Ajax!«, dass Stuart gerade noch Zeit hatte, sich von Rhena zu verabschieden.

Im nächsten Augenblick sprang Stuart mit einem Satz in den Wagen, und sofort galoppierte Ajax die Straße entlang in Richtung DeMott. Andrew, Eric und Rhena standen auf den Eingangsstufen der Halle und schauten ihnen nach, bis sie außer Sichtweite waren. Schließlich schlug Rhena vor: »Lasst uns hineingehen und beten.«

Die beiden Männer folgten ihr, und Andrew versuchte sie zu trösten, während sich Eric missgelaunt und schweigend in eine Ecke setzte. Als Rhena, Andrew und einige andere Frauen miteinander beteten, verließ er unbemerkt das Gebäude. Nachdem er sich einen Augenblick auf der menschenleeren Straße umgeblickt hatte, machte er sich auf den Weg. Er schlug ebenfalls die Straße nach DeMott ein, und allmählich beschleunigten sich seine Schritte, bis er schließlich so schnell rannte, wie er konnte.

Ein unerwarteter Redner

Als Stuart und Dr. Saxon nach einer wilden Fahrt in DeMott ankamen, war das Pferd in Schweiß gebadet. Fast die gesamte Bevölkerung von DeMott hatte sich vor dem großen Gebäude neben der
Post versammelt, das im Winter hauptsächlich für Wanderausstel-
lungen benutzt wurde.

Da in dieser Halle soeben die Gewerkschaft tagte, war sie bis auf
den letzten Stehplatz besetzt. Wer nicht mehr in das Gebäude
gelangen konnte, wartete draußen auf die Entscheidung der
Gewerkschaftsmitglieder. Allerdings waren die Leute davon überzeugt, dass das Ergebnis dieser Besprechungen schon längst fest-
stand. Noch heute Nacht würden alle Pumpen in der Gegend zerstört werden, und innerhalb weniger Stunden würde man den Bergwerksbesitzern einen Schaden in Millionenhöhe zufügen. Endlich
konnten sich die Arbeiter an den Eigentümern rächen, und sie hoff-
ten, die Bergwerksbesitzer an ihrem empfindlichsten Punkt zu treffen. Während dieses schrecklichen Winters hatten die Leute so große Not gelitten, dass sie alle von dem Wunsch nach Vergeltung
besessen waren. Zu viele verhärmte Männer in dieser Menschenmenge erinnerten sich voller Trauer an ein kleines Kind, das auf
dem großen Friedhof unter dem Schnee begraben lag. Aus diesem
Grund schwenkten sie ihre Knüppel noch drohender und verfluch-
ten die Reichen, die in dieser bitterkalten Nacht in ihren bequemen
Häusern saßen.

Stuart hatte sich in seinem ganzen Leben noch nie so hilflos
gefühlt. Als er in die entschlossenen Gesichter um ihn herum blickte, wurde ihm sofort klar, dass diese riesige Menschenmenge eine
ungeheure Macht besaß. Selbst wenn er auf die Einwohner von
Champion noch einen gewissen Einfluss hatte, so würden alle seine Worte in den Ohren dieser Männer hohl und leer klingen. Offen-

sichtlich hatte sich Andrew geirrt, als er behauptet hatte, Stuart könnte die aufgebrachten Bergarbeiter in diesem kritischen Moment beruhigen.

Plötzlich wurde Stuart aus seinen Gedanken gerissen, denn Dr. Saxon verkündete energisch: »Auf geht's, wir werden uns bis zur Halle vorkämpfen. Ajax können wir hier stehen lassen.«

Erstaunt erwiderte Stuart: »Aber die Männer werden uns nicht hineinlassen!«

»Das werden wir ja sehen!« Der Doktor war offenbar in kämpferischer Stimmung.

Er hielt vor einem Geschäft an, wo er Ajax immer festband, wenn er nach DeMott kam. Dann stürzte er sich ohne zu zögern in das Gedränge vor der Halle, und Stuart beeilte sich, ihm dicht auf den Fersen zu bleiben. Allmählich begann es Stuart zu dämmern, dass Andrew sich tatsächlich verschätzt hatte. Wenn es einen Mann gab, der immer noch Einfluss auf die Bergarbeiter besaß, dann war das nicht Stuart Duncan, sondern Dr. Saxon.

Es war beinahe komisch zu beobachten, wie sich die Gesichter der Männer veränderten, die von dem Doktor rigoros auf die Seite geschoben wurden. Zuerst fluchten sie erbost und schworen, dass sie dem frechen Kerl, der ihnen diese unsanften Rippenstöße gegeben hatte, einen Fausthieb verpassen würden. Sobald sie jedoch das vertraute Gesicht des Arztes erkannten, waren sie die Höflichkeit selbst und machten ihm so ehrerbietig Platz, als ob er ein gefeierter König wäre.

»Geht aus dem Weg, Männer, der Doktor kommt! Sicher ist jemand verletzt, und er wird dringend gebraucht!«, schrie ein großer, kräftiger Bergarbeiter. Als sein Vordermann nicht sofort auf diese Aufforderung reagierte, packte er ihn einfach am Kragen und räumte ihn wie eine Schaufensterpuppe auf die Seite. Auf diese Weise gelang es dem Doktor schließlich, mit Stuart im Schlepptau bis zum Eingang der Halle vorzudringen. Dreißig Jahre lang hatte sich der Arzt unablässig um die Nöte und Krankheiten in der

238

Region gekümmert, und die fünftausend Bergarbeiter hatten seinen selbstlosen Einsatz nicht vergessen. Im Herzen dieser Männer hatte er sich einen festen Platz erobert, und deshalb konnte er sich sogar unter diesen ungewöhnlichen Bedingungen ungehindert bewegen.

Jetzt standen die beiden Männer tatsächlich auf den Eingangsstufen der Halle. Eigentlich hatten nur die Mitglieder der Gewerkschaft Zutritt zu der Versammlung, doch an diesem außergewöhnlichen Abend nahm man es mit den Regeln nicht so genau. Die Bergarbeiter waren in ihrer Verzweiflung dazu entschlossen, bis zum Äußersten zu gehen, und kümmerten sich nicht mehr darum, wer von ihren Plänen erfuhr.

Ohne ein Wort zu sagen, drängte sich Dr. Saxon durch das Gewühl in den überfüllten Gängen. Stuart folgte ihm, wobei es ihm beinahe so vorkam, als träume er. Es war einfach unglaublich, dass Dr. Saxon es geschafft hatte, sich bis hierher vorzukämpfen, doch Stuart wusste immer noch nicht, was sein Begleiter eigentlich im Schilde führte.

Schließlich erreichten sie die Bühne, und der Sprecher machte eine Pause, um Dr. Saxon die Hand zu schütteln. Leise fragte der Arzt, ob er ein paar Worte an die Männer richten dürfe.

Es traf sich gut, dass der Vorsitzende der Gewerkschaft aus Champion kam und Dr. Saxon überdies zu tiefstem Dank verpflichtet war. Es war erst zwei Wochen her, dass der Doktor unter Aufbietung aller seiner Kräfte das Kind dieses Mannes vor dem Tode bewahrt hatte. Um zu seinem Haus zu gelangen, war Dr. Saxon durch einen heftigen Schneesturm gefahren und hatte sich anschließend zu Fuß durch zwei Meter hohe Schneewehen gekämpft, da sein Pferd Ajax den Dienst verweigert hatte. Der Vorsitzende war ein einfacher und warmherziger Mann, der seine Kinder genauso sehr liebte wie alle anderen Väter auf dieser Erde. Wenn Dr. Saxon ihn gebeten hätte, sein letztes Stück Brot herzugeben, so hätte er ihm mit Freuden alles geschenkt, was er hatte.

»Jungs, der Doktor will etwas sagen. Offiziell gehört er zwar nicht hierher, aber ich denke, wir sollten ihn trotzdem anhören«, wandte er sich nun an die Versammlung.

»Einverstanden, lass ihn reden!«, schrien mindestens hundert Stimmen, und der Bergarbeiter setzte sich zufrieden.

Jetzt drehte sich Dr. Saxon um und musterte seine Zuhörer mit gerunzelter Stirn. Stuart dachte, dass er diese Szene sein Leben lang nicht vergessen würde, und auf einmal durchfuhr es ihn wie ein Blitz, dass der Doktor ihn vor einem Zusammenstoß mit diesen aufgebrachten Männern bewahren wollte. Sogar seine Liebe zu Rhena verblasste in diesem Augenblick neben der überwältigenden Zuneigung zu Dr. Saxon, die ihm beinahe die Tränen in die Augen trieb.

Keiner der Anwesenden konnte später die Spannung beschreiben, die sich plötzlich im ganzen Raum ausbreitete. Dr. Saxon blickte auf die Männer hinunter, mit denen er dreißig Jahre lang durch dick und dünn gegangen war. Unermüdlich war er ihnen zu Hilfe geeilt, wenn Krankheit oder Tod in den ärmlichen Hütten Einzug gehalten hatten, und bei jedem Unglücksfall in den Bergwerken war er sofort zur Stelle gewesen. Alle Leute wussten, dass sie mit dem Doktor zu jeder Tages- und Nachtzeit rechnen konnten und dass sich hinter seinem schroffen Ton eine gutmütige und freundliche Natur verbarg.

»Also«, begann Dr. Saxon abrupt, »sicher hat keiner von euch schon einmal erlebt, dass ich eine Rede gehalten habe, stimmt's?«

Daraufhin wurde es in der Halle so still, dass der Lärm vor der Tür noch deutlicher zu hören war. Niemand antwortete auf diese Frage, denn alle erwarteten gespannt, was der Doktor zu sagen hatte. Zweifellos gab es wenig, was diese rauen Männer überraschen konnte, doch der Anblick von Dr. Saxon auf dieser Bühne hatte für Aufsehen gesorgt.

Eindringlich fuhr der Doktor fort: »Ich habe auch heute Abend keineswegs vor, eine Rede zu halten, sondern ich will euch nur sagen, was ich von eurem Vorhaben halte. Wenn ihr diesen Plan tatsächlich durchführt, müsst ihr noch größere Idioten sein, als ich bisher geglaubt habe. Nur ein Schwachsinniger käme auf die Idee, dass es irgendjemandem nutzen könnte, die Pumpen in den Gruben zu zerstören. Wer wird denn darunter leiden? Etwa die Bergwerksbesitzer? Es wird ihnen nicht viel ausmachen, wenn sie ein kleines Stück ihres Vermögens einbüßen. Habt ihr denn nicht genügend Verstand, um zu begreifen, dass die Eigentümer diesen Verlust ganz gut verkraften werden? Aber ihr wärt diejenigen, die darunter leiden müssten! Wenn ihr diese Pumpen tatsächlich herausreißt, wäre das einzige Ergebnis, dass ich eine Menge eingeschlagener Köpfe und gefährlicher Schussverletzungen zu versorgen hätte.

Deshalb will ich euch von vornherein sagen, dass ich schon alle Hände voll zu tun habe und keinen Wert darauf lege, dass ihr mir zusätzliche Arbeit verschafft. Denkt also mal darüber nach, bevor ihr ein kleines Freudenfest mit diesen Pumpen veranstaltet, was ihr eigentlich damit erreichen wollt. Vielleicht wollt ihr ja tatsächlich, dass einige Hundert von euch erschossen werden oder dass man eure Dickschädel zertrümmert? Wenn ihr die Bergwerke flutet, können sie schlecht im Frühjahr wieder geöffnet werden, meint ihr nicht auch?

Auf jeden Fall will ich euch meinen Standpunkt klarmachen: Falls ihr euch auf einen Kampf mit der Staatsmiliz einlasst, braucht ihr hinterher nicht von mir zu erwarten, dass ich euch wieder zusammenflicke oder eure kaputten Körperteile amputiere. Stattdessen werde ich euch an die Grünschnäbel von Ärzten verweisen, die seit dem Ausbruch der Typhusepidemie ihr Unwesen treiben. Habt ihr das gehört? Ich werde keinen Finger mehr für euch rühren!

Natürlich verstehe ich euren Zorn auf die Bergwerksbesitzer, und ich bin davon überzeugt, dass diese Saubermänner – mit Ausnahme von Mr Duncan – am Jüngsten Gericht einiges zu erklären haben werden. Aber ihr tut euch keinen Gefallen, wenn ihr Gottes

Gericht beschleunigen wollt. Stellt euch doch nur vor, was die Folgen wären, wenn die Bergwerke weiterhin geschlossen bleiben müssten. Falls ihr die Finger davon lasst, sind die Eigentümer gezwungen, neues Erz fördern zu lassen, denn die Nachfrage nach Eisenerz steigt ständig. Wahrscheinlich werdet ihr auch höhere Löhne bekommen, aber nur, wenn ihr vernünftig seid. Was wollt ihr denn tun, wenn die Bergwerke zerstört sind?«

Der Doktor hielt einen Moment inne, und als er schließlich fortfuhr, klang seine Stimme so sanft, dass Stuart kaum seinen Ohren traute. Tiefe Trauer stand auf Dr. Saxons abgearbeitetem Gesicht, als er fortfuhr: »Ihr sagt, dass eure Kinder vor Hunger weinen. Die kleinen Geschöpfe, die dort draußen auf diesem Abhang begraben liegen, werden nie wieder Hunger leiden müssen. In diesem Winter habe ich mit ansehen müssen, wie Hunderte von ihnen diese grausame Welt verlassen haben, und jedes Mal hat es mir beinahe das Herz gebrochen. Aber Gott ist gnädig und wird eines Tages die Menschen zur Rechenschaft ziehen, die dafür verantwortlich sind. Keiner von euch kann behaupten, er wüsste nicht, dass ich nur euer Bestes im Sinn habe. Wenn ich euch einen Rat gebe, habe ich ausschließlich das Wohl eurer Not leidenden Familien im Auge.«

Nun wechselte der Tonfall des Doktors wieder, und er sprach mit schroffer Stimme weiter: »Jeder von euch weiß, dass nicht einmal mein Pferd Ajax so dumm ist, den Eimer umzuwerfen, der seinen Hafer enthält. Aber ihr habt genau das vor. Ich habe immer schon gesagt, dass die größten Holzköpfe auf dieser Welt in DeMott zu finden sind. Nirgends sonst habe ich so viele offene Schädel wieder zusammengeflickt, und ich habe mich entschlossen, dass ich von nun an alle leeren Stellen in diesen Köpfen mit Watte oder Holzwolle ausstopfen werde.«

In diesem Moment gab es eine kleine Störung an der Tür, und eine Stimme brach das gespannte Schweigen. »Ist der Doktor hier?«, schrie jemand. »Er soll sofort herauskommen, denn es hat eine Schlägerei gegeben, und Pat Penryck hat einen Schlag auf den

Kopf bekommen. Schickt schnell den Doktor nach draußen!«
»Hört ihr das?«, donnerte Dr. Saxon. »Wenn ihr tatsächlich die
Pumpen zerstört, werde ich vermutlich als Erster von der Miliz
erschossen, weil ich versuche, euch zu helfen. Und wenn ich nicht
mehr da bin, wer wird dann eure Lebensgeister wecken, wenn es
hart auf hart kommt? Falls ich allerdings nicht erschossen werde,
werde ich nach Chicago ziehen, wo ich hoffentlich nicht dafür sorgen muss, dass sich die Leute an ihren letzten Rest gesunden Menschenverstand erinnern!«

Nach diesen Worten sprang der Doktor von der Bühne und
bahnte sich einen Weg ins Freie, wo er sich so sorgfältig um den
Verletzten kümmerte, als handelte es sich um den Präsidenten der
Vereinigten Staaten höchstpersönlich. Zuerst wollte Stuart ihm folgen, doch dann änderte er seine Meinung und blieb in der Halle. Es
war nicht zu übersehen, dass Dr. Saxons Ansprache großen Eindruck auf die Bergarbeiter gemacht hatte. Sie waren an seine groben Beschimpfungen gewöhnt und schätzten ihn mehr als jeden
anderen Mann im Umkreis von hundert Meilen. Nachdem er ihnen
nun so unverblümt die Meinung gesagt hatte, waren sie gezwungen, über seine Worte nachzudenken.

In der nächsten halben Stunde spielte sich in dieser alten Halle
der letzte Akt des großen Streiks ab. Ein Mann nach dem anderen
erhob sich und bekräftigte, dass es Wahnsinn sei, die Bergwerke zu
fluten. Die Rede des Doktors hatte den Nagel auf den Kopf getroffen, denn plötzlich mahnten sogar diejenigen zur Vorsicht und
Zurückhaltung, die vorher geschworen hatten, alles, was den Bergwerksbesitzern gehörte, in Schutt und Asche zu legen. Allerdings
gab es einen zusätzlichen Faktor, den bisher noch niemand in
Betracht gezogen hatte.

Schon seit einigen Wochen stand die Gewerkschaft kurz davor,
sich aufzulösen. Eric hatte davon erfahren, bevor ihm klar geworden war, dass er keine Macht mehr über die Bergarbeiter besaß. An
diesem Abend wurden nun tatsächlich die kläglichen Überreste der

Gewerkschaft beseitigt. Sogar Stuart konnte erkennen, dass es nicht mehr lange bis zu einer endgültigen Entscheidung dauern würde. Ohne von den anderen beachtet zu werden, lehnte er stumm an einer Wand und lauschte der nun folgenden Debatte.

Zuerst wurden einige feurige Stimmen laut, die sich für den ursprünglichen Plan einsetzten und wieder dazu aufriefen, die Pumpen zu zerstören. Während dieser leidenschaftlichen Appelle schien die Menge hin- und hergerissen zu sein. Dann wurde die Auseinandersetzung jedoch mit einem Schlag beendet, denn ein riesiger Kerl erhob sich und betrat die Bühne. Es war Sanders, den Dr. Saxon früher einmal beschuldigt hatte, er würde sich die Stiefel mit dem von ihm verschriebenen Lebertran polieren. Mit dröhnender Stimme, die bis in den letzten Winkel der Halle drang, stellte Sanders jetzt den Antrag, dass der Streik beendet wurde.

Nach seinem Antrag brach im ganzen Saal Chaos aus und es erhob sich ein unbeschreiblicher Lärm. Draußen vor der Halle verbreitete sich in Windeseile die Nachricht von diesem ungeheuerlichen Vorschlag, und viele Männer draußen rasten vor Wut. Sie hämmerten gegen die Eingangstüren, worauf der Vorsitzende rasch zu einer Abstimmung aufrief. Mit einer Zwei-Drittel-Mehrheit wurde der Antrag schließlich angenommen.

Nach dieser Entscheidung versuchten die Arbeiter ins Freie zu gelangen, doch am Eingang wurden sie von der brüllenden Menschenmenge empfangen. Zwischen den beiden Gruppen kam es zu einem Handgemenge, bis sich die aufgebrachten Männer allmählich beruhigten und den Mitgliedern der gerade aufgelösten Gewerkschaft Platz machten. Als sich herumsprach, dass einer der angesehensten Männer aus DeMott sich ebenfalls für die Abstimmung ausgesprochen hatte, legte sich ihr Zorn und sie nahmen Vernunft an.

Stuart konnte sich dieses Ergebnis nur so erklären, dass die Männer im Grunde genommen längst genug von diesem Streik hatten. Vielleicht hatten sie nur darauf gewartet, dass jemand auf die

Bühne stieg und einen anderen Ton anschlug als die Führer der Gewerkschaft. Dann waren sie ihm gefolgt wie die Schafe einem neuen Hirten, und zehn Minuten später war die Gewerkschaft Schnee von gestern.

Trotzdem marschierten an diesem Abend noch einige Betrunkene zum Queen-Bergwerk in der Absicht, die Pumpen herauszureißen und so viel zu zerstören wie nur möglich. Doch die Miliz hatte mit diesem Anschlag gerechnet und vertrieb die Männer nach einem kurzen Gefecht. Glücklicherweise wurde niemand getötet, aber es gab einige Kopfverletzungen, die von harten Knüppeln oder schweren Erzbrocken herrührten. Stuart erfuhr erst am nächsten Morgen von dem Vorfall, denn Dr. Saxon hatte sich wie üblich um die Verletzten gekümmert. Während er die Verwundeten verband, hatte er ständig gebrummt, dies sei endgültig der letzte Fall, den er übernehmen würde.

Als Stuart die Versammlung verließ, hatte er das Gefühl, dass er an diesem Abend eine völlig unbedeutende Rolle gespielt hatte. In der ganzen Aufregung hatte man ihn kaum beachtet, und eigentlich war er nur ein stillschweigender Zuschauer gewesen. Natürlich war ihm klar, dass Dr. Saxons außergewöhnliche Rede – verbunden mit dem hohen Ansehen, das er unter den Bergarbeitern genoss – schließlich zu diesem unerwarteten Ergebnis geführt hatte. Stuart blickte sich auf der Straße um und entdeckte, dass die Männer in kleinen Gruppen über die Entscheidung diskutierten und sich fragten, wie wohl die Bergwerksbesitzer darauf reagieren würden.

Wenig später stand er neben Dr. Saxons Wagen und wartete auf die Rückkehr des Doktors, als sich plötzlich eine Hand auf seinen Arm legte. Rasch drehte er sich um und blickte in das Gesicht seines Freundes. Stuart konnte nicht wissen, dass Eric fast die ganze Strecke von Champion bis DeMott gerannt war.

»Eric!«, rief Stuart überrascht.

»Ich bin gerade rechtzeitig gekommen, um herauszufinden, dass ich genauso gut hätte zu Hause bleiben können«, sagte Eric. Dann fragte er besorgt: »Du bist doch nicht verletzt, oder?«

»Nein, es gab keinen Aufruhr«, antwortete Stuart. »Hast du schon gehört, dass der Streik zu Ende ist? Wie bist du denn hierher gekommen?«

»Ja, diese Neuigkeit hat sich schnell herumgesprochen. Ich bin gelaufen. Nie wieder werde ich dieser unbeständigen Menge Glauben schenken. Ich dachte, ich würde die Männer kennen, und hätte geschworen, dass nichts sie davon abhalten könnte, heute Abend noch alle Pumpen zu zerstören. Vermutlich zeigt das nur, dass ich keine Ahnung habe, was wirklich in ihnen vorgeht.«

»Nun, diese unerwartete Wendung haben wir einzig und allein Dr. Saxon zu verdanken. Ich habe noch nie eine so außergewöhnliche Rede gehört, wie er sie heute Abend gehalten hat«, erwiderte Stuart.

»Und du wirst auch nie wieder in diesen Genuss kommen«, sagte der Doktor, als er zu ihnen trat und Ajax losband. »Das war das erste und letzte Mal, dass ich auf eine Bühne gestiegen bin, und ich habe es nur getan, weil ich diesen nutzlosen Holzköpfen klarmachen wollte, was für unglaubliche Idioten sie sind. Schließlich habe ich nur selten Gelegenheit, gleich so vielen Männern auf einmal die Meinung zu sagen. Auf geht's, fahren wir nach Hause. Kommst du mit, Stuart?«

»Nur einen Augenblick, Doktor, ich bin gleich bei Ihnen!«, rief Stuart. Dann zog er Eric auf die Seite und sagte zu ihm: »Eric, du bist heute Abend hierher gekommen, weil du mich in dieser gefährlichen Situation nicht allein lassen wolltest. Das werde ich dir nie vergessen.«

Als sein Freund keine Antwort gab, fuhr er fort: »Ich weiß, dass es dir sehr viel ausmacht, dass die Männer nicht länger auf dich hören wollten. Aber werde nicht bitter deshalb.«

Da Eric immer noch hartnäckig schwieg, fragte Stuart schließlich: »Fährst du mit uns zurück? Wir haben Platz genug.«

Eric schüttelte den Kopf. »Nein, ich werde hier bei einigen Freunden übernachten und erst morgen nach Champion zurückkehren.«

Voller Mitgefühl legte Stuart seine Hand auf Erics Schulter und sagte schlicht: »Eric, ich habe dich sehr lieb.«

Da ging plötzlich ein Zucken über das Gesicht seines Freundes, und in der Dunkelheit rollte eine verstohlene Träne über Erics Wange. Rasch drehte er sich um und ging die Straße hinunter, während Stuart mit Dr. Saxon nach Champion aufbrach.

»Es ist ein harter Schlag für ihn, dass er seine Autorität bei den Bergarbeitern verloren hat«, bemerkte Stuart seufzend.

Der Doktor zog die Augenbrauen hoch. »Man soll seine Hoffnung eben nicht auf die Meinung der großen Masse setzen.«

Als sie das Zentrum der Stadt erreichten, leuchtete ihnen aus der Halle der Heilsarmee ein warmer Schein entgegen. Stuart kam es fast so vor, als sei dieses verwitterte Gebäude von der Herrlichkeit des Herrn erfüllt, die durch alle Ritzen nach außen drang. Unabhängig davon, welche Rolle er an diesem Abend gespielt hatte, wusste er, dass ein Mensch ihn von ganzem Herzen liebte. Rhena glaubte an ihn und war bereit, jede Verantwortung und jede Last mit ihm zu teilen, die die Zukunft bringen würde. Da sie einander vollständig vertrauten, war er davon überzeugt, dass sie gemeinsam noch viele Dinge bewältigen konnten. Seine Achtung und Bewunderung vor Rhena war noch gestiegen, nachdem sie ihn trotz ihrer Sorge nicht daran gehindert hatte, diese gefährliche Fahrt zu wagen.

Die nächsten Tage waren sehr aufregend, denn die Männer strömten zu den Bergwerken zurück und scharten sich um die Büros der Vorarbeiter neben den Fördermaschinenhäusern. Bisher hatten die Bergwerksbesitzer in Cleveland allerdings noch keine Anstalten gemacht, ihre Gruben wieder zu öffnen, und die Vorarbeiter in DeMott warteten vergeblich auf Anweisungen.

Stuart brauchte sich jedoch nicht nach den anderen Eigentümern zu richten und löste sein Versprechen ein, das er vor langer Zeit gegeben hatte. Er ließ überall Plakate aufhängen, die verkündeten, dass er jedem Bergarbeiter, der in seinen Gruben unter Tage arbeitete, zwei Dollar pro Tag bezahlen würde. Innerhalb einer Woche hatte er mehr Bewerber, als er beschäftigen konnte, und deshalb ließ er einige neue Schächte öffnen, die sein Vater noch vor seinem Tod erschlossen hatte. Auf diese Weise konnte er weitere fünfhundert Arbeitsplätze schaffen, doch als die Männer aus DeMott in Scharen über die Hügel kamen, konnte er nicht einmal ein Fünftel von ihnen einstellen.

Natürlich wusste Stuart, dass er sich unter den anderen Bergwerksbesitzern Feinde gemacht hatte, und er war darauf gefasst, dass sie versuchen würden, seine Geschäfte zu sabotieren. Solange die anderen Eigentümer jedoch stur blieben und sich weigerten, ihre Gruben wieder zu öffnen, konnte Stuart neue Absatzmärkte erschließen. Die Nachfrage nach Eisenerz stieg täglich, und dazu kam, dass in Stuarts Bergwerken besonders hochwertiges Erz abgebaut wurde. Daher konnte er es sich ohne weiteres leisten, seinen Bergarbeitern zwei Dollar pro Tag zu bezahlen.

Es stellte sich heraus, dass die Bergwerke in DeMott noch zwei Wochen lang geschlossen bleiben sollten. Nachdem die Eigentümer in Cleveland auf jede erdenkliche Weise versucht hatten, Stuart zum Einlenken zu zwingen, mussten sie schließlich einsehen, dass seine Position mit jedem Tag stärker wurde. Daher kündigten sie an, dass sie die Bergleute wieder einstellen würden, und boten ihnen eine Lohnerhöhung von zehn Cents an. Dieser Schachzug führte beinahe zu einem neuen Streik und zur Gründung einer neuen Gewerkschaft. Doch der lange Winter und die ungewohnte Untätigkeit, verbunden mit dem großen finanziellen Verlust, trieben die Männer aus DeMott dazu, dieses Angebot anzunehmen.

Auf diese Weise entstand eine Situation, die es in diesem Bergbaugebiet noch nie gegeben hatte. In der Stadt Champion erhielten etwa fünfzehnhundert Männer einen Lohn von zwei Dollar pro

Tag, während in den anderen Bergwerken ungefähr doppelt so viele Männer für einen Dollar und neunzig Cents arbeiteten. Zwei Monate später wurde der Schiffsverkehr auf den Seen wieder aufgenommen, und der Preis für das Eisenerz stieg so stark an, dass auch die Bergwerksbesitzer in DeMott ihre Löhne auf zwei Dollar erhöhten. Zuletzt erhielten die Männer also doch noch die Summen, für die sie gekämpft hatten, obgleich sie dies zum größten Teil Stuarts Standhaftigkeit verdankten. Doch der Streik hatte so viele Opfer gefordert, dass niemand in der Stimmung war, diesen Sieg zu feiern. Fast in jeder Familie hatte der furchtbare Winter seine Spuren hinterlassen, und als die ersehnte Lohnerhöhung endlich zugesagt wurde, brachten die Männer nicht mehr die Energie auf, sich so richtig darüber zu freuen.

Lange vor diesen Ereignissen begannen Stuart und Rhena, ihr gemeinsames Leben zu planen. Kurz nachdem die Bergwerke in Champion wieder geöffnet worden waren, verbrachten sie einen Tag in Cornish Town, um die Baustellen zu inspizieren. Stuart hatte alle Hebel in Bewegung gesetzt, damit die Häuser so schnell wie möglich errichtet wurden, und seine Bemühungen waren belohnt worden. Die meisten Gebäude konnten bereits innerhalb der nächsten beiden Wochen bezogen werden. Nachdem Stuart einem Bauarbeiter noch einige Anweisungen erteilt hatte, fragte er Rhena, ob sie ihn bis zu dem alten Baumstumpf begleiten würde, wo er ihr zum ersten Mal seine Liebe gestanden hatte.

Als sie dem schmalen Pfad bis an die bewusste Stelle gefolgt waren, wandten sie sich um und blickten auf die Stadt hinunter. Der Winter war noch nicht vorbei und über dem ganzen Tal lag immer noch eine dicke Schneedecke. Die Rufe der Bauarbeiter in Cornish Town waren deutlich zu hören, und von den Schornsteinen der Fördermaschinenhäuser stiegen große Rauchschwaden auf. Überall in den Erzlagern konnte man Leute erkennen, die froh darüber waren, endlich wieder arbeiten zu dürfen.

Nun zeigte Stuart auf den alten Baumstumpf und sagte: »Ich

glaube, ich werde hier ein kleines Häuschen bauen lassen. Wir könnten auf diesem Abhang ein eigenes Heim gründen, das sich kaum von den Häusern dort unten abheben würde. Was hältst du davon?«

»Aber von hier oben könnten wir ja auf sie herunterschauen und würden uns deshalb nicht auf dieselbe Stufe stellen wie sie«, widersprach Rhena mit einem verschmitzten Lächeln.

»Dafür hätten wir eine bessere Übersicht und könnten schneller herausfinden, wer unsere Hilfe braucht«, erklärte Stuart.

»Ich glaube nicht, dass dieser Baumstumpf groß genug ist, um das Fundament für unser Häuschen zu bilden«, meinte Rhena trocken. »Nachdem ich die Eingangstür aufgemacht hätte, müsste ich wieder aus dem Haus hinausgehen, um sie zu schließen.«

Stuart grinste. »Sie sind wirklich anspruchsvoll, junge Frau«, sagte er in scherzhaft tadelndem Ton. »Was wollen Sie eigentlich? Etwa einen Palast? Ich hatte geglaubt, ein Mädchen aus der Heilsarmee würde sich mit der bescheidensten Hütte zufrieden geben.«

»Stuart«, sagte Rhena ernst, »wir wissen beide, dass ich mit dir in das unscheinbarste Häuschen ziehen würde. Aber die Heilsarmee bedeutet mir sehr viel und ich kann sie nicht einfach verlassen.«

»Darum bitte ich dich doch überhaupt nicht«, erwiderte Stuart und warf seiner Verlobten einen liebevollen Blick zu. »Schließlich habe ich mich zuerst in deine Uniform verliebt, und ich hoffe sehr, dass du sie bei unserer Hochzeit tragen wirst.«

»Ich muss ständig an die armen Menschen denken, mit denen ich die letzten Jahre verbracht habe«, fuhr Rhena fort und ihre Augen füllten sich mit Tränen. »Ich kann es nicht ertragen, mir vorzustellen, dass sie mich in Zukunft für etwas Besseres halten, weil ich einen Bergwerksbesitzer heirate und in seinem großen Haus leben werde. Du verstehst doch, was ich meine, nicht wahr, Stuart? Wenn ich nicht so großes Vertrauen zu dir hätte und nicht fest davon überzeugt wäre, dass du dein Vermögen zum Wohle anderer Menschen verwenden willst, würde ich es niemals wagen, deine Frau zu werden. Sobald ich nur an dein großes Haus und deinen eleganten Lebensstil denke, läuft mir ein Schauer über den Rücken.«

»Wir werden Gott darum bitten, dass er uns zeigt, wie wir mit unserem Reichtum umgehen sollen. Bestimmt wird es uns viel Freude machen, dieses Problem gemeinsam zu lösen, glaubst du nicht auch?«, fragte Stuart. Er hatte so leise gesprochen, dass außer ihnen höchstens noch ein neugieriges Eichhörnchen verstehen konnte, was er gesagt hatte. Und das putzige Tierchen würde nichts verraten.

Schließlich setzten sie den Hochzeitstermin für die kommende Woche fest. Eine Zeit lang blieben sie neben dem Baumstumpf stehen und sprachen über das große Ereignis, bis Stuart plötzlich das Thema wechselte. »Louise und Tante Royal werden Anfang dieser Woche nach New York fahren. Ich bedauere sehr, dass es mir nicht gelungen ist, den Bruch mit Louise zu verhindern. Wir leben einfach in zwei völlig verschiedenen Welten.«

»Ich bin ganz sicher, dass du alles getan hast, was in deiner Macht stand«, versuchte Rhena ihn zu trösten. Da ihre Gedanken jedoch mit einem anderen Problem beschäftigt waren, fragte sie ein wenig schüchtern: »Die Mitglieder der Heilsarmee haben gefragt, ob wir in der Kirche heiraten werden. Würde es dir etwas ausmachen, in unserer Halle getraut zu werden?«

»Nein«, antwortete Stuart aufrichtig, denn er hatte noch nie großen Wert auf überflüssige Förmlichkeiten oder strenge Etikette gelegt. Zudem verstand er Rhenas Bitte sehr gut. Sie gehörte mit Leib und Seele zur Heilsarmee, und diese kleine Gruppe von Gefreiten und Offizieren hatte einen besonderen Platz in ihrem Herzen erobert. Und sie wollte diesen Leuten zeigen, dass sich daran auch in Zukunft nichts ändern würde.

Louise und Tante Royal waren bereits abgereist, als Stuart eine Woche später zu Erics Haus ging. Er hatte sich dort mit Andrew und Dr. Saxon verabredet, und anschließend holten die vier Freunde Rhena in ihrer Pension ab. Die Braut trug die Uniform der Heilsarmee, und Stuart verkündete, sie hätte kein schöneres und passenderes Kleid für diese Gelegenheit finden können. Überglücklich bot er Rhena seinen Arm, und begleitet von Eric, Andrew und dem Doktor marschierten sie zu der Halle, die für den Anlass mit Blumen geschmückt war.

Dort herrschte bereits große Aufregung. Die übrigen Mitglieder waren durch die Straßen gezogen und hatten ihre regelmäßigen Freiversammlungen abgehalten. Jetzt hatten sie sich hier eingefunden, um Braut und Bräutigam willkommen zu heißen. Die kleine Gruppe stand auf den Eingangsstufen und machte durch ihre Lautstärke wett, was ihr an Größe fehlte. Noch nie zuvor war die große Trommel mit so viel Hingabe geschlagen worden, und die Tamburins wurden mit solchem Nachdruck bearbeitet, dass weniger robuste Exemplare längst in Stücke gegangen wären. Joseph, der vor einigen Wochen mit seinem Zeugnis für große Heiterkeit gesorgt hatte, blies so eifrig auf seiner Flöte, dass ihm vor Anstrengung beinahe die Augen aus dem Kopf traten.

Rings um die Heilsarmee hatten sich Scharen von Bergarbeitern versammelt, die die kleine Prozession mit lauten Jubelrufen begrüßten. Nachdem die Musik verstummt war und die Ehrengäste die Halle betreten hatten, drängten die Wartenden ebenfalls durch die Tür, bis es in dem Gebäude keinen einzigen Stehplatz mehr gab.

Sobald sich die Heilsarmisten auf der Bühne aufgestellt hatten, folgten einige kurze Gebete und mehrere mitreißende Lieder. Danach hielt der Major eine bewegende Ansprache, die von den übrigen uniformierten Männern und Frauen immer wieder durch ein leises »Amen!« oder »Halleluja!« bekräftigt wurde. Obwohl es sich bei dieser Versammlung um einen Traugottesdienst handelte, wurde ein Opfer für den Dienst der Heilsarmee erhoben. Da die Bergarbeiter nun wieder Geld verdienten und dies eine besondere

Gelegenheit war, füllten sich die Tamburins bis zum Rand mit Silberstücken. Das gesammelte Geld würde der Grundstock sein für das Vorhaben, endlich ein richtiges Hauptquartier zu bauen.

Schließlich wurde es ganz still und die eigentliche Trauzeremonie begann. Andrew stellte sich vor Rhena und Stuart, die mitten auf der Bühne standen, während Eric und Dr. Saxon sich links hinter Stuart hielten. Zwar folgte die Trauung nicht den üblichen Abläufen eines Heilsarmee-Gottesdienstes, doch wie der unerschrockene Joseph hinterher bemerkte, war an diesem Abend einfach alles möglich. Andrew betete in so eindringlichen und schlichten Worten für das junge Paar, dass der Major später meinte, dieses Gebet könne sich durchaus mit allen anderen aufrichtigen Fürbitten in dieser Halle messen.

Ungeachtet des schäbigen alten Gebäudes und mancher unbekannter Heilsarmee-Rituale erlebte Stuart seine Trauung als eine erhebende und bewegende Feierstunde. Die junge Frau an seiner Seite, die soeben versprochen hatte, Hand in Hand mit ihm durchs Leben zu gehen, ließ alle Unzulänglichkeiten des Gottesdienstablaufs, alles Fehlen kirchlichen Prunks unwichtig erscheinen. Gemeinsam würden sie sich nun um die Nöte anderer Menschen kümmern, und deshalb erschien es ihm ganz natürlich, seine Hochzeit mit einfachen und ungebildeten Leuten zu feiern. Diese Bergarbeiter waren wertvolle Geschöpfe Gottes, und er war bereit, ihre Anliegen in Zukunft zu den seinen zu machen.

Ursprünglich hatte das Paar geplant, nach dem Gottesdienst noch eine Weile stehen zu bleiben und die Gäste persönlich zu begrüßen. Doch da die Menge vor der Tür lautstark Einlass begehrte, schlug der Major eine andere Prozedur vor. Alle Bergarbeiter stellten sich in einer Reihe auf und traten nacheinander zu dem Brautpaar, um ihre Glückwünsche auszusprechen. Danach gingen sie den Mittelgang entlang und verließen das Gebäude durch die Hintertür. Auf der Straße bildete sich eine Schlange, die bis hinter die Bühne auf dem Marktplatz reichte. Bevor Stuart und Rhena einen klaren Gedanken fassen konnten, stellten sie fest, dass sie nun mindestens zwei Stunden lang damit beschäftigt sein würden, einem nicht abreißenden Strom von Bergarbeitern die Hände zu schütteln.

»Werden Sie diese Strapaze durchhalten, Mrs Duncan?«, fragte Stuart zärtlich, während er in Rhenas strahlendes Gesicht blickte. Noch nie hatte sie so schön ausgesehen wie an diesem Abend.

»Sie haben wahrscheinlich vergessen, mein Herr, dass ich im Winter viele Stunden lang in dieser Halle gestanden habe. Sicher werden Sie vor mir schlappmachen«, erwiderte Rhena mit einem koketten Augenaufschlag. Dann fuhr sie in ernsterem Ton fort: »Ist das nicht lieb von ihnen, Stuart? Die guten Wünsche dieser einfachen Männer bedeuten mir mehr als aller Prunk und Reichtum der feinen Gesellschaft. Diese Leute schütteln uns die Hände, weil sie uns gern haben.«

»Ja, das stimmt!«, bestätigte Stuart, und der Stolz, den er für die Frau neben ihm mit ihrem wunderbaren Charakter und ihrer unvergleichlichen Schönheit empfand, war ihm deutlich anzusehen. »Die Bergarbeiter gehören zu uns, und diese Hochzeitsfeier übertrifft alle feierlichen Empfänge im schönsten Hotel von New York!«

Dr. Saxon, Andrew und Eric waren irgendwann unauffällig von der Bildfläche verschwunden. Nachdem das Brautpaar den letzten Gratulanten die Hände geschüttelt und die große Trommel einen letzten Wirbel von sich gegeben hatte, entdeckten Stuart und Rhena ihre drei Freunde neben einer wunderschönen neuen Kutsche, die über und über mit Fichtenzweigen geschmückt war. Dr. Saxon forderte sie mit einer Handbewegung auf, darin Platz zu nehmen, während er selbst auf den Kutschbock stieg.

»Was, Sie sind ja immer noch da, Doktor!«, rief Stuart erstaunt. »Als ich Sie nirgends mehr sehen konnte, war ich davon überzeugt, dass man Sie zu einem Notfall gerufen hat.«

»Es ist wirklich ein Wunder, dass das bisher noch nicht geschehen ist«, erwiderte Dr. Saxon. »Während der ganzen Zeremonie habe ich darauf gewartet, dass jemand den Kopf zur Tür hereinsteckt und flüstert: ›Ist der Doktor hier? Er soll sofort kommen, denn Lew Trethven hat sich wieder einmal ein Bein gebrochen.‹ Nun, seid ihr bereit? Eric, Andrew und ich werden euch nach Hause bringen, denn wir hatten befürchtet, dass ihr euch unterwegs verirren könntet.«

»Traust du dich, bei Dr. Saxon mitzufahren?« Stuart warf Rhena einen herausfordernden Blick zu.

»Mit dir trau ich mich immer«, lächelte sie glücklich, und die Menschenmenge beobachtete schmunzelnd, wie Stuart ihr einen zärtlichen Kuss gab, bevor er sie in den Wagen hob.

Dr. Saxon hatte das schnellste Pferd, das er im Stall des Hotels finden konnte, neben seinen Ajax gespannt, und es sollte sich bald herausstellen, dass das Gefährt nicht einfach zu lenken war. Die Bergarbeiter schrien ein letztes Hurra, als der Wagen mit dem frisch gebackenen Paar durch den Park schoss und in die Straße einbog, die zum Haus der Duncans hinaufführte.

Auf diese Weise begannen Stuart und Rhena ihr gemeinsames Leben in Begleitung ihrer treuen Freunde, die ihnen in so vielen einschneidenden Erfahrungen zur Seite gestanden hatten. Auch in Zukunft würden sie die Freundschaft dieser außergewöhnlichen Männer brauchen, zumal sie es zu ihrer Lebensaufgabe gemacht hatten, sich um das Wohlergehen der Bergarbeiter zu kümmern und deren Nöte als ihre eigenen zu betrachten. Nun waren sie Mann und Frau, und nicht einmal der Tod konnte ihre gegenseitige Liebe zerstören, nachdem Gott sie für immer miteinander verbunden hatte.

Genau eine Woche später fand in einem prächtigen Haus in New York die Hochzeit von Louise Duncan und Hal Vasplaine statt. Tante Royal, die diese Feier ausgerichtet hatte, schickte Stuart eine formelle Heiratsanzeige. Die kurze Notiz war ausschließlich an Stuart gerichtet und traf erst zwei Tage nach der Hochzeit ein. Stuart hatte

nicht einmal gewusst, dass seine Schwester bereits ein Datum festgelegt hatte, und er war tief bekümmert über ihre Heirat mit dem
Mann, den er nur als charakterlos bezeichnen konnte. Obwohl er
darunter litt, dass es zwischen ihm und seiner Schwester zu einem
offenen Bruch gekommen war, war er überglücklich in seiner eigenen Ehe. Rhena bedeutete ihm unendlich viel, und mit der Zeit ließ
der Schmerz nach, den ihm seine Schwester zugefügt hatte. Allerdings hörte er nicht auf, täglich für sie zu beten, und hoffte immer
noch, dass sie sich eines Tages wieder versöhnen würden.

Auch nachdem die Bergwerke wieder in Betrieb waren, waren
Stuart und Rhena von morgens bis abends beschäftigt. Die neuen
Häuser waren inzwischen fertig gestellt worden, doch Stuart überlegte bereits, ob man die übrigen Hütten auf den nahe gelegenen
Hügeln nicht ebenfalls abreißen und durch neue Wohnungen ersetzen sollte. Diese Idee traf jedoch auf unerwarteten Widerstand sei-
tens der Bergarbeiter, die es gar nicht schätzten, dass Stuart sich in
ihr Leben einmischte.

»Das ist der undankbarste Haufen, den man sich vorstellen
kann«, meinte Dr. Saxon, den Stuart in seine Pläne eingeweiht hatte. »Wenn ich an deiner Stelle wäre, würde ich jemanden damit
beauftragen, diese erbärmlichen Hütten in einer windigen Nacht
anzuzünden und bis auf die Grundmauern niederzubrennen. Diese
Männer haben nicht einmal genug Verstand, um einen Wettstreit
mit Schwachsinnigen zu gewinnen!«

Während Stuart noch darüber nachgrübelte, wie er dieses Prob-
lem am besten lösen konnte, trieb er den Bau des gemeinnützigen
Gebäudes mit großen Schritten voran. Zu diesem Thema wurden in
Erics Haus, Andrews Hotelzimmer oder in der großen Villa der
Duncans lange Besprechungen abgehalten.

Bei einem dieser Treffen schlug Rhena ein weiteres Projekt vor.
Zuerst protestierten Eric und Andrew heftig gegen ihre Idee, doch
nach einer Weile gaben sie schließlich ihre uneingeschränkte
Zustimmung. Rhena hatte den Gedanken gehabt, das geräumige

Haus der Duncans in ein Krankenhaus zu verwandeln, das von Dr. Saxon geleitet werden sollte. Dem jungen Ehepaar erschien die riesige Villa viel zu groß, um allein darin zu wohnen, und außerdem wollten sie gerne näher bei der Stadt leben. Stuart hatte schon damit begonnen, ein Haus zu entwerfen, das ihren Vorstellungen von einem Heim entsprach. In Zukunft waren sie dann näher bei ihren Freunden und schneller erreichbar, wenn jemand Hilfe brauchte.

Rhena brachte weiterhin viele Stunden damit zu, ihre Pflichten innerhalb der Heilsarmee zu erfüllen, und mittlerweile hatten die Leute begriffen, dass die junge Frau seit ihrer Heirat nicht weniger um sie besorgt war. Der größte Wunsch des jungen Paares war, dass so viele Menschen wie möglich errettet wurden, und sie wollten alles dazu tun, um die Not ihrer Mitmenschen zu lindern. Die große Villa der Familie Duncan eignete sich gut für ein Krankenhaus, und die Pläne fanden überall große Unterstützung. Dr. Saxon hatte wirklich einen Platz verdient, wo er sich auf seine alten Tage nützlich machen und gleichzeitig ein wenig kürzer treten konnte.

Eines Abends im Frühjahr sprachen Stuart und Rhena über ihre verschiedenen Projekte. Für das geplante Bürgerzentrum in Champion wurde soeben das Fundament gelegt, und sie riefen sich noch einmal ins Gedächtnis, welche Ziele sie sich für diese Halle gesteckt hatten. Da es schon recht spät am Abend war, brannten einige Lichter im Haus. Draußen nieselte es ein bisschen, doch der kräftige Wind, der durch die hohen Kiefern fuhr, kündigte einen starken Sturm an. Stuart saß am Esszimmertisch, auf dem lauter Pläne und Zeichnungen verstreut lagen, während Rhena im Zimmer auf und ab ging. Die beiden unterhielten sich angeregt, als plötzlich die Türglocke läutete.

Sofort hatte Stuart das Gefühl, dass irgendetwas passiert war. Er eilte zur Tür, und als er sie aufriss, blies der Wind einen Regenschauer herein, der die Luft in der Eingangshalle mit dem kräftigen Aroma von nassen Kiefern erfüllte.

Doch Stuart stand wie angewurzelt und hatte nur Augen für die zusammengesunkene Gestalt auf den Stufen.

Die junge Frau wirkte so zerbrechlich, als ob der Wind sie gleich davonwehen würde. Als Stuart sie hochhob, dachte er nur, dass seine Schwester sich schließlich doch noch daran erinnert hatte, dass sie in seinem Haus immer willkommen war. Jetzt war sie tatsächlich zurückgekehrt – und nach so kurzer Zeit! Behutsam trug er sie in das Zimmer, in dem sein Vater gestorben war, und legte sie auf dasselbe Bett. Als Rhena ihrer Schwägerin vorsichtig den nassen Mantel auszog, rührte sich Louise plötzlich. Sie öffnete die Augen und blickte Stuart und Rhena an, und dieser verzweifelte Gesichtsausdruck sollte sich unauslöschlich in ihr Gedächtnis einprägen. Louise sagte ihnen deutlicher, als alle Worte es ausdrücken konnten, dass sie nach Hause gekommen war, um zu sterben.

Treue Verwalter

Einen Augenblick lang schaute Louise die beiden an, als würde sie sie erkennen. Dann setzte sie sich auf, wobei sie sich mit der einen Hand auf dem Bett abstützte und mit der anderen nach irgendetwas zu suchen schien. Ihre Augen waren unnatürlich weit aufgerissen.

»Wo ist Vater? Weißt du nicht, dass er schwer verletzt ist, Stuart? Die Pferde sind durchgegangen und wir wurden aus der Kutsche geschleudert. Warum holt nicht endlich jemand den Doktor?« Ihre Stimme klang schrill, und ihr Blick irrte suchend durch den Raum.

Rasch ging Rhena hinaus um Dr. Saxon holen zu lassen. Stuart war neben dem Bett auf die Knie gefallen, und was nun folgte, war eine der qualvollsten Stunden seines Lebens. Louise redete wirr und weinte immer wieder bitterlich. Anscheinend ließ sie die Vergangenheit noch einmal Revue passieren, denn sie wiederholte manche Gespräche Wort für Wort, die sie nach Ross Duncans Tod mit ihrem Bruder geführt hatte. Zwischendurch erwähnte sie jedoch einige Ereignisse, die nach ihrer Abreise aus Champion stattgefunden hatten. Stuart fuhr ein Schauer über den Rücken, als er hörte, was seine Schwester durchgemacht hatte, und zuletzt musste er sich die Ohren zuhalten, weil er diese schrecklichen Phantasien nicht mehr ertrug. Er wagte sich kaum vorzustellen, was zu diesem erbarmungswürdigen Zustand seiner Schwester geführt haben konnte.

Als Dr. Saxon schließlich eintraf, lag Louise wimmernd auf dem Bett. Der Doktor trat zu ihr und rief leise ihren Namen. Da öffnete sie die Augen, schaute ihm ins Gesicht und schrie plötzlich hysterisch: »Doktor, Doktor, retten Sie mich! Ich werde verrückt! Ich bin wahnsinnig!«

»Du armes Kind«, war alles, was Dr. Saxon sagte.

Wieder brach Louise in einen Weinkrampf aus. Dabei erwähnte sie den Namen ihrer Tante in so hasserfülltem Ton, dass sogar der Doktor zusammenzuckte. Schließlich fiel sie mit einem Schlag auf die Kissen zurück und lag so still da, dass Stuart schon glaubte, das Ende sei gekommen.

Wie betäubt standen Stuart und Rhena neben dem Bett. Dr. Saxon tat alles, was in seiner Macht stand, doch auch er konnte nicht viel ausrichten. Nach etwa dreißig Minuten erwachte Louise aus ihrem tiefen Erschöpfungszustand und schrie laut auf. Dieses Mal rief sie Vasplaines Namen, und ihre Stimme enthielt solchen Horror, dass Stuart es nicht länger aushielt. Leise ging er in ein anderes Zimmer, und Rhena folgte ihm.

»Das ist einfach schrecklich«, stöhnte er. »Was denkst du, was das alles zu bedeuten hat? Was hat dieser Verbrecher ihr angetan?«

»Wahrscheinlich hat er sie verlassen und außerdem ...« Rhena hielt abrupt inne. Da Louise keine genauen Einzelheiten berichtet hatte, konnten sie über den Rest nur Spekulationen anstellen. Auf jeden Fall war Louises plötzliches Auftauchen ein ungeheurer Schock.

»O Gott, rette ihr Leben!«, flüsterte Stuart.

»Und heile sie von diesem Wahnsinn«, fügte Rhena ernst hinzu.

Kurz darauf kehrten sie zu Louise zurück und wachten mit Dr. Saxon die ganze Nacht an ihrem Bett. Der Doktor hatte die Befürchtung geäußert, dass sie versuchen könnte, aus dem Haus zu gehen, wenn man sie allein ließ. Draußen tobte ein mächtiger Sturm, dessen Heulen an einen monotonen Klagegesang erinnerte.

Beim ersten grauen Licht der Morgendämmerung bemerkte der Doktor eine Veränderung in Louises Zustand. Nachdem er sie die ganze Nacht lang beobachtet hatte, gab er Stuart nun einen Wink, ihm in die Bibliothek zu folgen.

»Sie ist außer Lebensgefahr«, sagte er. Stuart war so erschöpft und besorgt, dass die gute Nachricht kaum bis in sein Innerstes vordrang, während Dr. Saxon fortfuhr: »Sie hat irgendeinen furchtbaren Schock erlebt, von dem sie sich vielleicht nie wieder erholen wird. Aber da sie eine Duncan ist, ist alles möglich! Ich denke, dass sie sich heute ziemlich ruhig verhalten wird, doch falls es anders kommen sollte, ruft mich sofort.«

Voller Mitgefühl drückte er Stuarts Hand und fuhr anschließend durch den tobenden Sturm nach Hause. Eine Stunde später entdeckte Stuart jedoch, dass der Buggy des Arztes bereits wieder den Hügel hinaufraste und in die alte Beury-Straße einbog. Sicher hatte es irgendwo auf den Hügeln einen Notfall gegeben, und Dr. Saxon eilte wie üblich herbei. Wie dieser Mann ohne Schlaf auskommen konnte, war allen Leuten in Champion ein Rätsel.

Während des ganzen Tages und der darauf folgenden Nacht befand sich Louise in einem völlig apathischen Zustand. Wenn Stuart sie mit ihrem Namen anredete, schien sie ihn zu erkennen, doch sie zeigte keinerlei Überraschung darüber, wieder in ihrem früheren Zuhause zu sein. Allmählich begriffen Stuart und Rhena, dass in Louises Gedächtnis fast alle Erinnerungen an die Zeit nach ihrer Hochzeit ausgelöscht waren. Sie lag stundenlang schweigend auf ihrem Bett und starrte an die Zimmerdecke. Ihre großen Augen waren immer noch genauso schön wie früher, doch ihr hübsches Gesicht sah bleich und verhärmt aus. Wenn sie etwas sagte, hatte ihre Stimme denselben gereizten Ton wie in der Vergangenheit, als sie sich mit ihrem Bruder hitzige Wortgefechte geliefert hatte.

Allerdings schien sie zu Stuarts heimlicher Erleichterung keine Abneigung gegen Rhena zu hegen. Sie betrachtete die liebevolle Pflege und Aufmerksamkeit ihrer Schwägerin als Selbstverständlichkeit und äußerte nie ein Wort des Dankes. Während ihre körperlichen Kräfte mit jedem Tag nachließen, stellte sie immer größere Forderungen, so dass Rhena von morgens bis abends damit beschäftigt war, Louises Wünsche zu erfüllen. Ständig verlangte Louise die ausgefallensten und anspruchsvollsten Mahlzeiten, und sie bestand darauf, dass ihr Zimmer mit teuren Blumen geschmückt wurde.

Da sie ihrem Bruder ständig in den Ohren lag, er solle ihr Juwelen kaufen, ging Stuart eines Tages in sein Büro in der Stadt und öffnete den Tresor. Er holte ein Diamantenkollier, eine Perlenkette, ein Armband aus Rubinen und mehrere Türkisringe heraus, die er dort seit dem Tod seiner Mutter aufbewahrte. Ross Duncan hatte diese Schmuckstücke für seine Frau gekauft, nachdem er seine erste Million verdient hatte. Der Gesamtwert dieser wenigen Stücke hätte ausgereicht, um mindestens zwölf Familien ihr Leben lang zu ernähren. Trotzdem hatte Mrs Duncan für dieses »Spielzeug«, wie sie es nannte, nicht viel übrig gehabt und hatte den Schmuck nur sehr selten getragen. Ross Duncan hatte die Juwelen seinem Sohn hinterlassen, da er sie als Familienerbstücke betrachtete.

Louise war völlig aus dem Häuschen, als Stuart ihr den Schmuck überreichte, und stellte ihn bei jeder Gelegenheit zur Schau. Stuart fand es beinahe abstoßend, wie viel ihr diese glitzernden Steine bedeuteten. Sie legte das Diamantenkollier und die Perlenkette um ihren dünnen, blassen Hals und trug manchmal sogar beide Schmuckstücke gleichzeitig. Natürlich durften auch das Armband und die Ringe nicht fehlen. Da sie außerdem unablässig um neue Kleider bat, schlug Stuart seiner Frau vor, einige seidene Gewänder seiner Mutter hervorzuholen, die auf dem Speicher in einer Truhe lagen. Nachdem man sie ein wenig geändert hatte, passten sie Louise ganz gut, und obgleich die Kranke nur wenige Stunden am Tag auf einem Stuhl sitzen konnte, zeigte sie ein kindliches Entzücken über die schönen Stoffe. Mit Rhenas Hilfe hielt sie sich einen Handspiegel vors Gesicht und musterte ihre eigene Erscheinung mit großem Wohlgefallen.

Eines Tages schlüpfte Rhena aus Louises Zimmer und betrat die Bibliothek, als Stuart gerade aus dem Esszimmer kam, wo er einige Baupläne studiert hatte.

»Oh, Stuart!«, schluchzte Rhena, nachdem sie die Tür geschlossen hatte, damit Louise sie nicht hören konnte, »es ist einfach furchtbar! Sie von Kopf bis Fuß neu einzukleiden und mit Juwelen zu schmücken kommt mir so vor, als würde man dem Tod selbst ein prächtiges Gewand umlegen. Es ist so grotesk, dass mir beinahe das Herz bricht! Ich wünschte so sehr, wir würden die eigentliche Ursache ihrer Krankheit kennen, dann könnten wir ihr vielleicht helfen, wieder zu klarem Verstand zu kommen. Doch ich fürchte ...«

»Was fürchtest du, mein Liebling?«, fragte Stuart, während er sie tröstend an sich drückte. Er dachte daran, wie liebevoll Rhena für seine Schwester sorgte.

»Ich fürchte nur, dass sie nicht mehr viel Zeit hat. Mit jedem Tag wird sie schwächer, und sie scheint förmlich dahinzuschwinden.«

Bedrückt antwortete Stuart: »Ich weiß, mein Schatz. Dr. Saxon hat alles getan, was in seiner Macht steht, doch auch er kann uns keine Hoffnung machen.« Er schwieg einen Augenblick, bevor er mit ruhiger und entschlossener Stimme fortfuhr: »Ich werde nach New York fahren und Tante Royal aufsuchen. Irgendwie werde ich dieses Rätsel lösen. Auf meine Briefe habe ich bis jetzt keine Antwort erhalten, und alle meine Bemühungen, Vasplaine zu finden, waren vergeblich. Nicht einmal seine Familie weiß, wo er steckt. In New York kann ich dann gleich einige Angelegenheiten erledigen, die im Zusammenhang mit unseren Bauprojekten stehen, und ich gehe davon aus, dass ich noch in dieser Woche zurückkehren werde.«

Stuart traf in New York ein, kurz bevor seine Tante ihre Koffer packen und eine längere Reise ins Ausland antreten wollte. Einer der Dienstboten führte ihn in das riesige Wohnzimmer der prächtigen Villa. Dort stellte er sich ans Fenster und wartete auf die Ankunft seiner Tante. Bei dem Gedanken an Louise wurde sein Herz schwer, und er versuchte sich für das kommende Gespräch zu wappnen. Bestimmt würde die Unterhaltung sehr schwierig werden, und Stuart überlegte, wie er sich als Christ in dieser unangenehmen Situation zu verhalten hatte.

Als Tante Royal schließlich auftauchte, fuhr Stuart vor Schreck zusammen, denn er hatte nicht gehört, wie sie den Raum betrat. Die elegante Villa war überall mit dicken Teppichen ausgelegt, die jedes Geräusch verschluckten. Nirgends deutete irgendetwas darauf hin, dass Tante Royals Vater ein einfacher Gärtner gewesen war und sie ihr Vermögen in Mietskasernen und Kneipen investiert hatte.

»Welch eine freudige Überraschung, dich zu sehen, Stuart«, begrüßte ihn die ältere Dame mit konventioneller Höflichkeit.

»Du weißt sicher, warum ich hier bin, Tante Royal«, sagte Stuart ohne Umschweife.

»Nein, das kann ich nicht behaupten. Ich nehme an, dass du in New York einige Geschäfte zu erledigen hast, die wahrscheinlich mit deinen Wohltätigkeitsprojekten in Champion zu tun haben. Wie ich gehört habe, ist dieser Streik endlich vorbei. Vermutlich haben die Bergarbeiter ihre Lektion gelernt.«

»Tante Royal«, erklärte Stuart entschlossen, ohne auf ihre Worte einzugehen, »ich bin hierher gekommen, um die Wahrheit über Louise herauszufinden. Bitte erzähl mir alles, was du weißt. Vielleicht können wir ihr dann helfen, wieder zu klarem Verstand zu kommen, bevor sie stirbt. Wenn du also irgendetwas weißt, dann sag es mir bitte!«

Das Gesicht seiner Tante wurde eine Spur blasser, als sie fragte: »Was meinst du damit, dass sie wieder zu klarem Verstand kommen soll?«

»Louise ist völlig verwirrt«, antwortete Stuart ernst. »Sie erinnert sich an nichts mehr, was nach ihrer Hochzeit passiert ist. Sie muss in dieser Zeit irgendeinen furchtbaren Schock erlebt haben. Natürlich wissen wir, dass Vasplaine auf Nimmerwiedersehen verschwunden ist. Aber Louise wird bald sterben. Wenn wir nur ...« Plötzlich hielt Stuart inne, denn ihm stockte beinahe das Herz, als er den Ausdruck auf dem Gesicht seiner Tante bemerkte. Sie schaute ihn nicht offen an, doch ein großer Spiegel auf der gegenüberliegenden Wand offenbarte die Herzlosigkeit und die große Selbstsucht, die aus ihren Zügen sprach. Tante Royal kümmerte sich um nichts anderes als ihre gesellschaftliche Stellung, und die Nöte und Bedürfnisse einer leidenden Menschheit ließen sie völlig kalt.

Nun sagte sie mit ihrer glatten und selbstzufriedenen Stimme: »Kurz nach ihrer Heirat ist Louise in die Flitterwochen gefahren. Das junge Paar ist zunächst in den Süden gereist und hat anschließend einen Abstecher nach Westen gemacht. Nachdem die beiden zurück waren, haben sie eine Suite in einem nahe gelegenen Hotel gemietet. Ich habe Louise immer wieder getroffen, doch wir haben uns nur flüchtig unterhalten. Vasplaine hat wohl öfter viel getrunken und es gab einige Schwierigkeiten. Als er sie schließlich verlassen hat, war ich genauso überrascht wie alle anderen.«

Jetzt machte sie eine Pause und Stuart schwieg ebenfalls. Auf dem Kaminsims schlug eine große goldene Uhr, und Tante Royal wandte ihren Kopf ein wenig zur Seite. Stuart beobachtete sie immer noch im Spiegel, als könne er sich nicht von diesem entsetzlichen Anblick losreißen.

»Wann hat Louise New York verlassen, um wieder nach Champion zu fahren?«, erkundigte er sich schließlich.

»Das weiß ich nicht«, erwiderte seine Tante leicht verärgert.

»Willst du damit sagen, Tante Royal, dass Louise nicht zu dir gekommen ist, nachdem Vasplaine sie verlassen hat?«, fragte Stuart ungläubig. Er trat direkt vor sie hin und blickte sie so entschlossen an, als wüsste er die Antwort bereits.

Nun wurde die ältere Dame noch blasser. Obwohl sie sich große Mühe gab, ruhig und gelassen zu bleiben, konnte sie ihren Zorn nicht völlig verbergen.

»Ich habe dir doch gesagt, dass ich sie nicht mehr gesehen habe, nachdem dieser Mann sie so schändlich im Stich gelassen hat«, entgegnete sie. »Wie sich herausgestellt hat, ist Vasplaine ein Spieler von der übelsten Sorte, der mit Louises Geld um sich geworfen hat. Ich habe keine Ahnung, wo er jetzt steckt.«

»Danach habe ich auch nicht gefragt«, sagte Stuart kühl. »Ich sorge mich ausschließlich um Louise.«

Einen Augenblick dachte er nach, doch er konnte den Eindruck nicht abschütteln, dass seine Tante ihn absichtlich belog. Allerdings hatte er keine Möglichkeit, es zu beweisen. Dass sie die Frechheit aufbrachte, ihm einfach ins Gesicht zu lügen, ließ ein würgendes Gefühl in ihm aufsteigen, und er wollte dieses Haus so schnell wie möglich verlassen.

»Möchtest du nicht zum Essen bleiben?«, erkundigte sich seine Tante höflich, als er sich zum Gehen wandte.

»Nein, vielen Dank«, erwiderte Stuart, »ich werde heute Nachmittag wieder nach Champion fahren.«

»Ich hoffe sehr, dass die arme Louise sich rasch erholen wird«, erklärte Tante Royal. Bevor sie noch etwas hinzufügen konnte, betrat ein Dienstbote den Raum und teilte ihr mit, dass sie am Telefon verlangt werde. Der Anruf war wichtig und hatte etwas mit ihrem geplanten Auslandsaufenthalt zu tun.

»Bitte entschuldige mich. Falls es dir nichts ausmacht, werde ich mich jetzt gleich verabschieden«, sagte sie steif und ging hinaus.

Stuart hatte schon seinen Mantel angezogen, als ihn der Diener, der ihm die Tür geöffnet hatte, unvermittelt ansprach. »Ich kann Ihnen noch etwas über Ihre Schwester erzählen, Sir, falls Sie noch einen Augenblick Zeit haben.«

»Selbstverständlich, ich möchte alles wissen«, antwortete Stuart überrascht. Zuerst nahm er an, der Mann wolle nur einige Gerüchte ausplaudern, die er irgendwo aufgeschnappt hatte, oder erhoffe sich ein anständiges Trinkgeld. Aber da er auf jede Information angewiesen war, blieb er stehen.

»Ich habe nicht genug Zeit, um Ihnen die ganze Geschichte zu erzählen«, flüsterte der Diener, »aber vor ungefähr einer Woche ist Mrs Vasplaine abends hierher gekommen, und ich konnte nicht überhören, was sich im Wohnzimmer abgespielt hat. Sie bat ihre Tante inständig, sie bei sich aufzunehmen, bis sie eine andere Unterkunft gefunden hätte. Ihr Ehemann war mit der Frau eines anderen durchgebrannt und hatte ihr ganzes Geld verspielt. Ich hatte den Eindruck, dass diese Schande Mrs Vasplaine beinahe um ihren Verstand brachte.

Sie flehte ihre Tante an, ihr zu helfen, doch die zog diese Möglichkeit nicht einmal in Betracht, weil sie an den damit verbundenen Skandal dachte. Sie kümmerte sich nur darum, was die feine Gesellschaft dazu sagen würde, und so ging Mrs Vasplaine schließlich unverrichteter Dinge wieder fort. Sie sah so aus, als wollte sie sich gleich ertränken, und deshalb bin ich zur Hintertür hinausgeschlüpft und ihr ein Stück gefolgt. Dann konnte ich beobachten, wie sie in einen Bus stieg, und seither habe ich sie nie wieder gesehen. Das ist die volle Wahrheit, Sir, und ich erzähle sie Ihnen, weil ich nächste Woche sowieso eine neue Stellung antrete. Es tut mir Leid, das zu sagen, Sir, aber lieber würde ich für den Teufel arbeiten als für diese herzlose Frau.«

Stuart ballte die Fäuste und unterdrückte ein Stöhnen. Zu seinem großen Erstaunen entdeckte er plötzlich Tante Royal, die mit flammend rotem Gesicht in der Eingangshalle stand. Offenbar hatte sie das Foyer durch eine Seitentür betreten. Stuart wusste nicht, wie viel sie von der Geschichte des Dieners mitbekommen hatte, doch es war anscheinend genug, um ihr klarzumachen, dass Stuart nun Bescheid wusste.

»Das ist eine unverschämte Lüge!«, rief sie laut.

Zum ersten Mal erlebte Stuart, dass seine Tante tatsächlich die Beherrschung verlor. Er stand mit dem Rücken zur Vordertür und sah sie einen Augenblick lang schweigend an. Dann drehte er sich ohne ein weiteres Wort um und ging.

Der warme Sonnenschein erschien ihm wie ein menschliches Wesen, als er die Tür hinter sich zuschlug und mit raschen Schritten davoneilte. Wenigstens kannte er jetzt die Wahrheit. Stuart hatte keinen Zweifel daran, dass Louise in der Stunde ihrer größten Not bei ihrer Tante Zuflucht gesucht hatte. Aber diese hartherzige Person hatte ihre Nichte fortgeschickt, weil sie ihre gesellschaftliche Stellung nicht in Gefahr bringen wollte. Obwohl Stuart dem Diener sofort geglaubt hatte, wurde die Geschichte später noch von einigen seiner New Yorker Bekannten bestätigt.

Bevor er nach Champion zurückkehrte, fügte er die verschiedenen Puzzleteilchen Stück für Stück aneinander und hatte schließlich eine ziemlich genaue Vorstellung davon, wie Vasplaine Louise zuerst finanziell ruiniert und sie anschließend verlassen hatte. Louise hatte in der Großstadt keine Freunde und war plötzlich ganz auf sich gestellt gewesen. So war es ganz natürlich, dass sie sich zu ihrer einzigen Verwandten geflüchtet hatte. Vermutlich war ihr Verstand zu diesem Zeitpunkt bereits verwirrt gewesen durch die Schicksalsschläge, die sie durchgemacht hatte. Zuerst konnte Stuart kaum fassen, dass Vasplaine so rasch an Louises Geld gelangt war und es bis auf den letzten Cent verschwenden konnte. Je mehr er jedoch über diesen Mann erfuhr, desto deutlicher wurde ihm bewusst, dass Louise ihm völlig vertraut hatte und sich von seiner äußeren Erscheinung hatte blenden lassen. Nachdem er sie verlassen hatte, war sie am Boden zerstört und hatte keine Menschenseele mehr, an die sie sich wenden konnte.

Dass Tante Royal es abgelehnt hatte, sie bei sich aufzunehmen, schien der Tropfen gewesen zu sein, der das Fass zum Überlaufen gebracht hatte. Stuart sollte nie erfahren, was Louise zwischen ihrer Unterhaltung mit Tante Royal und ihrer Ankunft in Champion gemacht hatte. Wenigstens zwei Tage lang musste sie ziellos umhergewandert sein, oder sie war womöglich in einen Zug gestiegen, der in die falsche Richtung gefahren war. Fiebrig und verwirrt, wie sie war, hatte sie doch offenbar gerade noch lange genug durchgehalten, um es in jener stürmischen Nacht bis vor Stuarts Haustür zu schaffen.

Viele bittere Gedanken bewegten Stuart während seiner Heimfahrt. Er fürchtete sich beinahe davor, aus dem Zug zu steigen, weil er sich mit Schrecken daran erinnerte, wie Dr. Saxon ihn damals empfangen und ihm mitgeteilt hatte, sein Vater sei gestorben. Doch glücklicherweise wartete auf dem Bahnsteig niemand auf ihn, und als er nach Hause kam, stellte er erleichtert fest, dass Louise in einem Stuhl saß und nicht schlechter aussah als vor seiner Abreise. Um ihretwillen bemühte er sich um ein heiteres und hoffnungsvolles Gesicht, denn Dr. Saxon hatte gesagt, sie könne diesen Sommer noch überstehen, auch wenn sie von ihrer Krankheit nicht mehr genesen würde. Trotz dieses ständigen Schattens ließen sich Stuart und Rhena nicht davon abbringen, den Bewohnern von Champion zu helfen. Indem sie sich um Louise kümmerten und sie aufopferungsvoll pflegten, schienen ihre gegenseitige Liebe und die Liebe zu ihren Mitmenschen noch zu wachsen.

Der Bau des Bürgerzentrums machte große Fortschritte, und Stuart war fest entschlossen, die Halle noch vor Anfang des Winters einzuweihen. Zu diesem Zweck hatte er die besten Bauarbeiter angeheuert, die er finden konnte. Bis das Projekt jedoch so weit gediehen war, hatten er, Andrew, Eric, Dr. Saxon und Rhena zusammen mit einigen anderen Leuten aus Champion viel Zeit und Mühe in die Pläne für dieses Gebäude gesteckt. Die Halle wurde gegenüber der St. Johannes-Kirche auf einer Seite des Platzes errichtet, wo Stuart einige verfallene Gebäude, die auf einem seiner Firmengrundstücke standen, abgerissen hatte. Während die Halle gebaut wurde, legte Stuart ganz in der Nähe den Grundstein zu seinem eigenen Haus.

Wenige Tage nach Stuarts Rückkehr aus New York waren Eric und Andrew auf seine Bitte hin in die Villa der Duncans gekommen. Die Gäste saßen mit Stuart und Rhena in der Bibliothek und sprachen über einige Pläne, die endlich Gestalt angenommen hatten. Eric arbeitete wieder wie früher unter Tage, doch er schien immer noch eine gewisse Bitterkeit zu hegen, weil er seinen Einfluss auf die Bergarbeiter verloren hatte. Heute konnte er an diesem Treffen teilnehmen, weil die Bergarbeiter einen freien Tag hatten.

»Ich bin nicht sicher, ob ich diesen Teil des Plans richtig verstehe«, meinte Andrew und beugte sich über die großen Zeichnungen, die auf dem Tisch ausgebreitet waren. Nachdem Stuart ihm erklärt hatte, was er wissen wollte, drehte sich das Gespräch wieder einmal um den generellen Zweck des Gebäudes.

»Was genau soll eigentlich hier stattfinden?«, fragte Eric und deutete auf die Stelle, an der ein riesiges Auditorium eingezeichnet war.

»Ich kann nicht behaupten, dass ich schon ganz genaue Vorstellungen hätte, wie die Halle genutzt werden soll«, antwortete Stuart. »Doch ich habe mir vorgenommen, dass sie unter dem Motto der gegenseitigen Hilfsbereitschaft stehen soll. Bestimmt gibt es begabte Sänger, Schauspieler und Redner, die unsere Ziele teilen und bereit sind, für eine bescheidene Gage bei uns aufzutreten. Wir könnten den Bergarbeitern einen kleinen Eindruck davon geben, welche wunderbaren Talente Gott den Menschen geschenkt hat, und ich denke, dass wir die Halle bis zum letzten Platz mit Männern, Frauen und Kindern füllen könnten, ohne dass die Kosten ihre Möglichkeiten übersteigen würden. Dann würde ich gerne ein- oder zweimal im Jahr eine Kunstausstellung veranstalten, und natürlich muss es vier Blumenausstellungen pro Jahr geben. Wie du siehst, Eric, habe ich mich zu deiner Idee bekehrt, dass Blumen und Musik für alle Menschen zugänglich sein sollten. Wir könnten Andrew die Verantwortung für diese Blumenausstellungen übertragen, wenn er verspricht, dass er das Gebäude nicht in ein Gewächshaus verwandelt.«

Von dieser Idee war Andrew so begeistert, dass er vor lauter Aufregung von seinem Stuhl sprang. »Du liebe Zeit!«, rief er und begann, im Zimmer auf und ab zu gehen. »Stellt euch doch nur vor, wie phantastisch es aussehen würde, wenn man eine Halle in dieser Größe mit lauter Chrysanthemen, Rosen und Orchideen schmücken könnte! Du gestattest mir doch ein paar Orchideen, nicht wahr, Stuart?«

»Einen Augenblick bitte!«, mischte sich Rhena ein. »Stuart, du darfst nicht zulassen, dass Andrew unser Geld für einen Luxus wie Orchideen ausgibt. Das ist viel zu extravagant! Überlegt doch einmal, was das alles kosten wird. Wenn ich ehrlich bin, muss ich zugeben, dass ich mich jetzt schon frage, ob alle diese Räume, die an die Halle angeschlossen sind, überhaupt notwendig sind.«

»Aber du hast diese Räumlichkeiten doch selbst geplant, Rhena? Weshalb hast du jetzt deine Meinung geändert?«, erkundigte sich Stuart.

»Ich frage mich inzwischen, ob alle diese Dinge den Menschen überhaupt nützen werden. Hier zum Beispiel ist der Platz, den wir der Heilsarmee zur Verfügung gestellt haben. Ich gebe ja zu, dass der Raum auf dem Papier sehr schön aussieht, und sicher wird er einen guten Eindruck machen, wenn er erst einmal aus Holz und Stein gebaut ist. Aber wird sich die Heilsarmee tatsächlich darin wohl fühlen, und wird sie noch dieselben Leute erreichen können, die jetzt in ihr altes Gebäude kommen?«

»Aber ich verstehe deine Kritik nicht«, wandte Stuart ein. »Was schlägst du denn vor? Sollen wir einen Saal für die Heilsarmee bauen, der genauso schäbig aussieht wie ihr jetziges Gebäude? Sollen wir etwa ein paar Fensterscheiben zerschlagen und die Löcher mit Lumpen zustopfen, nur damit sich die Leute zu Hause fühlen?«

»Natürlich nicht,« schaltete sich Andrew ein, »aber was deine Frau sagt, ist trotzdem ganz vernünftig. Wenn die Heilsarmee sich von den Menschen entfernt, für die sie da ist, ist sie nicht mehr die Heilsarmee und kann ihren ursprünglichen Auftrag nicht mehr wahrnehmen.«

»Aber Jesus ist doch auch nicht in Lumpen herumgelaufen, nur weil er mit Bettlern zu tun hatte, oder?« Die anderen sahen Eric überrascht an, weil ausgerechnet von ihm dieser Einwand kam.

Eine Weile blieb es still, während alle über das Argument nachdachten. Den Freunden war klar, was Eric meinte, doch es stimmte ebenfalls, dass die Heilsarmee ihre ganz eigene Art und Weise hatte, wie sie die Bedürftigen erreichte. Niemand konnte vorhersagen, was geschehen würde, wenn sich ihr äußeres Erscheinungsbild veränderte.

»Wir sollten uns darüber nicht den Kopf zerbrechen«, sagte Stuart schließlich. »Wir werden aufmerksam beobachten, wie die Menschen reagieren, und wenn es der Heilsarmee schadet, dass sie sich in einem geheizten Raum mit genügend Stühlen versammelt, werden wir sie einfach wieder in ihren alten Schuppen zurückschicken. Rhena und ich haben schon oft über dieses Thema gesprochen, und es ist der einzige Punkt, über den wir bis jetzt unterschiedlicher Meinung waren. Wir haben aber trotzdem einen gemeinsamen Nenner gefunden.«

»Der Kindergarten auf dieser Seite der Halle wird einfach wunderbar werden«, meinte Andrew zufrieden. Er selbst hatte die Idee gehabt, einen Kindergarten einzurichten, und die Pläne für dieses Projekt bis ins letzte Detail überwacht.

»Das stimmt«, pflichtete Eric ihm bei. »Ich gebe dem Doktor Recht, wenn er viele Erwachsene als Holzköpfe bezeichnet. Aber Kinder sind die Hoffnungsträger der Zukunft, wenn man ihnen nur von klein auf die richtigen Möglichkeiten gibt.«

Inzwischen hatten sich alle wieder über den Tisch gebeugt und diskutierten eifrig über die verschiedenen Merkmale und Verwendungsmöglichkeiten des Gebäudes. Die Pläne beinhalteten gemütliche Lesesäle und eine Bibliothek, einige Gesellschaftsräume und eine Turnhalle, eine Kunstgalerie, ein Fotostudio und sogar einen Ruheraum. Darüber hinaus waren Klassenzimmer vorgesehen, in denen jeder, der wollte, Unterricht erhalten konnte.

»Einen Punkt haben wir bislang noch nicht in Betracht gezogen«, meinte Eric nun, und seine Stimme hatte einen skeptischen Unterton. »Wie können die Bergarbeiter diese großartigen Möglichkeiten überhaupt nutzen, wenn sie nach wie vor den größten

Teil ihrer Zeit unter der Erde verbringen? Sie sehen ja fast nie das Tageslicht! Wenn wir ihnen nun zeigen, welche schönen Dinge es auf dieser Welt gibt, werden sie dann nicht noch unzufriedener mit ihrem Leben sein als bisher? In diesem Fall haben wir ihr Elend nur noch vergrößert!«

»Du alter Pessimist!«, rief Stuart entrüstet. »Willst du etwa allen Menschen empfehlen, sie sollen ja nicht an einer hübschen Blume riechen, weil sie womöglich morgen nicht mehr in diesen Genuss kommen und deshalb unzufrieden werden könnten? Sollen wir einen schlechten Zustand einfach beim Alten belassen, nur weil wir nicht alle negativen Dinge auf dieser Erde beseitigen können?«

»Stuart hat Recht«, bekräftigte Rhena. »Eric, du müsstest es eigentlich besser wissen, als so zu reden. Denk doch nur daran, was diese Männer ihr Leben lang entbehrt haben. Wir haben vor, ihnen wenigstens ein paar schöne Erlebnisse zu verschaffen. Und was die Zeit betrifft, die die Arbeiter unter Tage verbringen – Stuart, du solltest dich mit den anderen dort zusammensetzen, um nach einer Möglichkeit zu suchen, wie sie mehr Freizeit bekommen können. Dann könnten sie sich auch an Gottes herrlicher Natur freuen, solange die Sonne scheint.«

»Hört, hört!«, grinste Andrew. »Hat Aladin nicht auch dem Geist aus der Wunderlampe befohlen, er solle ihm dreißig Schüsseln voller Perlen und genauso viele voller Diamanten bringen?«

»Im Augenblick sind wir sicher nicht in der Lage, Rhenas Vorschlag in die Tat umzusetzen«, erwiderte Stuart. »Aber es gibt keinen Grund, weshalb das immer so bleiben muss. Es ist nicht einzusehen, dass viele Tausend Menschen sich ständig in Lebensgefahr begeben und in der Tiefe der Erde nach Bodenschätzen graben, nur damit Leute wie ich ein bequemes Leben führen können.«

»Die Bergarbeiter haben keinen anderen Beruf gelernt und würden auch keine andere Tätigkeit ausüben, falls man sie ihnen anböte«, behauptete Eric.

»Das kannst du doch nicht wissen«, gab Stuart zurück. »Du

glaubst das nur, weil sie bisher noch nie etwas anderes getan haben.«

»Auf jeden Fall muss irgendjemand unter Tage arbeiten«, antwortete Eric ein wenig scharf. »Die Industrie braucht Erz, und wie soll sie an dieses Material kommen, wenn nicht jemand in die Schächte steigt und es nach oben schafft? Sollen wir uns etwa mit dieser Arbeit abwechseln? Das wäre doch eine Möglichkeit! Ich werde diese Woche unter Tage arbeiten, dann übernimmt Andrew eine Woche lang meine Aufgabe, während ich an seiner Stelle predige. In der übernächsten Woche geht Stuart in die Bergwerke ...«

»Ja, das ist keine schlechte Idee«, unterbrach ihn Rhena. »Als Nächstes wirst du mich dazu auffordern, ebenfalls eine Schicht zu übernehmen. Und ich wäre sogar bereit dazu«, fuhr sie fort, und ihre Stimme klang plötzlich traurig, »wenn ich wüsste, dass ich anderen Menschen dadurch wirklich helfen könnte. Ich wünsche mir so sehr, dass es uns gelingt, das Leben dieser Menschen tatsächlich lebenswert zu machen. Bisher waren alle unsere Anstrengungen nur ein Tropfen auf den heißen Stein. Freunde, wir benötigen in dieser ganzen Angelegenheit sehr viel Weisheit. Warum sind wir nicht schon vorher zu der Quelle gegangen, die uns in alle Wahrheit leiten kann? Glaubt ihr nicht auch, dass wir zuerst beten sollten, bevor wir noch weiter über unsere Pläne diskutieren?«

Diese Bitte erschien den anderen so einleuchtend, dass alle sofort ihre Köpfe neigten. Rhena betete als Erste, und danach schlossen sich Andrew, Eric und Stuart an. In einfachen und schlichten Worten baten sie Gott darum, dass er ihnen seinen Willen zeigen und sie mit seiner göttlichen Weisheit ausrüsten möge. Und tatsächlich schien sich nach dieser Gebetsgemeinschaft der Nebel in ihren Gedanken zu lichten, und mancher verworrene Gedanke klärte sich auf. Während des restlichen Nachmittags hatten sie eine neue innere Ausrichtung und suchten nach dem richtigen Weg, wie sie ihre Talente und ihr Vermögen einsetzen konnten, um anderen Menschen zu dienen.

Als Eric und Andrew sich gegen vier Uhr zum Gehen erhoben, schaute Dr. Saxon vorbei, um nach Louise zu sehen. Er hatte unbemerkt das Haus betreten und kam in die Bibliothek, als Stuart gerade seine Pläne für das neue Krankenhaus erwähnte. Dr. Saxon schnappte noch auf, wie Stuart sagte: »Das ist gerade richtig für den Doktor. Er wird eine ruhige Beschäftigung haben und braucht diese schrecklichen Fahrten über die Hügel nicht mehr zu unternehmen.«

»Wenn du von deinem Vorhaben sprichst, dieses Haus in ein Krankenhaus umzuwandeln und mich hier für den Rest meines Lebens einzusperren, verschwendest du nur deine Zeit«, erklärte der Doktor barsch. »Ich werde niemals so einem Vorschlag zustimmen, denn ich kann ohne frische Luft nicht leben.«

Mit strengem Gesicht blickte der Doktor die kleine Gruppe an. Draußen regnete es in Strömen und der Arzt war tropfnass. Dr. Saxon hatte immer noch seinen Mantel an und sah nicht gerade so aus, als würde er sich besonders wohl fühlen. Von der Krempe seines Hutes war das Wasser auf sein rechtes Ohr getropft, und falls er einmal einen gestärkten Kragen besessen hatte, so war diese Zierde längst zu einem nassen Häufchen zusammengesackt und irgendwo zwischen den Falten seines Mantels verschwunden.

»Doktor, Sie sagen immer, wir sollen vernünftig sein«, entgegnete Stuart. »Sehen Sie sich doch einmal im Spiegel an! Hier stehen Sie und sind durchnässt bis auf die Haut, und wie ich Sie kenne, werden Sie vor morgen früh oder nächster Woche keinen trockenen Faden am Leib haben. Auf diese Weise werden Sie sich noch den Tod holen!«

»Hast du etwa schon einmal erlebt, dass ich mich erkältet habe?«, erkundigte sich der Arzt.

»Auf jeden Fall«, fuhr Stuart fort, ohne auf die Herausforderung einzugehen, »wird dieses Krankenhaus ein angenehmer Platz sein, an dem Sie den Rest Ihres Lebens verbringen können. Sie sind zu alt, um noch so einen anstrengenden Winter mitzumachen.«

»Ich bin doch nicht so verrückt, dass ich mich in einem Krankenhaus einsperren lasse. Wer soll sich denn um die vielen Leute dort draußen kümmern, wenn ich mich zur Ruhe setze?«, brummte Dr. Saxon eigensinnig.

»Ich bin sicher, dass sich jemand finden wird. Es gibt viele junge Mediziner, die mit Freuden hier eine Praxis aufmachen würden«, argumentierte Stuart.

»Jawohl!«, gab Dr. Saxon zurück. »Neunmalkluge Besserwisser, die eine Menge neumodischer Instrumente haben und sie an jedem Patienten ausprobieren wollen! Dabei kümmern sie sich nicht darum, ob sie Rheumatismus oder eine kranke Leber kurieren sollen. Erst letzten Winter habe ich mich mit so einem unerfahrenen Emporkömmling unterhalten, der mir unbedingt weismachen wollte, es gäbe einen neuen Apparat samt elektrischer Beleuchtung und Batterie, mit dem man Kehlkopfkrankheiten operieren könnte. Was wird aus meinen Patienten, wenn diese Pseudo-Wissenschaftler auf sie losgelassen werden? Nein, Sir! Ich bin nicht bereit, sie solchen Risiken auszusetzen. Die Bergwerke sind schon gefährlich genug, ohne dass ein neuer Doktor mit neumodischen Instrumenten hier sein Unwesen treibt.«

»Aber Sie beklagen sich ständig darüber, dass Sie so viel Arbeit haben, und wenn wir Ihnen jetzt das Leben ein wenig erleichtern wollen, nehmen Sie unser Angebot nicht an«, feuerte Stuart einen letzten Schuss ab, während der Doktor bereits auf die Halle zustrebte.

»Du willst mir das Leben erleichtern? Stuart, du weißt doch, dass ich lieber das Risiko eingehe, eines Tages in einen Schacht zu fallen, während ich unterwegs zu Lew Trethven bin, um ihm zum neunzehnten Mal das Bein zu schienen, als dass ich im besten Krankenhaus auf dieser Welt zur Salzsäule erstarre!«, entgegnete Dr. Saxon.

Vielleicht würde der unverbesserliche Arzt tatsächlich eines Tages auf diese Weise umkommen, doch es gab keine Möglichkeit, ihn dazu zu überreden, dass er seine bisherige Tätigkeit aufgab. Auf diesen rauen Hügeln fühlte er sich mit der Not leidenden Menschheit verbunden und war davon überzeugt, dass er am richtigen Platz war. Der Gedanke, seine Patienten einem Fremden anzuvertrauen, war für ihn völlig unerträglich. Er hatte sich schon zu lange um sie gekümmert und würde es auch weiterhin tun, solange Gott es zuließ. Für dieses Vorrecht war Dr. Saxon bereit, sich auch in Zukunft durch tiefe Schneewehen zu kämpfen und in seinem Buggy über die gefährlichen Hügel zu rasen.

Der kurze Sommer ging schnell vorüber, und Stuarts Pläne für das Bürgerzentrum machten große Fortschritte. Allerdings kam es ihm oft so vor, als würden mit jedem Tag neue Probleme auftauchen. Er benötigte sehr viel Entschlossenheit und Rhenas uneingeschränkte Unterstützung, um während dieses Prozesses ruhig und gelassen zu bleiben. Wie sich herausstellte, war es gar nicht so leicht, sein Geld für die Menschen auszugeben, die seine Hilfe dringend brauchten. Mit Eric und einigen anderen Bergarbeitern hatte er über eine Möglichkeit gesprochen, wie die Gewinne aus den Bergwerken besser verteilt werden konnten. Dies war eines von vielen Vorhaben, die er in Zukunft in die Tat umsetzen wollte. Unglücklicherweise schienen sich ihm jedoch genau die Leute in den Weg zu stellen, denen er eigentlich helfen wollte. Viele Bergarbeiter waren nicht damit einverstanden, dass Stuart ihre ärmlichen Unterkünfte erneuerte oder einen Teil des nahe gelegenen Sumpflandes entwässerte. Eine weitere Schwierigkeit waren die vielen Kneipen, die die Männer immer wieder in ihren Bann zogen und so viele gute Absichten zunichte machten.

Doch als der Herbst kam und das große Gebäude allmählich Gestalt annahm, fasste Stuart einen grundsätzlichen Entschluss. Ganz egal, wie seine Pläne für die Zukunft aussahen und welche Fehler er auch begehen mochte, so wusste er eines ganz sicher: Irgendwann würde er einmal vor Gott Rechenschaft ablegen müssen, wie er seinen Verstand, seine Fähigkeiten und sein gesamtes

Vermögen eingesetzt hatte. In Wirklichkeit gehörten alle diese Dinge Gott, und er war nur der Verwalter dieser vielen Gaben. Stuart war von ganzem Herzen davon überzeugt, dass sein christlicher Glaube sich nicht von dem Umgang mit seinem Reichtum trennen ließ. Nachdem er sich ein für alle Mal dazu entschlossen hatte, seine Besitztümer ausschließlich für selbstlose Zwecke zu verwenden, bekam er einen tiefen inneren Frieden. In Zukunft würde er mit allem, was er besaß, anderen Menschen dienen, und er bat Gott um Weisheit, damit er die richtigen Entscheidungen traf.

Natürlich waren manche Experimente notwendig, um herauszufinden, auf welche Weise er seinen Mitmenschen am besten dienen konnte. Doch die einzelnen Details waren nicht so wichtig wie seine grundsätzliche Bereitschaft, Gott alle Dinge zur Verfügung zu stellen. Oft behauptete Stuart zu Recht, dass die Reichen endlich an den Punkt kommen mussten, an dem sie einsahen, dass sie hier auf der Erde nur Gottes Vermögensverwalter waren. Sobald sie sich einmal entschieden hatten, ihren ganzen Besitz in das Reich Gottes zu investieren, war es nicht mehr schwer, die praktischen Einzelheiten zu klären. Wenn jemand Gottes Willen tun will, führt Gott ihn in die richtige Richtung, doch die Grundvoraussetzung dafür ist, dass man wirklich bereit ist, Gott zu gehorchen.

Auch das Haus, das Stuart für sich und Rhena bauen ließ, spiegelte diese Lebenseinstellung wider. Es sollte ein echtes Heim werden, von dem ein Segen für alle Bewohner in Champion ausging. Niemand hätte dem jungen Paar vorwerfen können, dass sie sich mit überflüssigem Luxus umgaben. Jeder Cent, den sie für die Ausstattung ihres Hauses verwendeten, war von einem Gedanken getragen: Sie stellten sich vor, sie würden Jesus Christus als Ehrengast aufnehmen, nachdem er eine lange und ermüdende Wanderung hinter sich hatte.

Der Tag, an dem das Bürgerzentrum fertig gestellt wurde, war ein denkwürdiges Ereignis in der Geschichte der Stadt Champion. In Stuarts Bergwerken wurde ein Feiertag für die Bergarbeiter ausgerufen, und in dem neuen Gebäude drängten sich die Männer mit ihren Familien. Stuart hatte mit Andrews und Erics Hilfe einen Einweihungsgottesdienst geplant, der am Abend in dem großen Auditorium stattfinden sollte. An jenem Tag war er früh von zu Hause aufgebrochen, während Rhena noch bei Louise geblieben war. Louise schien an diesem Tag viel unruhiger zu sein als sonst. Wie Dr. Saxon prophezeit hatte, war sie während des Sommers immer schwächer geworden. Die ganze Zeit über hatte sich Rhena aufopfernd um ihre Schwägerin gekümmert, und auch dieser Abend bildete keine Ausnahme. Rhena wartete, bis Louise sich beruhigt hatte, und ließ sie dann in der Obhut einer Krankenschwester zurück, bevor sie sich mit Stuart in der großen Halle traf.

Auf Stuarts Bitte hin hatten die Bergarbeiter eine Musikkapelle gebildet und sich auf ihren Auftritt an diesem Tag gründlich vorbereitet. Nun betraten die Musiker den Saal und nahmen ihre Plätze auf der Bühne ein. Danach erschien die Heilsarmee und marschierte zu den vertrauten Schlägen der großen Trommel den Mittelgang entlang. Sie wurde von dem Major angeführt, der immer noch seine Zweifel bezüglich des neuen Hauptquartiers hegte. Er sah so aus, als hätte er am liebsten vorgeschlagen, man solle die Möbel ein wenig zerkratzen, damit die Räume etwas heimeliger wirkten. Glücklicherweise hatte Stuart jedoch versprochen, dass er das alte Gebäude wieder anmieten würde, falls sich das neue Quartier als unpassend herausstellen sollte.

Dr. Saxon war von einem Hausbesuch auf den Hügeln geholt worden, und Stuart hatte ihn dazu überreden können, sich zu den Ehrengästen auf die Bühne zu setzen. Allerdings war es zwecklos, den Doktor darum zu bitten, einige Worte an das Publikum zu richten.

»Ich bin kein Redner, Stuart«, hatte Dr. Saxon protestiert. »Wenn irgendjemand von den Zuhörern sich nicht wohl fühlt, nachdem Eric, Andrew und du eure Ansprachen gehalten habt, werde ich mich gerne um ihn kümmern. Aber wenn ich zu den

Leuten reden würde, wäre das etwa so, als würde man eine Schädeloperation durchführen, ohne ein Betäubungsmittel zu verwenden. Es wäre einfach zu schmerzhaft für alle Beteiligten. Ich werde euch allerdings gerne lautstark anfeuern, falls einer von euch tatsächlich einen guten Gedanken haben sollte.«

Andrew führte in knappen Worten aus, dass dieses Gebäude eine großartige Möglichkeit für den Dienst am Nächsten darstellte. Danach betonte er, dass der Erfolg dieses Projektes nicht vom Geld abhing, sondern von der aufrichtigen Bereitschaft der Gläubigen, einander von Herzen zu dienen.

Anschließend hielt Eric eine beeindruckende Ansprache. Er schien seine Enttäuschung und Verbitterung endlich überwunden zu haben und war unter den Bergarbeitern beinahe wieder genauso populär wie früher. Nun teilte er seinen Standesgenossen mit, dass er beabsichtigte, auch weiterhin unter Tage zu arbeiten. Diese Entscheidung stärkte seine Position und würde – wie sich später zeigen sollte – dazu beitragen, dass er schließlich ein wichtiger Führer der Arbeiterbewegung wurde. Am Ende seiner Rede nutzte Eric die Gelegenheit, um einige lobende Worte über Stuart und seinen positiven Einfluss auf die ganze Region zu äußern.

Zuletzt war Stuart an der Reihe, und er hatte das Gefühl, als sei dieser Tag ein Meilenstein in seinem Leben. Als er hinter das Rednerpult trat und auf die große Versammlung hinunterblickte, war er tief bewegt. Hier erkannte er die Gesichter wieder, die er in den riesigen Versammlungen auf dem Marktplatz, am Bahnhof und vor der Halle in DeMott gesehen hatte. Die ernsten und feierlichen Mienen waren schwer zu durchschauen, doch hin und wieder leuchtete ihm aus einem Paar Augen ein warmer Glanz entgegen. Zwar war es dieselbe Menschenmenge wie bei früheren Gelegenheiten, doch sie hatte sich inzwischen verändert. Stuart sah an diesem Tag viele Möglichkeiten für die Zukunft in diesen rauen Gestalten und schöpfte neue Hoffnung.

Seine Rede war schlicht, eindringlich und überzeugend. Als

Rhena ihn dort oben stehen sah, stieg eine neue Bewunderung für ihren starken und gut aussehenden Ehemann in ihr auf. Ihre Liebe zu Stuart gewann an diesem Abend eine völlig neue Dimension, und ihr kamen die Tränen, während er in schlichten Worten von seinem großen Lebensziel sprach. Auch die Bergarbeiter lauschten gespannt, und nachdem er geendet hatte, begannen sie zu applaudieren und laut Hurra zu rufen. Der Beifall war ohrenbetäubend, und schließlich war Stuart so überwältigt, dass er sich hinsetzte und sein Gesicht mit den Händen bedeckte.

An dieser Stelle schien es ganz selbstverständlich, dass Rhena die Zuhörer aufforderte, ihre Häupter zum Gebet zu neigen. Niemand konnte sich einen passenderen Abschluss für diesen außergewöhnlichen Gottesdienst denken, und so kniete Rhena auf der Bühne nieder, umgeben von den anderen Mitgliedern der Heilsarmee. Dann betete sie mit großem Ernst dafür, dass allen Anwesenden überfließendes Leben geschenkt werden möge. Während Rhena noch auf den Knien verharrte, hatten alle Zuhörer das Gefühl, dass das Gebäude erst in diesem Augenblick seiner eigentlichen Bestimmung zugeführt worden war. Kurz darauf übernahm Andrew die Initiative und beendete den Gottesdienst mit einem eindrücklichen Segensgebet.

Genau zu dem Zeitpunkt, als Rhena vor der großen, schweigenden Menge kniete, öffneten sich die Türen von Tante Royals prächtiger Villa zu einem der ersten gesellschaftlichen Ereignisse dieser Saison. Alle bunten Schmetterlinge der feinen Gesellschaft hatten sich eingefunden und stellten ihre kostbaren Diamanten und prunkvollen Gewänder zur Schau. Überall herrschte Musik und Gelächter, und es wurde gegessen, getrunken, getanzt und geredet. Diese Menschen erweckten den Eindruck – wie so viele Reiche und Wohlhabende auf dieser Welt –, dass die heiligste Pflicht jedes Menschen darin bestand, alle Nöte und Probleme stillschweigend zu ignorieren. Tante Royal war in ihrem Element, nachdem sie ihren geplagten Nerven im Ausland eine ausgedehnte Ruhepause gegönnt hatte. Nun war sie bereit für eine neue Saison voller oberflächlicher Vergnügungen und Zerstreuungen.

»Ach, übrigens«, fragte plötzlich ein junger Mann, der ebenfalls mehrere Monate im Ausland verbracht hatte, »wo befindet sich eigentlich Ihre charmante Nichte, die früher so häufig bei Ihnen zu Gast war?«

Tante Royal wurde eine Spur blasser, als sie antwortete: »Sie haben wohl noch nicht gehört, dass sie schwer krank ist und bei ihrem Bruder in Champion lebt. Leider wird sie diesen Winter wohl nicht überstehen. Ich kann ein Lied von den Wintern in dieser Gegend singen, denn ich habe ebenfalls einige Monate dort zugebracht.«

»Wie vorteilhaft für uns, dass Sie nur einen Winter dort geblieben sind. Wir hätten Ihre charmante Gegenwart hier auf keinen Fall entbehren können«, erwiderte der junge Mann höflich.

Tante Royal nahm das Kompliment lächelnd entgegen, während sich vor ihrem inneren Auge ein Bild aufdrängte, das dieses rauschende Fest beinahe verblassen ließ. Genau in diesem Raum hatte Louise sie vor gar nicht allzu langer Zeit angefleht, ihr um Gottes Willen Zuflucht zu gewähren ... Die Musik soll weiterspielen, dachte Tante Royal, ich werde dem Orchester sagen, sie sollen ein flotteres Stück anstimmen. Lasst uns essen, trinken und fröhlich sein, denn morgen sind wir tot.

In der prächtigen Villa in New York begann gerade ein träumerischer Walzer, als Stuart und Rhena die Bibliothek ihres Hauses in Champion betraten. Die Krankenschwester hatte ihnen ausrichten lassen, sie möchten schnellstmöglich heimkehren, da sich Louises Zustand im Laufe des Abends erheblich verschlechtert habe. Rasch gingen die beiden in Louises Zimmer.

Hier war kein Arzt nötig, der ihnen mit ernster Miene bestätigte, dass es nicht mehr lange dauern würde. Louise lehnte gegen die Kissen, und in ihren Augen glitzerte der Wahnsinn, der sie seit langer Zeit dahinsiechen ließ.

»Kommt endlich!«, rief sie mit einem eigenartigen Klang in der

Stimme. »Wir werden uns noch verspäten. Hört ihr denn nicht, wie die Uhr tickt?« Plötzlich fuhren alle zusammen, da genau in diesem Moment die große Uhr in der Eingangshalle elf Uhr schlug. »Kommt schon! Reicht mir meine Handschuhe und meinen Fächer, und sagt Jem, dass er sofort vorfahren soll. Aber gebt gut Acht auf mein Kleid! Sehe ich schön aus? Das Orchester wird sicher schon spielen und wir werden den ersten Tanz verpassen. Wie langsam ihr seid! Ich wollte Maiglöckchen haben, aber ihr habt mir stattdessen Freesien geschickt. Diese Blumen sind überhaupt nicht schön. Doktor, Sie haben doch gesagt, ich soll meinen Mantel anziehen, wenn ich in die Kutsche steige. Es ist so kalt! Was ist denn jetzt los? Oh, ich höre die Musik! Warum spielen sie nicht schneller? Das ist nicht schnell genug!«

Jetzt hielt Louise abrupt inne und ihre Augen weiteten sich. Sie schien irgendetwas zu sehen, das für alle anderen unsichtbar war. Dann schrie sie voller Entsetzen: »Tante Royal! Hal! Ich werde verrückt! Ich bin wahnsinnig! Doktor! Doktor! Retten Sie mich!«

Auf einmal fiel sie auf die Kissen zurück, und Dr. Saxon, der gerade noch rechtzeitig eingetroffen war, um ihre letzten Worte zu hören, zuckte zusammen und schlug die Hände vors Gesicht. Stuart hatte den Arzt noch nie so gesehen, und als Saxon schließlich den Kopf hob, brauchte ihn niemand mehr zu fragen, wann das Ende kommen würde. Es war bereits geschehen. Wie der Arzt vermutet hatte, war Louise ganz plötzlich und schmerzlos gestorben. Ihr Leben war ausgelöscht worden wie eine flackernde Kerze, die an einem kalten Winterabend von einem eisigen Luftzug ausgeblasen wird.

»Sagt den Musikern, sie sollen noch ein wenig schneller spielen«, befahl Tante Royal nur wenige Minuten später. Und so geschah es auch.

Als der graue und kalte Morgen anbrach, stand Stuart am Fenster und erinnerte sich an die Morgendämmerung vor einem Jahr, nachdem sein Vater gestorben war. Jetzt lag Louise auf diesem Bett, und im Tod sah ihr Gesicht beinahe wieder so schön aus wie damals, als Stuart von seiner Europareise zurückgekehrt war. An ihrem Hals und ihrem Arm funkelten immer noch die Juwelen, während die Freesien, über die sie sich beklagt hatte, an ihrer Brust steckten.

Stuart blickte aus dem Fenster und entdeckte eine Gruppe von Bergarbeitern, die die Straße heruntergekommen waren und nun schweigend vor dem Haus standen. Ihre stumme Beileidsbezeugung rührte Stuart, und in seinem Herzen spürte er eine große Dankbarkeit gegenüber diesen Männern, die noch vor ihrer anstrengenden Arbeit hierher marschiert waren.

»Bitten Sie die Männer herein. Ich möchte mich gerne persönlich bei Ihnen bedanken«, sagte Stuart zu einem der Hausangestellten.

In diesem Augenblick kam Rhena ins Zimmer und Stuart nahm sie in die Arme. Mit heiserer Stimme sagte er zu ihr: »Ich kann Gott nicht genug dafür danken, dass er dich an meine Seite gestellt hat. Ohne dich könnte ich diesen furchtbaren Schlag nicht verkraften.« Nun liefen Tränen über sein Gesicht. Hätte Rhena es nicht ohnehin gewusst, hätten diese Tränen ihr gezeigt, wie groß die Trauer war, die Stuart über den Tod seiner Schwester empfand. Nachdem er noch einen letzten Blick auf die stille Gestalt auf dem Bett geworfen hatte, drehte er sich um und ging mit seiner Frau in die Eingangshalle.

»Gott ist barmherzig«, sagte Rhena leise. »Er hat uns eine wichtige und große Lebensaufgabe geschenkt, und wir wollen ihm von ganzem Herzen dienen.«

»Ja«, antwortete Stuart, »weil Gott uns liebt, sind wir für unsere Mitmenschen verantwortlich und sollen uns um ihre Bedürfnisse kümmern. Es gibt keine größere Macht auf dieser Welt als die Liebe Gottes zu seinen Kindern und die Liebe seiner Kinder zueinander.« Mit diesen Worten ließ Stuart die Vergangenheit hinter sich und stellte sich mit der Frau, die er liebte, allen Herausforderungen der Zukunft.

Garrett W. Sheldon

Was würde Jesus tun?

Die außergewöhnliche Geschichte einer Gemeinde,
die nach Gottes Willen fragt

176 Seiten, Paperback, Bestell-Nr. 627 556

Ein Klingeln an der Tür reißt Pastor Michael Maxwell aus seiner
Predigtvorbereitung. Als er öffnet, steht eine Hilfe suchende junge
Mutter vor ihm. Freundlich verweist der Pastor sie an zuständige
Stellen weiter. Er ahnt nicht, dass er diese Frau wenig später wieder
sehen wird.

Doch als Michael der verzweifelten Frau am folgenden Sonntag
plötzlich im Gottesdienst erneut gegenübersteht, stellt sie eine Frage, die sein Leben – und das seiner ganzen Gemeinde –
gründlich verändern soll: »Was würde Jesus tun?«

1896 schrieb Charles M. Sheldon das Buch *In seinen Fußstapfen.*
Jetzt hat sein Urenkel, Garrett W. Sheldon, die Geschichte vom
Staub der Jahrzehnte befreit und für moderne Leser neu erzählt.

ONCKEN VERLAG WUPPERTAL UND KASSEL